基督教经典译丛

主编 何光沪
副主编 章雪富 孙 毅 游冠辉

The Apostolic Fathers
使徒教父著作

[古罗马] 克莱门 等著
黄锡木 主编
高陈宝婵 邱丹 王碧燕 彭蕙敏 译
黄锡木 张略 审校

三联书店

Simplified Chinese Copyright © 2013 by SDX Joint Publishing Company. All Rights Reserved.

本作品中文版权由生活·读书·新知三联书店所有。未经许可，不得翻印。

本书根据 Michael W. Holmes, The Apostolic Fathers: Greek Texts and English Translations, Baker, 2007 翻译

图书在版编目（CIP）数据

使徒教父著作／（古罗马）克莱门等著；高陈宝婵等译．—北京：生活·读书·新知三联书店，2013.7
（2025.7 重印）
（基督教经典译丛）
ISBN 978-7-108-04465-5

Ⅰ．①使… Ⅱ．①克… ②高… Ⅲ．①基督教-研究 Ⅳ．① B978

中国版本图书馆 CIP 数据核字（2013）第 053002 号

丛书策划　橡树文字工作室
特约编辑　游冠辉
责任编辑　张艳华
装帧设计　罗　洪
责任印制　董　欢
出版发行　生活·讀書·新知 三联书店
　　　　　（北京市东城区美术馆东街22号）
邮　　编　100010
经　　销　新华书店
印　　刷　北京隆昌伟业印刷有限公司
版　　次　2013 年 7 月北京第 1 版
　　　　　2025 年 7 月北京第 6 次印刷
开　　本　635 毫米 × 965 毫米　1/16　印张 23.25
字　　数　310 千字
印　　数　17,001-19,000 册
定　　价　37.00 元

基督教经典译丛

总　序

何光沪

在当今的全球时代,"文明的冲突"会造成文明的毁灭,因为由之引起的无限战争,意味着人类、动物、植物和整个地球的浩劫。而"文明的交流"则带来文明的更新,因为由之导向的文明和谐,意味着各文明自身的新陈代谢、各文明之间的取长补短、全世界文明的和平共处以及全人类文化的繁荣新生。

"文明的交流"最为重要的手段之一,乃是对不同文明或文化的经典之翻译。就中西两大文明而言,从17世纪初以利玛窦(Matteo Ricci)为首的传教士开始把儒家经典译为西文,到19世纪末宗教学创始人、英籍德裔学术大师缪勒(F. M. Müller)编辑出版五十卷《东方圣书集》,包括儒教、道教和佛教等宗教经典在内的中华文明成果,被大量翻译介绍到了西方各国;从徐光启到严复等中国学者、从林乐知(Y. J. Allen)到傅兰雅(John Fryer)等西方学者开始把西方自然科学和社会科学著作译为中文,直到20世纪末叶,商务印书馆、生活·读书·新知三联书店和其他有历史眼光的中国出版社组织翻译西方的哲学、历史、文学和其他学科著作,西方的科学技术和人文社科书籍也被大量翻译介绍到了中国。这些翻译出版活动,不但促进了中学西传和西学东渐的双向"文明交流",而且催化了中华文明的新陈代谢,以及中国社会的现代转型。

清末以来,先进的中国人向西方学习、"取长补短"的历程,经历了两大阶段。第一阶段的主导思想是"师夷长技以制夷",表现为洋务运动之向往"船坚炮利",追求"富国强兵",最多只求学习西方的工业技术和物质文明,结果是以优势的海军败于日本,以军事的失败表现出制度的失败。第二阶段的主导思想是"民主加科学",表现为五四新文化运动之尊崇"德赛二先生",中国社会在几乎一个世纪中不断从革命走向革命之后,到现在仍然需要进行民主政治的建设和科学精神的培养。大体说来,这两大阶段显示出国人对西方文明的认识由十分肤浅到较为深入,有了第一次深化,从物质层面深入到制度层面。

正如观察一支球队,不能光看其体力、技术,还要研究其组织、战略,更要探究其精神、品格。同样地,观察西方文明,不能光看其工业、技术,还要研究其社会、政治,更要探究其精神、灵性。因为任何文明都包含物质、制度和精神三个不可分割的层面,舍其一则不能得其究竟。正由于自觉或不自觉地认识到了这一点,到了20世纪末叶,中国终于有了一些有历史眼光的学者、译者和出版者,开始翻译出版西方文明精神层面的核心——基督教方面的著作,从而开启了对西方文明的认识由较为深入到更加深入的第二次深化,从制度层面深入到精神层面。

与此相关,第一阶段的翻译是以自然科学和技术书籍为主,第二阶段的翻译是以社会科学和人文书籍为主,而第三阶段的翻译,虽然开始不久,但已深入到西方文明的核心,有了一些基督教方面的著作。

实际上,基督教对世界历史和人类社会的影响,绝不止于西方文明。无数历史学家、文化学家、社会学家、艺术史家、科学史家、伦理学家、政治学家和哲学家已经证明,基督教两千年来,从东方走向西方再走向南方,已经极大地影响,甚至改变了人类社会从上古时代沿袭下来的对生命的价值、两性和妇女、博爱和慈善、保健和教育、劳动和经济、科学和学术、自由和正义、法律和政治、文学和艺术等等几乎所有生活领域的观念,从而塑造了今日世界的面貌。这个诞生于亚洲或"东方",传入了欧洲或"西方",再传入亚、非、拉美或"南方"的世界第一大宗教,现在因为信众大部分在发展中国家,被称为"南方宗教"。但是,它本来就不属于任何一"方"——由于今日世界上已经没有一个国家没有其存在，所以它已经不仅仅在宗教意义上，而且是在现实意义上展现了它"普世宗教"的本质。

因此，对基督教经典的翻译，其意义早已不止于"西学"研究或对西方文明研究的需要，而早已在于对世界历史和人类文明了解的需要了。

这里所谓"基督教经典"，同结集为"大藏经"的佛教经典和结集为"道藏"的道教经典相类似，是指基督教历代的重要著作或大师名作，而不是指基督徒视为唯一神圣的上帝启示"圣经"。但是，由于基督教历代的重要著作或大师名作汗牛充栋、浩如烟海，绝不可能也没有必要像佛藏道藏那样结集为一套"大丛书"，所以，在此所谓"经典译丛"，最多只能奢望成为比佛藏道藏的部头小很多很多的一套丛书。

然而，说它的重要性不会"小很多很多"，却并非奢望。远的不说，只看看我们的近邻，被称为"翻译大国"的日本和韩国——这两个曾经拜中国文化为师的国家，由于体现为"即时而大量翻译西方著作"的谦虚好学精神，一先一后地在文化上加强新陈代谢、大力吐故纳新，从而迈进了亚洲甚至世界上最先进国家的行列。众所周知，日本在"脱亚入欧"的口号下，韩国在其人口中基督徒比例迅猛增长的情况下，反而比我国更多更好地保存了东方传统或儒家文化的精粹，而且不是仅仅保存在书本里，而是保存在生活中。这一事实，加上海内外华人基督徒保留优秀传统道德的大量事实，都表明基督教与儒家的优秀传统可以相辅相成，这实在值得我们深长思之！

基督教在唐朝贞观九年（公元635年）传入中国，唐太宗派宰相房玄龄率宫廷卫队到京城西郊欢迎传教士阿罗本主教，接到皇帝的书房让其翻译圣经，又接到皇宫内室听其传讲教义，"深知正真，特令传授"。三年之后（公元638年），太宗又发布诏书说："详其教旨，玄妙无为；观其元宗，生成立要。……济物利人，宜行天下。"换言之，唐太宗经过研究，肯定基督教对社会具有有益的作用，对人生具有积极的意义，遂下令让其在全国传播（他甚至命令有关部门在京城建造教堂，设立神职，颁赐肖像给教堂以示支持）。这无疑显示出这位大政治家超常的见识、智慧和胸襟。一千多年之后，在这个问题上，一位对中国文化和社会贡献极大的翻译家严复，也显示了同样的见识、智慧和胸襟。他在主张发展科学教育、清除"宗教流毒"的同时，指出宗教随社会进步程度而有高低之别，认为基督教对中国民众教化大有好处："教者，随群演之浅深为高下，而常有以扶民性之偏。今假景教大行于此土，其能取吾人之缺点而补苴之，殆无疑义。且吾国小民之众，往往自有生以来，未受一言之德育。一旦有人焉，临以帝天之神，时为耳提而面命，使知人理之要，存于相爱而不欺，此于教化，岂曰小补！"（孟德斯鸠《法意》第十九章十八节译者按语。）另外两位新文化运动的领袖即胡适之和陈独秀，都不是基督徒，而且也批判宗教，但他们又都同时认为，耶稣的人格精神和道德改革对中国社会有益，宜于在中国推广（胡适：《基督教与中国》，陈独秀：《致〈新青年〉读者》）。

当然，我们编辑出版这套译丛，首先是想对我国的"西学"研究、人文学术和宗教学术研究提供资料。鉴于上述理由，我们也希望这项工作对于中西文明的交流有所贡献，还希望通过对西方文明精神认识的深化，对于中国文化的更新和中国社会的进步有所贡献；更希望本着中国传统中谦虚好学、从善如流、生生不已的精神，通过对世界历史和人类文明中基督教精神动力的了解，对于当今道德滑坡严重、精神文化堪忧的现状有所补益。

尽管近年来翻译界出版界已有不少有识之士，在这方面艰辛努力，完成了一些极有意义的工作，泽及后人，令人钦佩。但是，对我们这样一个拥有十几亿人口的千年古国和文化大国来说，已经完成的工作与这么巨大的历史性需要相比，真好比杯水车薪，还是远远不够的。例如，即使以最严格的"经典"标准缩小译介规模，这么一个文化大国，竟然连阿奎那（Thomas Aquinas）举世皆知的千年巨著《神学大全》和加尔文（John

Calvin）影响历史的世界经典《基督教要义》，都尚未翻译出版，这无论如何是令人汗颜的。总之，在这方面，国人还有漫长的路要走。

本译丛的翻译出版，就是想以我们这微薄的努力，踏上这漫长的旅程，并与诸多同道一起，参与和推动中华文化更新的大业。

最后，我们应向读者交代一下这套译丛的几点设想。

第一，译丛的选书，兼顾学术性、文化性与可读性。即从神学、哲学、史学、伦理学、宗教学等多学科的学术角度出发，考虑有关经典在社会、历史和文化上的影响，顾及不同职业、不同专业、不同层次的读者需要，选择经典作家的经典作品。

第二，译丛的读者，包括全国从中央到地方的社会科学院和各级各类人文社科研究机构的研究人员，高等学校哲学、宗教、人文、社科院系的学者师生，中央到地方各级统战部门的官员和研究人员，各级党校相关教员和有关课程学员，各级政府宗教事务部门官员和研究人员，以及各宗教的教职人员、一般信众和普通读者。

第三，译丛的内容，涵盖公元1世纪基督教产生至今所有的历史时期。包含古代时期（1—6世纪）、中古时期（6—16世纪）和现代时期（16—20世纪）三大部分。三个时期的起讫年代与通常按政治事件划分历史时期的起讫年代略有出入，这是由于思想史自身的某些特征，特别是基督教思想史的发展特征所致。例如，政治史的古代时期与中古时期以西罗马帝国灭亡为界，中古时期与现代时期（或近代时期）以17世纪英国革命为界；但是，基督教教父思想在西罗马帝国灭亡后仍持续了近百年，而英国革命的清教思想渊源则无疑应追溯到16世纪宗教改革。由此而有了本译丛三大部分的时期划分。这种时期划分，也可以从思想史和宗教史的角度，提醒我们注意宗教和思想因素对于世界进程和社会发展的重要作用。

中国人民大学宜园
2008年11月

目　录

中译本导言 1

克莱门一书（罗马人致哥林多人书） 1
　　导读 2
　　正文 9

克莱门二书（一篇古代基督信仰的讲章） 49
　　导读 50
　　正文 54

安提阿主教伊格纳修书信 67
　　导读 68
　　致以弗所人书 76
　　致马内夏人书 86
　　致他拉勒人书 92
　　致罗马人书 98
　　致非拉铁非人书 104
　　致士每拿人书 110
　　致波利卡普书 117

波利卡普致腓立比人书 123
　　导读 124
　　正文 129

波利卡普殉道记 139
导读 140
正文 145

十二使徒遗训 159
导读 160
正文 166

巴拿巴书信 177
导读 178
正文 184

黑马牧人书 209
导读 210
正文 217

致丢格那妥书 311
导读 312
正文 316

帕皮亚残篇和众长老传统 329
导读 330
帕皮亚残篇 333
众长老的传统 349

一般书目 352

中译本导言

一

"使徒教父著作"是公元1世纪末至2世纪中叶（所谓"后使徒时期"）一小部分基督教文献的统称，而"使徒教父"这称谓最早在7世纪西奈的阿纳斯塔修（Anastasius of Sinai）方开始使用。

最先称这组文献为"使徒教父著作"的是17世纪的法国教父学著名学者科特列（J. B. Cotelier）。他以拉丁文 *patres aevi apostolici*（中译"使徒时期的教父"）作为他所写早期基督教文献第二册的标题（1672），并收录了《巴拿巴书信》(*Letter of Barnabas*)、《伊格纳修书信》(*Letters of Ignatius*)、《波利卡普书信》(*Letter of Polycarp*)、《波利卡普殉道记》(*Martyrdom of Polycarp*)、《克莱门一书》和《克莱门二书》(1—2 Clement)，以及《黑马牧人书》(*Shepherd of Hermas*)。19世纪法国学者迦兰地（A. Gallandi, 1700—1779）在再版科特列的著作时，加上《致丢格那妥书》(*Letter of Diognetus*)、夸德拉图斯（Quadratus）的护教作品和《帕皮亚残篇》(*Fragments of Papias*)。然而，夸德拉图斯和帕皮亚的著作并没有收录于以后的文集之中。事实上，不同学者所收录的作品各有不同。19世纪末（1873）《十二使徒遗训》(*Didache*) 被发现后，亦放在这组文献之内。现在流传的"使徒教父著作"共有十一卷：《克莱门一书》、《克莱门二书》、《伊格纳修书信》、《波利卡普致腓立比人书》、《波利卡普殉道记》、《十二使徒遗训》、《巴拿巴书信》、《黑马牧人书》、《致丢格那妥书》、《帕皮亚残篇》,以及与帕皮亚同期的"长老传统"的训诲。

"使徒教父著作"并非包括公元1—2世纪所有教父的作品,例如,那些后来收录在新约次经内的作品(包括托初期使徒之名或被误以为是使徒所写的作品)和后来被认为是异端的著作,如《拿哈马迪文库》(Nag Hammadi)的书卷,一概不包括在内。这是非常明显的,因为"正统性"是界定"教父"的元素之一。① 此外,这类别也没有包括护教士(Apologists)如殉道者查士丁(Justin Martyr)的作品。

科特列认为,"使徒教父著作"的作者其独特之处在于,他们曾经与耶稣的使徒有亲身的接触,甚至可能是他的门生。因此,他们的著作收集了一些最早期教会的见证和教导,包括使徒的教导和初代教会的传统。从他们的著作中,我们不单见证正统信仰的传统,更窥见初代教会对"文载圣经"观念的过渡。同时,从这些著作中我们也看到了以使徒为统绪的基督教信仰,是早期教会时期正统信仰的源头,是后来成形的正统教会的原型。一般学者称这时期的基督信仰为"初生正统"(proto-orthodoxy)。

这些著作见证着使徒教会时期的传统教导,被教会(包括教父们)广泛地接纳。例如哥林多的狄奥尼修斯(Dionysius of Corinth)在2世纪中叶写信给罗马的基督徒,特别提到克莱门的《致哥林多人书》,并指出此书在教会中广为流传,常被公开诵读。② 《黑马牧人书》是使徒教父文献中最长的一卷。亚历山大的克莱门是首位提及此书的人,并且曾多次

---

① 传统教父学学者认为"教父"有五个元素:正统性、圣洁生命、教会认可、古代性和有著作(散失或存留的均可),但一般用法却未能反映这些特征的全部。最极端的例子是,现时两本通行的希腊语新约圣经版本(United Bible Societies' *Greek New Testament* 和 Nestle-Aland *Novum Testamentum Graece*)甚至将异端马西昂(Marcion)和阿里乌(Arius)都归入"教父"之列了。

② 优西比乌,《教会史》4.23.2。

引用此书，认为这书带有启示成分。2 世纪的《穆拉多利经目》③把它列为"不被接纳但可供私人阅读的书卷"，因为这书"不能被列于先知书中，因为先知之数已足；也不能列入使徒著作里，因为这书显然写于使徒之后"。然而，这书依然在教父著作中经常被引用。安提阿的伊格纳修（Ignatius of Antioch）的七封书信在安提阿展开的"三位一体"辩论上扮演重要的角色。事实上，早在这些书信成文时（2 世纪），这些书信就已经常用于告诫并规范教会生活；士每拿（Smyrna）的波利卡普把伊格纳修书信的复印本发给其他教会。④《十二使徒遗训》虽然在古文献中少有抄写，但是颇具影响力，其中的资料被纳入日后许多教会的制度和敬拜仪式。最值得留意的是，有些教区甚至会把某些使徒教父文献的权威等同于新约书卷，与新约书卷并列一起。例如，希腊语新约圣经抄本中两份非常重要的抄本都含有几部使徒教父的著作：4 世纪的西奈抄本（Codex Sinaiticus）把《巴拿巴书信》和《黑马牧人书》收录在新约的《启示录》之后，5 世纪的亚历山大抄本（Codex Alexandrinus）则收录了《克莱门一书》、《克莱门二书》。

在文学体裁方面，虽然不少使徒教父著作都是书信，但其中所包括的文体则是多样的，包括讲章（《克莱门二书》）、神学论说（《巴拿巴书信》）、护教（《致丢格那妥书》），天启文学（《黑马牧人书》的《异象篇》），和群体规章（《十二使徒遗训》）。它们的作者在当时的地位各有不同：伊格纳修、波利卡普和克莱门是当时教会中显赫的人物，颇具盛名，《黑马牧人书》则可能是由一位曾做奴隶的罗马信徒所写，至于《波利卡普殉道记》、《致丢格那妥书》、《克莱门二书》和《十二使徒遗训》，

---

③ 《穆拉多利经目》是现知最早的一份正典经目，由意大利籍历史学家、神学家及考古学家穆拉多利（L. A. Muratori，1672—1750）发现。这文献并非独立存留，而是收录于 8 世纪的安波罗修抄本内；这抄本也载录了几篇其他教父的著作。现存的《穆拉多利经目》全文共 85 行。近年有不少学者却认为这文献起源于 4 世纪。对《穆拉多利经目》的讨论和其中文译本，可见：黄锡木，《基督教典外文献概论》（汉语圣经协会，2000 年），第 167—172 页。

④ 波利卡普，《腓立比书》1.3.2。

它们的作者都不详。

这些文献在初期教会信徒生活（如《十二使徒遗训》1.1—5.2）、教会的组织（如教会领袖的三级制——主教、长老和执事，参伊格纳修《致马内夏人书》1.1—7.1；使徒统绪《克莱门一书》42.1—5，44.1—6等）、礼仪（包括洗礼和圣餐，参《十二使徒遗训》7.1—10.7）、讲章（《克莱门二书》）、基督教与犹太教的关系（《巴拿巴书信》2.1—5.14，7.1—10.12，14.1—17.2）、基督教与教外人士的关系（《致丢格那妥书》、伊格纳修《致罗马人书》、《波利卡普殉道记》）、基督教的正统与异端的讨论、当代信徒如何使用旧约正典（如《巴拿巴书信》的寓意释经）和基督教的传统（如耶稣言训的口头传统），以及初期教会思想的发展等方面，为我们提供了宝贵资料。

二

著名德国新约学者马丁·亨格尔（Martin Hengel）在一篇名为《新约学术的工作》(Tasks of New Testament Scholarship, *Bulletin for Biblical Research* 6 [1996], 67–86) 的文章中，分享了他在新约研究方面的学术心得和洞见。亨格尔在文中指出，新约研究的时期范围应该向前延伸至公元前4世纪，并向后延伸至公元3世纪；因为公元前4世纪是"基督教前的犹太教时期"，这一时期可谓是犹太教和希罗文化的孕育期，而公元3世纪前则是见证新约圣经如何影响早期基督教会的时期。这一主张强调新约研究必须建基于坚实的背景（特别对古籍文献）研究上。

亨格尔的学术洞见的确揭示了现今新约研究方面的弊病：太过狭隘地、单一地专注新约圣经文本，而忽略与经文息息相关的背景文献，包括希罗、犹太教、使徒教父和典外文献（例如新旧约的次经和伪经）等。这些文献之贡献既帮助我们进入圣经的文学和生活世界，呼吸圣经作者的"文学空气"，又帮助我们了解圣经的传统和流传。圣经是基督信仰中独一无二的经典,不同时代的信仰群体在阅读圣经时都会有不同的经历;通过阅读与圣经传统有关的文献(教父文献和典外文献),我们能体验和见证不同群体的"圣经经验"(Bible experience)。

新约正典的形成过程,一方面反映初代基督教会对有关耶稣和使徒传统的资料搜集、筛选界定和选辑编集的历程,另一方面也反映初代教会为其信仰厘定权威性规范的取向和过程。因此,"新约正典"可谓总结了初代基督徒的信仰规范,透过这规范,初代基督徒得以宣示其信仰的具体内涵,既以犹太教为基础,又与犹太教分别开来。

新约教会的独特身份主要就是建立在"主耶稣基督"这人物的基础上的。因着拿撒勒人耶稣的受难事件,包括他的死、复活和升天,他已经被认信为"主"——不是现代基督信徒以为的"个人救主",而是"上主",是指"耶和华"。这个认信说明,新约信仰群体在犹太圣经(即旧约圣经)这基本规范之上,加上了一个"新"规范。那并非只是附加的信仰规范,而是要凌驾于犹太圣经之上的。因此,在整个早期教会的时期里,基督徒对旧约圣经的解释一般都以寓意式为主(例如《巴拿巴书信》),因为唯有以寓意解经的方法,基督徒才能摆脱旧约经文原有的历史框架,而将"新的规范"——即"主耶稣基督"——读进经文里,在原有的圣经上加以崭新的演绎。⑤保罗以下的一番话:"但他们的心地刚硬,直到今日诵读旧约的时候,这帕子还没有揭去,这帕子在基督里已经废去了。然而直到今日,每逢诵读摩西书的时候,帕子还在他们心上。但他们的心几时归向主,帕子就几时除去了。"⑥更是见证了,真切了解犹太圣经的钥匙是主耶稣基督,而"主耶稣基督"的权威仍超乎旧有的规范。

第一批维护"耶稣传统"的人不只是使徒,而是那些"亲眼看见过

---

⑤ 除了在释经方法上作出调节,保罗更提出新的准则来解释旧约,即是以"信心"原则来解释律法(参罗4章;加3—4章);而较后期的查士丁则为律法重新下定义。参 L. M. McDonald, *The Formation of the Christian Biblical Canon* (Revised & enlarged edition. Peabody, MA: Hendrickson, 1995), 118-120, pp. 137-138。

⑥ 林后3:14—16。

主耶稣的人",就是那些亲身遇见并跟随主的人。见证人的身份受到初代教会特别的看重和尊敬,例如早期教会因使徒犹大的去世而补选使徒时,候选者的基本资格是必须认识和亲身接触过耶稣基督(徒1:21—22);同样,路加在其福音书的开首(路1:1—2)也以这类人作为福音书质素的保证。然而,这些人所享有的殊荣与特权却并未赋予他们任何"规范式"的权威;翻看新约正典的经卷,就知道其实只有小部分书卷出自耶稣在世时已跟从主之人的手。

及至与耶稣同时代的人渐渐去世,那些有关耶稣基督的记载不复受目击见证者的查核验证,久而久之,"文字记录"渐渐成为遗留下来唯一能见证主的根据;与此同时,"文字记录"作为传播"信仰规范"的主要工具,亦日趋蓬勃。例如,保罗书信的结集及流传亦正好标志着这"使徒职分"得到体现,这些书信往往在作者不在场的情况下,分别于不同教会的公开崇拜中被宣读出来,⑦于是,文字记录渐渐成为宣讲、教导和牧养所赖的主要媒介。

随着耶稣语录的面世(例如所谓"Q"文献)以及第一卷福音书(《马可福音》)的出现,"耶稣传统"从口传转移到以文字书写的表达方式似乎已经变成一个可取可行的趋势。然而,对于使徒教父来说,这种传承媒体或方式的典范转移并非是必然的事情。他们所代表的一段时期,正好反映教会处于一个对"耶稣传统"传承方式的过渡期,从"亲眼看见过主耶稣的人"到"文字记录"。

弗吕家希拉波立的主教帕皮亚(Papias of Hierapolis,公元60—130)代表着使徒教父中较早期的教会领袖。他曾经听过使徒约翰讲道,也曾做波利卡普的伙伴。他相当重视从众长老所领受的口述传统,故着意搜罗这些口传资料,结集成书,并加以评注。他指出:

---

⑦ 参《歌罗西书》4:16。

>　　倘若有跟随过长老的人到来，我会就长老的话向他发问，问安得烈或彼得说过什么话，又或者腓力、多马、雅各、约翰、马太，或主的其他门徒说过什么话，以及阿理斯蒂安和长老约翰等主的门徒说过什么话。因为我一向不认为这些书本所能给我的知识，可媲美我从那鲜活的、长存的声音（τὰ παρὰ ζώσης φωνῆς καὶ μενούσης）中所能得到的裨益。(优西比乌《教会史》3.39.4)

帕皮亚这番话大概已可以表明，他并没有赋予福音书卷"正典性"的权威，反之，他似乎更重视那不受文字记录所牵制的"那鲜活的、长存的声音"。可见，在这个时期，福音书卷的"正典"地位仍是未奠定的。这话也让我们看到1世纪末初代教会的心态，他们面对着"见证主耶稣基督的文献"时，宁愿选择见证人的声音，而非文字记载。

然而，进入2世纪中叶，例如在《克莱门二书》（2.4；5.2；8.5）中，我们首次见证到教会视那些记录主耶稣的权柄和话语的"文献"为权威。特别是殉道者并护教士查士丁，可谓初步揭示了福音书卷的正典地位。根据查士丁著作中的直接和间接引文，可见证在2世纪中叶罗马教会里，三本符类福音书卷（即《马太福音》、《马可福音》和《路加福音》）不单已为人认识，且更在公开崇拜中诵读。⑧虽然，查士丁很少提及"福音书"这名称，而是称之为"回忆录"⑨（复数；

---

⑧ 《护教书一》1.65—67。
⑨ 为什么查士丁要用这名称？ 查士丁的护教对象主要是当时鼓吹希罗哲学的知识分子，而当时在这群知识分子中间流行不少名人的"回忆录"，例如《苏格拉底回忆录》（与耶稣一样，苏格拉底亦没有留下任何文献，但他的门生柏拉图却记下很多苏格拉底的语录），因此，在某程度上，"回忆录"已经是当时流行的一种文学体裁。参 David L Dungan, *A History of the Synoptic Problem: the Canon, the Text, the Composition, and the Interpretation of the Gospels*(New York: Doubleday,1999), pp. 28 - 33。 此外，梅茨格（B. M. Metzger, *Canon of the New Testament: Its origin, Development, and Significance*[Oxford & New York, NY: Clarendon Press & Oxford University Press,1987], p.145）认为，查士丁以为Ἀπομνημονεύματα τῶν ἀποστόλων "使徒们的回忆录"这名称较容易得到非基督徒读者的接受；而且，又可避免把福音书富有权威的内容与某位人物（如马太或马可）挂钩，转而取名于整个"使徒们"所代表的群体传统。查士丁此举反映了这些"福音书卷"的名称尚未确立，可见距其正典地位的奠定还有一段时日。

'Απομνημονεύματα)，但从其他文献（如《与特里弗对话录》101.3；103.8；104.1），我们可以肯定，查士丁明显是指福音书而言。⑩至为重要的是，查士丁在提及这使徒们的"回忆录"时，他不单把这些书卷与旧约圣经相提并论，甚至更刻意将其排列在旧约圣经之前，暗示它们比旧约圣经拥有更高的权威。⑪

使徒教父所身处的时代（1世纪末到2世纪初）正好代表初代教会"圣经感"观念的过渡——从"鲜活的声音"到"文载圣经"。这再次说明"传理"（communication）不单是信息解码，信息的载体（或媒体）直接影响接收者的观感和信息的可信度。

传统是人类宗教的特色，而基督教更是一个非常看重信仰传承的宗教。基督教会从大约公元29/30年的五旬节开始。初代教会的信徒（包括耶稣特别选召的使徒和那称为外邦使徒的保罗）从耶稣基督言行和受难的角度重新解读犹太圣经，从而帮助初代信徒在各自处境中面对种种困难，他们的著作就被收录成新约圣经。使徒教父秉承着新约圣经作者的精神，在各自的牧会处境中，以这些权威的经书——不只是旧约圣经，更有新约圣经——作基础互相勉励、彼此建立，为要建立一个信仰纯正的教会。使徒教父著作见证着第二代基督教会中的牧者、知识分子对教会的承担。

尽管这些著作的部分文章曾经翻译成中文，然而本书的所有译文都是依据希腊和拉丁原文（Michael W. Holmes, *The Apostolic Fathers*:

---

⑩ 例如在《护教书一》的66章3节中，查士丁就向其读者（非基督徒）澄清，这《回忆录》就是"福音书"；此外，在《与特来弗对话录》的101章3节、103章8节、104章1节中，查士丁在引用福音书的内容后，常以 γέγραπται ἐν τοῖς ἀπομνημονεύμασι "（这）是记录于《回忆录》中"这短语来作结。

⑪ 最重要的一节是67章3节 τὰ ἀπομνημονεύματα τῶν ἀποστόλων ἢ τὰ συγγράμματα τῶν προφητῶν "使徒的回忆录和众先知的结集"。然而，他是否认识或确认约翰福音，却仍未能确定，参 W. G. Kümmel, *Introduction to the New Testament* (Translated by Howard Clark Kee from *Einleitung in das Neue Testament*. Revised & enlarged edition. Nashville, TN: Abingdon, 1986), pp. 485–486。

Greek Texts and English Translations，Baker，2007）详细审校的，并加上了不少注释。无论从可读性还是准确性上看，本书的译文都能够让现今的华人读者尽享使徒教父著作的精髓。

黄锡木（香港）

克莱门一书

(罗马人致哥林多人书)

导 读

　　《克莱门一书》可能是在新约之外最早期的一份文献，为我们提供了1世纪末、2世纪初罗马的信徒和教会一些宝贵的资料。此书（和《克莱门二书》）的文本最早出现在5世纪的亚历山大抄本中，排于新约书卷之后。这反映出埃及和叙利亚教会对该书的重视。此外，这文本也出现在12世纪一份叙利亚版本的新约，该版本明显译自一份希腊文本。这文献也有以科普特文流传，有两份蒲草纸的抄本（分别为4世纪和5世纪），但都是不完整的。拉丁文的版本大概出于2世纪。此书最完整的希腊版本，则见于1873年拜仁卢（P. Bryennios，1833—1914）发现的《赫若苏里觅坦尼司抄本》（Codex Hierosolymitanus）。

　　根据优西比乌的记载，① 早于150年左右，哥林多城主教狄奥尼修斯（Dionysius of Corinth）在写给当时罗马主教索特（Soter）的信中，提及克莱门所写的书信，并且指出，当时的哥林多教会在主日聚会中经常公开诵读这信。优西比乌（《教会史》3.14）记载此书在当时的初期教会更是广为诵读，有黑格希普斯（Hegesippus，2世纪犹太裔基督徒作家）为证。《波利卡普致腓立比人书》中也曾引用此书，2世纪里昂的主教爱任纽（Irenaeus）赞誉此书，并撮要首章内容。② 亚历山大的克莱门在

---

① 《教会史》4.23.11。
② 《驳异端》3.3.3。

《教师》(*Paedagogus*)一书中，表示他知道《克莱门一书》的存在，③并且在他的《杂记》(*Stromata*)中多次引用此书。

《克莱门一书》可能是当时最广为人知的教父著作，且广被引用，特别受东方说希腊语的作者所重视。本书的作者克莱门有很高的知名度，甚受尊重和爱戴，以至于以后有不少作品，都是冒他的名而写的，如《克莱门二书》，托克莱门之名（Pseudo-Clementine）而写的《讲章》(*Homilies*)和《确认》(*Recognitions*)，追溯他作为为主壮烈牺牲的殉道士。

此书在初期教会中广泛使用，在很早时期已有多种的译本流传，这反映了此书在教父时期的权威性。究其原因，可能是因为此书对于那些针对异端的教会领袖（如黑格希普斯和爱任纽）来说，十分管用，并且内中对教制和使徒统绪的看法，可用作支持后来以罗马教会为首的中央主教制。

作 者

本书卷首语只记载是罗马教会写给哥林多教会的信，书中也没有说作者是谁，然而希腊文和拉丁文的抄本都以"克莱门致哥林多人书"为标题，叙利亚文版本同样以克莱门为作者。为与亚历山大的克莱门（Clement of Alexandria，约150—211）分别开来，一般称他为罗马的克莱门（Clement of Rome，101年卒）。根据优西比乌和爱任纽的见证，此书是当时罗马主教克莱门所写。而哲罗姆认为，克莱门是自彼得之后，在罗马的第四位主教（《论名人》15）。亚历山大的克莱门也曾称他为使徒克莱门，④但有人质疑当时罗马教会是否只有克莱门一位主教；书中多次提及罗马教会中众多的长老而非单一管治的主教制，⑤因此这信可

---

③ 《教师》1.91.2。
④ 《杂记》4.105.1。
⑤ 当时长老与主教可能是同义的，见44.1—6。

能是来自一群代表罗马教会的长老，克莱门是其中重要的一员。这信在内容和风格上均非常一致，明显是出自一人的手笔，可能是克莱门作为罗马教会的书记，代表教会将这信函发出的。

根据莱特富特（Lightfoot）的假说，克莱门是凯撒的表亲夫拉维·克莱门斯（Flavius Clemens）家中的奴隶，或他曾做奴隶，后恢复自由身。莱特富特的假说主要是根据罗马史学家戴奥·卡修斯（Dio Cassius）的记载，说"夫拉维"曾一度成为图密善（Domitian）的执政官，被指斥信奉无神主义而被处死。这里所指的"无神主义"可能就是指基督教，因为很多罗马人认为，罗马人信奉了基督信仰后都背弃了传统的希罗宗教，因此基督教被视为"无神主义"。然而，这猜测纯粹是基于克莱门与夫拉维在名字上有相似之处，此外，夫拉维因基督教信仰而受迫害，并无任何真凭实据。晚近学者杰弗斯（Jeffers）试图根据考古学方法，证明克莱门的教会坐落于夫拉维的管辖地，并且推测克莱门在王室中当奴隶时，可能担任撰写官方书信的工作，以至于本书的文笔风格与当时官方信函相似。甚至有人认为本书第60章第4节至第61章第2节为那些掌权者的祝福祷告，能支持莱特富特的假说。作者若是居于官宦之家，就更能解释他对掌权者的关注。

写作时间及地点

毫无疑问，本书的写作地点是罗马。文中提及彼得和保罗已殉道（5章），因此，此书必定写于尼禄王（Nero）之后（公元54—68），信中亦提及罗马教会为种种不幸所困扰（1.1），以致未能及时回复哥林多教会所提出的问题，这显示他们可能受过逼迫。罗马教会在图密善（公元81—96）和涅尔瓦（Nerva；公元96—98）的统治下都受到迫害，根据优西比乌的记载，克莱门是在图密善治内罗马的主教，因此本书写作日期可能是在公元81至100年间。按此，本书写作时也正是使徒约翰在拔摩岛上写《启示录》的时候。然而有学者基于第44章第2节，认为使徒所立的长老已死（44.2），有新一代的领袖承接他们的职分（44.3）。此外，信中提及哥林多的教会被称为"古老"，又形容从罗马派来的使者"从年轻时期到年老"都是无可指摘的。这显示写成的时期可能更晚，最晚可至公元140年。不过，第44章第2节可理解为一种普遍的原则（Welborn），即当那些被委派领袖中有人死去，这些人便要再选立一位填补其空缺，并不是指他们中间所发生的特定的情况。书中反映出教会中单一主教制尚未形成，因此，写成日期最可能是在1世纪末。

体裁及写作目的

本书自称为"忠告"（συμβουλή；58.2），与亚里士多德所言忠告或审议性言词（deliberative discourse）相似。希腊忠告信件的目的，是要劝勉或游说读者在将来去做某些事，强调什么是有益的，什么是有害的。本书包含了劝导和警告的言词（如20.3，35.5；58.1），指出什么是有益的（19.2—21.2；35.1—2；38.6），什么是合理及正确的（63.1—2），什么是有害的（14.1—2）和危险的（41.4，47.7）。

此信是响应哥林多教会所出现的问题，但作者没有透露他如何得知哥林多教会的情况，也没有很具体地说明个中的问题，这与忠告类文体的风格是吻合的。哥林多教会中出现混乱，当中有些顽梗不化的人，因为嫉妒的缘故（4—5章），挑启争端（1.1）。教会中有些长老被革职（44.3—6；46.9；47.6），由较年轻的领袖取代（3.3）。从罗马教会领袖的角度去看，这形同造反，因为这些被革职的长老，是无可指摘的，而造反的年轻领袖是破坏了教会的和谐和秩序，也损害了哥林多教会的名声。此信教导哥林多教会如何重整教会中的秩序，建立和睦（63.4）。作者称他所写的，是一份"和平与和谐的诉求"（63.2）。作者使用的一些词汇如"和谐"（ὁμονοία，在本书中出现了13次：9.4；20.3，10，11；21.1；30.3；34.7；49.5；50.5；60.4；61.1；63.2；65.1）和"纷争"（στάσις，在此书中出现了9次：1.1；2.6；3.2；14.2；46.9；

51.1；54.2，57.1；63.1)，是当时在政治上的用语；正如一个城市的市民要友好地和睦相处，避免叛乱，他们亦当如此行。他们中间若有犯罪的，要悔改回转，并且顺服 (57.1—2)，且要考虑接受自愿流放，暂时离开教会 (54.2)。此信由罗马教会所派忠心的使者(63.3；65.1)带到哥林多，希望能帮助他们重建教会内部合一和谐的关系。

内容概要

《克莱门一书》的篇幅与《马可福音》相仿，然而，《马可福音》分为16章，而本书分为65章。首3章勾画出作者所了解的当时哥林多教会的情况；第4至第39章提出信徒应有的基督徒品格；第40至第61章指出哥林多教会中的教制及秩序问题；第62至第65章是全书的总结及对哥林多教会最后的劝勉。

作者因自己身处的罗马教会突然遭遇一连串的"灾祸与打击" (1.1)，而未能及时对哥林多教会中间出现的"污秽和不洁的纷争"作出实时的关注而表示歉意。这纷争已损害了哥林多教会的清誉。作者并没有告诉我们罗马教会所面对的"灾祸与打击"是什么。同样，他亦没有详述哥林多教会中所出现的纷争，然而，在第3章第1至第4节作者指出，哥林多教会中纷争的出现是因为他们之间的嫉妒争执，以致彼此你争我夺，其中一些不受尊敬的年轻人针对那些当尊敬的教会长老。在第44章第6节作者表明这些长老原是无可指摘的，他们的职分不应被剥夺。作者指出哥林多教会过往曾有良好的声誉，他们的信心、敬虔、乐意接待客旅、知识、不偏倚、服从上帝的命令和教会中的长者、在教导上忠心、谦卑、乐捐、和睦、圣灵的同在、热心、忠诚、没有纷争，这些都与他们现在出现的境况成了强烈的对比 (1.2—2.8)。保罗曾批评哥林多教会所出现纷争结党的事，只是他们那时仍对权柄极为尊重，现在他们竟然推倒长老们的权柄 (47章)。

在第4至第36章，克莱门援引不同的例子，指斥他们中间悖逆的错误。在第4章作者引用旧约中的例子，说明因为嫉妒，该隐杀了亚伯、雅各要逃避他的兄长以扫、约瑟被卖为奴至埃及、大坍（民16:1, 12, 25—30）和米利暗背叛摩西，扫罗和非利士人嫉妒大卫等；在第5至第6章作者以当时的保罗、彼得和其他殉道者为例，说明他们的死都是因为嫉妒的缘故。在第7至第8章，作者劝诫那些犯错的人要借着圣灵悔改过来（参第57章），第9至第12章则勉励他们要顺服、忠心，并且好像亚伯拉罕、罗得、喇合一样乐意接待客旅。作者强调乐意接待客旅，大概是因为，那些反叛的领袖拒绝接待其他教会的特使。他们需要谦卑（13章）、拒绝嫉妒纷争（14章）、诚心地追求和睦（15章），像基督一样谦卑（16章）、又要效法以利亚和以利沙、以西结、称为上帝的朋友的亚伯拉罕、约伯、摩西（17章）和大卫（18章），他们的顺服和谦卑，成为每一年代人的榜样。

在第19至第20章，作者强调和睦的重要。上帝创造世界，天、地、地底下、大海、汪洋、季节、风，各有秩序；他建立和谐，这是造物主的心意。第21至第28章以上帝无偏私、公义的审判（21—23章）以及人最终的复活（24—25章），劝勉读者要以纯一的心亲近上帝，不要心怀二意（23章），最后各人一言一行，都要向上帝交账，因此我们当撇弃一切可耻的情欲，敬畏上帝（28章）。克莱门以大自然生生不息的现象（24章）和阿拉伯的凤凰鸟五百年再生一次的传说，说明复活的真实。由第29至第36章，克莱门劝读者要以圣洁的心亲近上帝，一方面借着基督，因信称义（32.4），另一方面要有善行的表现（33.7；34.4）。第37至第39章以基督徒作为精兵的比喻，强调信徒要服从命令。第40章开始以上帝建立不同的秩序，叫人去遵守，使徒们就曾从主耶稣基督受命，将福音传开，并且设立主教和执事（42章），最终是要人将荣耀归给上帝。那些违抗命令的，破坏教会秩序的，要知道这并非等闲的罪,背叛他们中间那些忠心的长老,是极其愚昧和危险的(43—47章),他们要自卑,过公义的生活(48章),并且以爱相待(49—50章),作者再一次强调他们要谦卑悔改,接受这信中的规劝(51.1—59.2),最后作者以一个祷告(59.3—61.3)及总括性言词(62—65章)作结。

简言之,作者指出哥林多教会中间出现了嫉妒纷争,他们必须悔改,谦卑顺服,过圣洁的生活。他们需要重建教会中上帝所定的秩序,是由使徒传承下来的,因此要留心那些扰乱秩序的人,并要以爱相系,悔改顺服。作者还为哥林多教会祷告,求主帮助他们。

正　文

寄居在罗马上帝的教会，写信给寄居在哥林多上帝的教会，就是照上帝旨意、借着我们主耶稣基督蒙召并成圣的人。愿恩惠、平安借着耶稣基督从全能的上帝丰丰富富地临到你们。

第一章

1 弟兄们，由于我们自身突然遭遇一连串的灾祸与打击，所以未能及时关注你们中间发生的纷争，亲爱的朋友啊，尤其是那可憎恶的、不圣洁的分裂行径——这情形在蒙上帝拣选的人中间是不寻常⑥和陌生的。少数鲁莽、狂傲之徒挑起如此荒唐的纷争，极大地侮辱了你们为众人所熟悉和爱戴的美名。2 试问：曾到访过你们的人，有谁不称许你们坚定而卓越的信心？有谁不钦佩你们在基督里那种持重而恢弘的虔诚？⑦有谁不赞扬你们异常热情好客的美德？又有谁不赞许你们全备而扎实的知识呢？3 因为你们行事一直都是正直无私，且依照上帝的律法而活，顺服你们的领袖，并且给予你们中间的年长者他们所应得的敬重。你们教导年轻人思想节制且圣洁的事情；你们嘱咐女人总要凭着无愧、敬虔⑧且清洁的良心尽当尽的职责，按照本分爱丈夫；此外，又教

---

⑥ "不寻常"，直译作"异类"。
⑦ "你们……的虔诚"，或译"你们那种持重而恢弘的基督徒的虔诚"。
⑧ 有抄本没有这个词。

导她们遵守顺服之律，并且庄重、谨慎地操持家务。

第二章

1 此外，你们全然谦卑，不自高自大，自己存心顺服而不是要求别人顺服；晓得"施比受更令人愉快"⑨，满足于上帝⑩的供应。你们留心他的话，殷勤⑪存记在心里；将他的受苦常常活画在眼前。2 因此，你们众人得以享受彻底和丰厚的平安，且满心渴慕行善，圣灵也丰丰富富地浇灌在每个人身上。3 你们内心满了圣洁的劝告，倘若因一时疏忽犯了罪，你们就以热切之心和虔诚的信心向全能的上帝举手，恳求他施怜悯。4 你们日夜为全体弟兄担忧，祈望借着敬畏⑫与尽责，让全体的上帝选民都可以得救。5 你们真诚纯洁，彼此不怀恶意。6 任何的结党纷争和分裂行径，都是你们所憎恶的。邻舍若有过失，你们就应该感到痛心；你们要视他们的不足为自己的缺点。7 你们从不后悔行善，却是"预备行各样善事"。⑬ 8 你们以最高尚、可敬的生活为装饰，凡事敬畏上主，尽各样的职责。上主的诫命和典章都"刻在你心版上"。⑭

第三章

1 你们得了一切的荣耀和增长，然后就应验了经上所说的："我所爱的又吃又喝，渐渐粗壮、肥胖，并且踢跳。"⑮ 2 从中就滋生出猜忌与嫉妒、纷争与骚乱、迫害与混乱、战争与掳掠。3 因此，人的丑态毕露："卑贱人攻击尊贵人"，无名人士攻击有名望者，愚昧人攻击智慧人，"青

---

⑨ 参《使徒行传》20:35。

⑩ "上帝"，有抄本作"基督"。

⑪ "殷勤"，直译作"小心"。

⑫ "敬畏"，有抄本作"怜悯"。

⑬ 《提多书》3:1。

⑭ 参《箴言》7:3。

⑮ 参《申命记》32:15。

年攻击老人"⑯。4 为此,"义"与和平"站在远处"⑰,人人离弃了对上帝的敬畏,在信他的事上近乎瞎眼,既不依上帝的诫命律例而行,也不向基督尽责而活。反之,人人随从自己恶心的情欲而行,因为他们已经取了不公义、不敬虔的嫉妒之心;事实上,因着嫉妒,"死已经进入了世界"⑱。

第四章

1 因为经上记着说:"有一日,该隐拿地里的出产为供物献给上帝;亚伯也将他羊群中头生的和羊的脂油献上。2 上帝看中了亚伯和他的供物,只是看不中该隐和他的供物。3 该隐就十分苦恼,面露沮丧。4 上帝对该隐说:'你为何如此苦恼呢?你为何面露沮丧呢?如果你正确地献祭了,但祭物⑲分配却不正确,你不也犯罪了吗?5 要安静,你的意向必转向你,你却要制伏它⑳。'6 该隐对他兄弟亚伯说:'我们前往田间去吧',既去了,正在田间,该隐起来攻击他兄弟亚伯,把他杀了。"㉑ 7 弟兄们,你们看,猜忌和嫉妒怎样导致了兄弟的残杀。8 我们的先祖雅各也是因为嫉妒才逃离他兄弟以扫的面。9 嫉妒致使约瑟被迫害近乎于死,并且被卖为奴。10 同样,正是嫉妒迫使摩西逃离埃及王法老的面,因他的族人问他:"谁立你作我们的首领和审判官呢?难道你要杀我,像昨日杀那埃及人一样吗?"㉒ 11 由于嫉妒,亚伦与米利暗被逐出营外。12 嫉妒使大坍和亚比兰活活地下到阴间,因他们悖逆服侍上帝的那位摩西。13 同样出于嫉妒,大卫不仅遭到非利士人的恨恶,还蒙受以色列王

---

⑯ 参《以赛亚书》3:5。
⑰ 参《以赛亚书》59:14。
⑱ 《所罗门智训》2 章 24 节。
⑲ 原文无"祭物"。
⑳ "你的意向……制伏它",或译"他必转向你,你却要制伏他"(πρὸς σὲ ἡ ἀποστροφὴ αὐτοῦ, καὶ σὺ ἄρξεις αὐτοῦ)。原来七十士译本中的 ἀποστροφή 具有希伯来语תשובב的意思。
㉑ 参《创世记》4:3—8。
㉒ 参《出埃及记》2:14。

扫罗的迫害。㉓

第五章

1 古代的例子就先不提了，我们来看看生活在离我们最近的时代的勇士们。让我们来学习属于我们这一代的崇高例子。2 许多最伟大及最公义的柱石㉔由于被人猜忌和嫉妒而受到迫害，以致抗争至死。3 我们来注目那些良善的使徒们。4 我们来看彼得，由于不公正的嫉妒，他忍受了不止一次、两次，而是无数次的审讯㉕。他这样作见证后，就到命定为他得荣耀的地方去了。5 我们再来看保罗，由于别人的嫉妒和纷争，他用自身的榜样为我们指明了一条因忍耐而得赏赐的道路。6 他七次受锁链捆绑，还被迫逃亡，被石头殴打，但他将福音传遍了东西方，因此为自己的信仰赢得了真实的冠冕。7 他又劝诫全世界追求义，到达西方世界的最西边。㉖最终，他在执政掌权者面前作了见证，就离开人世，进入了神圣之所，成为忍耐的卓越典范。

第六章

1 除了这些过圣洁生活的人之外，还有众多的选民，由于被人嫉妒而忍受了不少的痛苦和折磨，也为我们树立了杰出的榜样。2 像达娜伊德丝（Danaids）和迪尔卡（Dircae）㉗那样的妇女，因被人嫉妒而遭迫害，忍受了可怕且不圣洁的折磨。尽管她们身体虚弱，然而她们坚定地完成了信心赛程，赢得了尊贵的奖赏。3 嫉妒也离间了妻子与丈夫，使

㉓ 有抄本省略"以色列的王"。
㉔ "柱石"指教会；参《加拉太书》2:9。
㉕ "审讯"，直译"因苦"。
㉖ "西方世界的最西边"即直布罗陀海峡。
㉗ 在古代神话中，传说达努斯（Danaüs）的女儿们成为比赛赢家的战利品；因此，这里很有可能指的是在殉道前被强暴的妇女。狄耳刻（Dirce）被绑在公牛角上，然后被拖死。有学者认为：在这点上，所有现存的文本都有误，并倾向于采用一个猜测的修改版："妇人、温柔的少女，甚至使女们，都受了迫害"来代替"达娜伊德丝和迪尔卡"。

我们先祖亚当所讲的话落了空："这是我骨中的骨，肉中的肉。"㉓ 4 嫉妒与纷争使大城倾倒，使大国覆没。

第七章

1 亲爱的朋友啊，我们写这些事情，不只是为了劝诫你们，同时也是提醒我们自己。因为我们都同在一个竞技场，面对同样的竞赛。2 因此，我们当离弃空虚无用的思想，遵从我们传统的荣耀圣洁规条，3 诚然，我们当留意：在造我们的主眼中什么是良善、可喜悦、蒙悦纳的。4 我们当注目于基督的宝血，明白这血在他的父面前是何等宝贵，因为它为我们的救恩而流，为整个世界赢得了悔改的恩典。5 我们回顾历世历代，看到主人为世世代代一切愿意转向他的人都预备了悔改的机会。6 挪亚传讲悔改的道理，信从的人就得救了。7 约拿向尼尼微人宣告毁灭的信息；虽然他们从前与上帝隔绝，但他们悔改自己的罪行，借着哀求与上帝和好，就蒙了拯救。

第八章

1 上帝恩典的仆役借着圣灵传讲悔改；2 诚然，万有的主宰自己也借着起誓传讲悔改："我指着我的永生起誓，上主说，我断不喜悦恶人死亡，惟喜悦恶人悔改。"㉙ 他又加上这恩言㉚。 3 "以色列家啊，你们从罪孽中悔改吧，告诉我民的子孙，虽然你们罪孽滔天，虽然你们的罪比朱红更红，比麻衣更黑，然而，只要你们全心转向我，且称我为'父'，我就垂听你们，如同垂听圣洁的子民。"㉛ 4 在另一处，他又说："'你们要洗濯、自洁，从我眼前除掉你们心灵的恶行；要停止作

㉓ 《创世记》2:23。
㉙ 参《以西结书》33:11。
㉚ "恩言"，直译作"宽容的宣告"。
㉛ 有可能是意译自《以西结书》33 章，或者是出自归在以西结名下的伪经著作。

恶，学习行善，寻求公正，帮助受欺压的，替孤儿伸冤，为寡妇辩护。'他说㉜：'来吧，我们彼此辩论。你们的罪虽像朱红，必变成雪白。虽红如丹颜，必白如羊毛。你们若甘心听从，必吃地上的美物；若不听从，反倒悖逆，必被刀剑吞灭。'这是上主亲口说的。"㉝5 看哪，他愿意一切他所爱的都在悔改上有分，因此他凭自己全能的旨意起誓为证。

第九章

1 因此，我们当顺服他浩大荣耀的旨意；我们要献上自己以祈求他的怜悯和恩慈，要俯伏在他面前，转向他的怜恤，转眼不看徒劳无益的劳苦、纷争和嫉妒，因这些导致死亡。2 我们当留意那些全心侍奉他无上荣耀的人。3 例如以诺，他在顺服上得了义，因此被接上升，无需尝死味。4 挪亚是个诚实之人，他向世人传讲重生之道；主人借着他拯救了那些和谐有序㉞进入方舟的活物。

第十章

1 亚伯拉罕因顺服上帝的话，就显为忠信，被称为"朋友"。2 他遵命出去，离开他的本地、本族和父家。为了承受上帝的应许，他离开了一处小地方，一个弱民族，以及一栋微不足道的房屋。3 因为他对他说："你要离开本地、本族、父家，往我所要指示你的地去。我必使你成为大国。我必赐福给你，叫你的名为大；你要使别人得福。为你祝福的，我必赐福给他；诅咒你的，我必诅咒他。地上的万族都必因你得福。"㉟4 此外，他与罗得分开之后，上帝对他说："你要从你所在的地

㉜ 有抄本作"主说"，后无"这是上主亲口说的"。
㉝ 参《以赛亚书》1:16—20。
㉞ "和谐有序"，或译"同心"。
㉟ 参《创世记》12:1—3。

方,举目向东西南北㊱观看;你所看见一切的地,我都要把它赐给你和你的后裔,直到永远。5 我要使你的后裔好像地上的尘沙,人若能数算地上的尘沙,才能数算你的后裔。"㊲6 此后,他又说,"上帝领亚伯拉罕向前,说'你向天观看,去数星星,你能数得清吗?你的后裔将要如此。'亚伯拉罕信上帝,上帝就以此为他的义。"㊳7 因着他的信心及款待客人,他在晚年得了一子;又因着顺服的缘故,他在㊴上帝所指示他的其中一座山上将儿子作为祭物献给上帝。

第十一章

1 当所多玛全地受火和硫磺㊵的审判时,罗得因其款待客人以及敬虔而被救离开所多玛城。主人以这种方法清楚显明:他不丢弃仰望他的人,但偏离的人却注定要受刑罚与痛苦。2 于是,罗得之妻注定要成为一个警示——跟罗得离开之后,她改变了想法,不再相信,结果变成了根盐柱,直至今日。好叫众人知道:那些心怀二意以及质疑上帝大能的人都将落入审判,这已成为所有后世的人的警戒。

第十二章

1 妓女喇合因着信心及款待客人,蒙了拯救。㊶2 那时,嫩的儿子约书亚打发人去窥探耶利哥,那地的王意识到他们是来窥探他的国家,于是派人去捉拿,打算一旦捉到,就将他们处死。3 然而,热情好客的喇合领他们进屋,并将他们藏在楼上的亚麻梗中。4 王的人来到,说:"那些窥探我们地的人到了你这里,把他们交出来!这是王的命令。"她回

㊱ "举目向东西南北",直译作"举目向北边、南边、日出地及海边"。
㊲ 参《创世记》13:14—16。
㊳ 参《创世记》15:5—6。
㊴ "在"有抄本作"到"。
㊵ 参《创世记》19章。
㊶ 参《约书亚记》2章。

答道:"你们要找的男人的确来过我这里,但他马上就离开了,现在已经在路上了。"并给他们指了相反的方向。5 之后,她对那些男人说:"我确知上主你们的上帝已经把这地赐给你们,因为全地的居民因你们的缘故都惊恐害怕。因此,你们取这城之时,请救我和我的父家。"6 他们对她说:"的确正如你所说那样。当你得知我们到来时,要将你全家都聚集在你家中㊷,他们就必得救。但凡在这屋外的人必灭亡。"7 此外,他们还给了她一个记号,就是她当给房子系上朱红的东西——这就清楚表明:透过主的血,所有相信并盼望上帝的人都可得蒙救赎。8 亲爱的朋友啊,你们看,这个女人不仅有信心,而且还能预言。

第十三章

1 因此,弟兄们,我们要谦卑,当离弃狂妄与自大,愚昧与怒气,遵行经上所记的。圣灵说:"智慧人不要因他的智慧夸口,勇士不要因他的力气夸口,财主不要因他的财富夸口;夸口的,当指着上主夸口,好使他能认识主,并施行公平和公义。"㊸最要紧的是,我们当谨记主耶稣的话,就是他教导柔和、耐心时所说的。2 他这样说:"你们怜恤人,就必蒙怜恤;你们饶恕人,就必蒙饶恕。你们所行的,必照样行在你们身上。你们要给人,就必有给你们的。你们怎样论断人,也必怎样被论断。你们恩待人,就必蒙恩待。你们用什么量器量给人,也必用什么量器量给你们。"㊹3 我们当用这些命令和训词坚固自己,好使我们顺服他的圣言,谦卑而行。因为圣言说:4 "我所当看顾的是谁呢?不就是那柔

㊷ "在你家中",直译作"在你屋顶下"。

㊸ 参《耶利米书》9:23—24,《撒母耳记上》2:10,《哥林多前书》1:31,《哥林多后书》10:17。

㊹ 参《马太福音》5:7; 6:14; 7:1—2,《路加福音》6:31, 36—38。由于这些引文与正典文本不尽相同,普遍认为在这里(46 章 8 节亦如此),克莱门依据的是一个口传或文本的非正典来源。当然有可能是这样,然而正如莱特富特(Lightfoot)所观察到的那样:"由于克莱门的引用通常都是很不严谨的,因此我们不需要在正典的福音书外去寻找这些章节的出处。"(AF 1.2.52)

和、安静，因我的话而战兢的人吗？”㊺

第十四章

1 因此，弟兄们，我们当顺服上帝，这是恰当且圣洁的，而不是依从那些傲慢、无法之人，他们出于可憎的嫉妒，自立为领导者。2 这些人挑起纷争、不合，目的是要把我们引离正道；倘若我们鲁莽地降服于他们的意图，我们将给自己带来极大的危害，而不是一般的伤害。3 然而，照着那造我们的主的怜悯和慈悲，我们当友善对待他们。㊻4 因为经上记着说：“良善者必承受地土，清白的人必居住其上；惟违法者要从地上剪除。”㊼5 此外，他又说：“我见不敬虔之人高升，高耸如黎巴嫩的香柏木。但我再次㊽经过，不料，他已不见了；我寻找他住处，却寻不着了。因此，要持守清白，遵行正直，因和平之子必有余种㊾存留。”㊿

第十五章

1 因此，我们当与敬虔地寻求和平的人一道，远离那些虚假地希望和平的人。2 上主在一处说：“这百姓用嘴唇尊敬我，他们的心却远离我。”(51)3 又说：“他们口虽祝福，心却诅咒。”(52)4 他又说：“他们用口表示爱他，用舌头向他说谎，但他们的心向他不正，不忠于他的约。”(53)5 因此，“那口出恶言攻击义人的，愿他们欺诈的嘴哑口无言。”(54)再

㊺ 参《以赛亚书》66:2。
㊻ “他们”，指这些分裂的领袖们。
㊼ 参《箴言》2:21—22；《诗篇》37:9，38（LXX 36:9，38）。
㊽ 原文无“再次”。
㊾ “余种”，即后裔或后代。
㊿ 参《诗篇》37:35—37（LXX 36:35—37）。
(51) 《马可福音》7:6；《马太福音》15:8；《以赛亚书》29:13。
(52) 《诗篇》62:4（LXX 61:5）。
(53) 参《诗篇》78:36—37（LXX 77:36—37）。
(54) 参《诗篇》31:18（LXX 30:19）。

有，“愿上主剪除一切油滑的嘴唇和夸大的舌头。他们说：‘我们要赞美(55)我们的舌头；我们的嘴唇是自己的，谁能作我们的主呢？’6 因为困苦人的愁苦和贫穷人的叹息，我现在要起来，主说，我要把他安置在稳妥之处；7 我要以厚恩待他。”(56)

第十六章

1 因为基督与谦卑人同行，而不是那些立自己在羊群之上的人。2 上帝荣耀的杖——我们的主耶稣基督，(57)并非带着傲慢或骄傲的架势（虽然他本可以如此）而来，乃是谦谦卑卑，正如圣灵论到他的那样。3 因为他说：“上主啊，我们所传的，有谁信呢？上帝的膀臂向谁显露呢？我们宣称，在他面前，他像个孩童，像根长出干地。他外表不美也无甚荣耀。我们看见他，他外表不美，也无佳容；相反，他的‘外表’被人藐视，比众人更憔悴(58)。他多受鞭打，饱尝劳苦，晓得如何忍受软弱，因他掩面不看；他被藐视，不被祝福。4 他背负我们的罪孽，为我们的缘故承受痛苦，我们以为他是劳苦、鞭伤及苦难的对象。5 但他为我们的罪孽压伤，为我们的过犯(59)受害。因他受的刑罚，我们得平安；因他受的鞭伤，我们得医治。6 我们都如羊走迷，各人偏行己路；7 上主因我们众人的罪孽将他交付死地。他不开口，因他在忍受痛苦；他像羊被牵到宰杀之地，又像羊羔在剪毛的人手下无声，他也是这样不开口。他的谦卑使他蒙受不公正的对待。8 谁能述说有关他的后裔呢？因他的生命已从地上被剪除。9 因我民的过犯，他被置于死地。10 但我会使恶人代替他下葬，使富人代替他受死。因他不曾犯罪，他口中不曾出过诡诈的言语。主定意清洁他的鞭伤。11 你们若献上赎罪祭，你们的灵魂必将看见

---

(55) “赞美”，或作“尊崇”。

(56) 参《诗篇》12:4—6（LXX 11:3—5）。

(57) “我们的主耶稣基督”，有抄本作“主耶稣基督”。

(58) “更憔悴”，直译“更低劣”。

(59) “过犯”原文 ἀνομίας，直译“无法无天”。下同。

长存的后裔。12 上主定意挪去他灵魂的痛苦,光照他,用悟性塑造他,使这'公正者'得称为义,因他是众人的好仆人;他担当了他们的罪孽。13 因此,他将承受万有,并与强盛的均分掳物,因他的灵魂被交付死地,他也被列在不法者之中;14 他担当了多人的罪,因他们的罪他被交付死地。" ⑥ 15 他自己也说:"但我是虫,不是人,被众人责骂,被百姓藐视。16 凡看见我的都嗤笑我;他们'撇嘴说话';他们摇头说,'他信靠上帝,让上帝来救他吧;上帝既喜悦他,就来搭救他吧。'" ⑥ 17 亲爱的朋友啊,你们看,这就是留给我们的榜样,主自己尚且如此谦卑,更何况是我们呢?因为我们是借着他,才得以同负恩典之轭的。

第十七章

1 我们当效法那些"披着绵羊山羊的皮"各处奔走,⑥ 传讲基督到来的人。我们指的是以利亚和以利沙,还有以西结,众先知,以及古代那些大有名望之人。2 亚伯拉罕深得名望,被称为"上帝的朋友";然而,当他定睛注目上帝的荣耀时,他谦卑地说:"我不过只是尘土灰烬。" ⑥ 3 此外,关于约伯,经上记着说:"约伯正直、无可指摘、诚实、敬畏上帝、远离恶事。" ⑥ 4 然而,他指控自己,说:"无人能够纯净、毫无玷污——即使他在世不过一日之久。" ⑥ 5 摩西被称为"向上帝的全家尽忠," ⑥ 借着他的服侍,上帝用瘟疫和苦难审判了埃及。但是,即便是他这样大得尊荣的人,当默示在荆棘中临到他时,却毫不夸口,

---

⑥ 参《以赛亚书》53:1—12。

⑥ 参《诗篇》22:6—8 (LXX 21:7—9)。

⑥ 参《希伯来书》11:37。

⑥ 参《创世记》18:27。

⑥ 参《约伯记》1:1。

⑥ 比较参《约伯记》14:4,"谁能使洁净出于污秽呢?谁也不能!"

⑥ 参《民数记》12:7,《希伯来书》3:2。

反倒说:"我是什么人,你竟差我去呢?我是拙口笨舌的。"⑥⁷ 6 此外,他又说:"我不过是壶中之气。"⑥⁸

第十八章

1 关于杰出的大卫,我们还可说些什么呢?上帝说:"我寻得耶西的儿子大卫,他是合我心意的人;我以永远的慈爱膏他。"⑥⁹ 2 然而,他也对上帝说:"上帝啊,求你按你的慈爱怜恤我!按你丰盛的怜悯涂去我的过犯! 3 求你将我的过犯洗涤净尽,洁除我的罪!因为我知道我的过犯;我的罪常在我面前。4 我向你犯罪,唯独得罪了你,在你眼前行了这恶,以致你责备的时候显为公义,判断的时候显为清白。5 看哪,我是在过犯里生的,在我母亲怀胎的时候就有了罪。6 你所喜爱的是诚实;你已向我显明你隐秘、人所不见的智慧。7 求你用牛膝草洁净我,我就干净;求你洗涤我,我就比雪更白。8 求你使我得听欢喜快乐的声音,使你所压伤的骨头可以踊跃。9 求你转脸不看我的罪,涂去我一切的过犯。10 上帝啊,求你为我造清洁的心,使我里面重新有正直的灵。11 不要丢弃我,使我离开你的面;不要从我收回你的圣灵。12 求你使我重得救恩之乐,以引导的灵来扶持我,13 我就把你的道指教有过犯的人,不敬虔的人必归顺你。14 上帝啊,你是拯救我的上帝;求你救我脱离流人血的罪!15 我的舌头就高唱你的义。主啊,求你使我的口张开,我的嘴唇就传扬赞美你的话!16 你本不喜爱祭物,若喜爱,我就献上;燔祭你也不喜悦。17 上帝所要的祭就是忧伤的灵;上帝啊,忧伤痛悔的心,你必不轻看。"⑦⁰

---

⑥⁷ 参《出埃及记》3:11;4:10。
⑥⁸ 来源不详。
⑥⁹ 参《诗篇》89:20 (LXX 88:21);《使徒行传》13:22 (参《撒母耳记上》13:14)。
⑦⁰ 参《诗篇》51:1—17 (LXX 50:1—19)。

第十九章

1 因此，这许多如此大有名望的伟人——此外还有那些存着敬畏和诚实领受他圣言的人，是这般谦卑、顺从，因着他们的顺服，得益的不仅是我们，而且还有我们以前的世代。

2 我们既然在这众多荣耀的行为上有分，就当直奔和平的标杆——这是从起初就传给我们的；我们当定睛注目天父和宇宙的创造主，持守他荣耀无比的恩赐与平安之福。3 我们当在思想中仰望他，用我们灵魂的眼睛仰望他宽容忍耐的旨意。我们当留意他对他的一切创造是何等的不愿发怒。

第二十章

1 诸天遵循他的指令而转动，默默依从。2 白天与黑夜在他所命定的道上各自运行，互不干扰。3 太阳、月亮以及众星和谐地按着命定的轨道各自运行，丝毫不差。4 地球遵他旨意按时结果子，给地上的人、野兽以及一切的活物提供丰丰富富的食物，对于他所命定的，毫无异议，毫无更改。5 此外，深渊不可测度的深度，以及地狱难以形容的审判都受制于同样的定例。6 无边的大海，依照他的创造行为"进入水库"[71]就聚集而成，绝不超越界限流动；而是完全遵照他的命令。7 因为他说："你只可到这里；你的浪要到此止住。"[72] 8 人所不能越过的海洋，以及海洋那边的世界也听命于主人同样的命令。9 春、夏、秋、冬四季依次变更，默默有序进行。10 来自四方的风按时吹送，完成其使命，毫不紊乱；涌流不息的泉源是为喜乐与健康的缘故而造的，源源不断地为人类提供生活所需的。甚至是微小的活物们也和谐地聚集在一起。11 伟

---

[71] 参《创世记》1:9（只见于 LXX）。

[72] 参《约伯记》38:11。

大的创造主和宇宙的主人命定所有这一切都和谐地共处，这就为万事，尤其是为我们效力；借着我们的主耶稣基督，我们投靠在他怜悯的恩慈下，12 愿荣耀、威严归与主耶稣基督，直到永远。阿们！

第二十一章

1 亲爱的朋友们啊，我们要小心，免得他许多的恩惠变为对我们所有人[73]的审判；倘若我们行事为人对不起主，且不和谐地行他眼中看为良善、可喜悦的事情，就将要如此。2 因为他说过："上主的灵是灯，鉴察人的内心隐秘的地方。"[74] 3 我们当意识到他离我们[75]多么近，没有任何事情能逃脱他的眼目[76]，无论是我们的思想，还是我们要做的计划。4 因此，我们不背弃他的旨意，这是应当的。5 我们宁可得罪那些抬高自己、骄傲吹嘘自己言语的愚蠢、无知之人，也不可得罪上帝。6 我们当敬畏主耶稣基督[77]，他的血为我们而流。我们当尊重带领我们的，敬重年长者；我们当教导年轻人，引导他们敬畏上帝。我们当指教妇人行良善之事；7 愿她们流露出配受人爱戴的贞洁性情；愿她们诚心渴慕温柔；愿她们安安静静以证明舌头的温和；愿她们不存偏见、圣洁平等地爱一切敬畏上帝之人。8 愿我们的孩子接受在基督里的教导；愿他们学习在上帝面前谦卑是何等的能力，在上帝面前能达到何等纯洁之爱，并认识到：对他的敬畏是何等良善、伟大，并能拯救一切以纯正的心思圣洁地活在对他敬畏中的人。9 因为他鉴察我们的思想和意念；他的气息在我们里面，他若要取去，便能取去。

---

[73] "我们所有人"，有抄本作"我们"。
[74] 参《箴言》20:27。和合本修订版作"人的灵是耶和华的灯，鉴察人的内心深处"。
[75] 原文无"我们"。
[76] 原文无"的眼目"。
[77] 有抄本省略"基督"。

第二十二章

1 这一切因着在基督里的信心得以坚固,因为他借着圣灵呼召我们:"孩子们哪,来听我!我要教导你们敬畏上主。2 有谁喜爱生命,爱慕长寿,得享美福?3 你要禁止舌头不出恶言,嘴唇不说诡诈的话。4 要弃恶行善,5 寻求和睦,一心追求。6 上主的眼目看顾义人,他的耳朵听他们的呼求。上主向行恶的人变脸,要从地上除灭人们对他们的纪念。7 义人呼求,上主听见了,就拯救他们脱离一切患难。义人多有苦难,但上主救他脱离这一切。"[78] 8 此外[79],"罪人必多受苦楚,唯独仰望上主的,必有怜悯四面环绕他。"[80]

第二十三章

1 仁慈待万物、随时预备行善的天父对敬畏他的人满有怜悯,且温和、慈爱地将他的恩惠赐予那些专心亲近他的人。2 因此,我们不当心怀二意,我们的灵魂也不当对他非凡、荣耀的恩赐[81]持有任何的虚假想法。3 愿他所说的这句经文远离我们:"心怀二意、心里怀疑的人有祸了,他们说'我们从父辈那里也听说了这些事情,但看哪,现在我们已经老了,所说的这些事情一件也没有临到我们。'4 你们这些无知的人哪,你们好比一棵树,或葡萄藤:首先落叶,然后发枝,然后长叶,然后开花,之后结出酸葡萄,然后才是成熟的葡萄串。"[82]当留意:在短短的时间内,树的果实就成熟了。5 诚然,他的旨意将快快地、且突然间成就,正如经文也证实:"他要快快来临,并不延迟;上主必忽然来到

---

[78] 参《诗篇》34:11—17, 19 (LXX 33:12—18, 20),有抄本省略"义人多有苦难……这一切"。
[79] "此外",有抄本作"再次"。
[80] 参《诗篇》32:10 (LXX 31:10)。
[81] "恩赐",或译"赏赐"。
[82] 来源不详;参《克莱门二书》11:2—3。

他的殿，就是你们所期待的圣者。"㉝

第二十四章

1 亲爱的朋友们啊，我们当思想：主人怎样持续向我们指明将来的复活——他使主耶稣基督从死人中复活，成为复活初熟的果子。2 亲爱的朋友们啊，我们也当观察生活中时常发生的复活现象。3 白天和黑夜展示了复活：黑夜睡去，白天起来；白天离去，黑夜回来。4 我们再看看农作物：撒种是怎样、以什么方式进行的呢？5 "有一个撒种的出去，"将每一粒种子撒在土地上。㉞这些种子落在土地上，是干燥且赤裸的子粒，然后就开始腐烂；但是，从腐烂中，主人大能的眷顾使他们复活，于是，从一粒种子就生出许多的子粒来，并且结果。

第二十五章

1 我们来看看东部地区，也就是阿拉伯周边所发生的令人惊奇的事情。2 有一种鸟，叫作凤凰。这种鸟，独一无二，能活五百年。当其衰残、死亡临近之际，凤凰就为自己筑一个满了乳香、没药和其他香料的巢——仿似灵柩一般；时候到了，它就进入巢中，然后死去。3 然而，随着肉开始腐烂，就滋生出一种虫子，这种虫子由死鸟的肉汁滋养，最终长出翅膀来。接着，等它强壮之后，就取了装有它父母骨头的灵柩巢，背负它们，从阿拉伯飞往埃及，到称为"赫利奥波利斯"（Heliopolis）的城市。㉟4 到了那里，在光天化日、众目睽睽之下，它飞上太阳的祭坛，把骨头存放在那里，然后就开始启程回去。5 祭司们开始查考

㉝ 参《以赛亚书》13:22（LXX），《玛拉基书》3:1。
㉞ 参《马可福音》4:3；《马太福音》13:3；《路加福音》8:5。
㉟ 赫利奥波利斯即"太阳城"。

有关日期的公开记录,并且发现:又是一轮五百年之末。㊏

第二十六章

1 宇宙的创造主既是这样向我们显示他应许的伟大——借着一种鸟,却毫不逊色,那么,倘若他使那些圣洁服侍他、因纯全的信心而有确信之人复活,我们又怎可再视之为伟大、不可思议的事情呢?2 他在某处说道:"你必使我起来,我必赞美你",㊗ 以及:"我躺下,我睡觉,我醒来,你都与我同在。"㊘ 3 约伯也说:"在遭遇这一切之后,你必使我的肉体复活。"㊙

第二十七章

1 所以,因着这种盼望,我们的灵魂当紧系于他在应许上反映的信实,在审判上彰显的公义。2 他命令我们不要说谎,自身就更不会说谎,因为,除了说谎,在上帝凡事都能。3 因此,我们对他的信心当再次点燃,我们当明白:万事都在他面前。4 他用威严的言语创立了世界,同样,他也能用言语摧毁这个世界。5 "谁能对他说:'你做了什么呢?'又或者谁能抵挡他的大能大力呢?" ㊚ 他若定意,万事就必成就,且都是照他所定意的方式成就;他所命定的无一事落空。6 万事都在他眼前,无一能逃离他的旨意,7 因为,"诸天述说上帝的荣耀,穹苍传扬他手的作为。这日到那日发出言语,这夜到那夜传出知识。无言无语,也无声音可听。" ㊛

㊏ 凤凰的故事在古代为人熟知,在早期的基督徒作家中被广泛使用(轻信度有所不同);对这一用法的支持来自《诗篇》92:12(LXX 91:13),因为在七十士译本中,"棕树"(palm tree)与"凤凰鸟"(phoenix bird)是相混淆的。

㊗ 参《诗篇》28:7(LXX 27:7)。

㊘ 参《诗篇》3:5(LXX 3:6),23:4(LXX 22:4)。

㊙ 《约伯记》19:26。和合本修订版作"我这皮肉灭绝之后,我必在肉体之外得见上帝"。

㊚ 《所罗门智训》12 章 12 节。

㊛ 参《诗篇》19:1—3(LXX 18:2—4)。

第二十八章

1 因此，既然这一切都已看见并听见，我们就当敬畏他，离弃导致罪恶行为的可憎情欲；这样，在来临的审判中，我们就能得到他怜悯的庇护。2 因为，我们谁能逃离他大能的手呢？又有怎样的世界可以接收那些离弃他的人呢？因为经上 ⑨² 某处记着说：3 "我往哪里去，我往哪里逃，可躲避你的面？我若升到天上，你在那里；我若飞到地极，你的右手也在那里；我若下榻在阴间，你的灵也在那里。" ⑨³ 4 那么，人可以往哪里去，可以往哪里逃，能躲避掌控宇宙的他呢？

第二十九章

1 因此，我们当怀着圣洁的灵魂亲近他，向他举起清洁、无玷污的手，爱那柔和、慈悲的父——他拣选我们成为他的分。2 因为经上记着说："当至高者划分列国，分散世人 ⑨⁴，他是照着神明 ⑨⁵ 的数目，为万民划定疆界。他的民——雅各——成为上主的分，以色列成为他的产业。" ⑨⁶ 3 在另一处又说："看哪，主从列国中取了一国归他，如同人从禾场上取了初熟的谷物；圣者中的圣者将出自那国。" ⑨⁷

第三十章

1 因为我们是圣者的分，⑨⁸ 我们就当行属乎圣洁的万事，离弃毁谤、醉酒、暴乱、可憎及不洁的怀抱，以及可憎的情欲、作呕的淫乱、

---

⑨² "经文"有可能指"圣著"，即希伯来圣经三分法的第三部分（前面两部分是"律法书"与"先知书"）。

⑨³ 参《诗篇》139：7—10（LXX 138：7—10）。

⑨⁴ "世人"，直译"亚当之子"。

⑨⁵ "神明"，直译"天使"。

⑨⁶ 参《申命记》32：8—9。

⑨⁷ 参《申命记》4：34；14：2；《民数记》18：27；《哥林多后书》31：14；《以西结书》48：12。

⑨⁸ "圣者的分"，有抄本作"圣洁的一份"，或"圣洁的份"，或"众圣者的一份"。

可憎的自大。2"因为上帝,"他说:"抵挡骄傲的人,但赐恩给谦卑的人。"⁹⁹ 3 因此,我们当与上帝赐恩的人一道。我们当以和谐为衣,谦卑、自制,远离一切的背后毁谤和造谣中伤,在行为上称义,而不是在言语上。4 因为他说:"说得多的人听到的答复也多。言语多的人就自以为公义吗? 5 由妇人所生、在世短暂者是有福的。不要言语过多。"⁽¹⁰⁰⁾ 6 愿我们的称赞从上帝而来,而不是从我们自己而来,因为上帝憎恶自夸之人。7 愿别人为我们的好行为作见证,如同我们公义的列祖那样。8 放肆、傲慢与鲁莽属于上帝所咒诅之人;但上帝所祝福之人所有的却是恩慈、谦卑与柔和。

第三十一章

1 因此,我们当紧紧抓住他的祝福,我们当考察祝福的道路。我们要仔细思想那从起头就有之事的记载。2 我们父亚伯拉罕为什么蒙了祝福呢? 不就是由于他因信得了义和真理吗? 3 以撒靠着信心,看到了未来,于是情愿被领去献祭。4 雅各因为他哥哥的缘故谦卑地离开了自己的土地,到拉班那里,服侍他,就生了以色列的十二支派先祖⁽¹⁰¹⁾。

第三十二章

1 倘若有人真诚地一一查考他们,他将看到他的恩赐是何等伟大。2 因为所有在上帝的祭坛前服侍的祭司和利未人都出自雅各;按肉体说,主耶稣也是出自雅各;出自雅各的还有犹大支派的君王、首领和总督;他的其他支派尊荣也不小,因为上帝曾应许"你的后裔将多如众

---

⁹⁹ 参《箴言》3:34,《雅各书》4:6,《彼得前书》5:5。
⁽¹⁰⁰⁾ 《约伯记》11:2—3a (LXX)。对比和合本修订版译文:"这许多的话岂不该回答吗? 多嘴多舌的人岂可成为义呢? 你夸大的话岂能使人不作声吗?"
⁽¹⁰¹⁾ 原文无"先祖"。

星"。⑩2 3 因此，所有都得了荣耀和尊贵，并不是由于他们，或他们自己的行为，或他们所做的公义作为，却是借着他的旨意。4 因此，我们靠着他的旨意，在基督耶稣里蒙召；我们得称为义并不是靠着我们自己，或我们自己的智慧，或悟性，或虔诚，或我们带着圣洁之心所做的一切，却是靠着信心，因着信心，全能的上帝使所有古时的人⑩3 得称为义。愿荣耀归与他，直到永远。阿们！

第三十三章

1 那么，弟兄们，我们当做什么呢？难道我们要弃绝行善，并且离弃爱吗？但愿主人绝不允许这样的事发生，至少对我们而言如此；相反，我们当更加真诚、热切地勇于去成就每一件善工。2 因为宇宙的创造者和主宰自己也喜悦他的工作。3 因靠着他无穷的大能，他设立了诸天，他用难以测度的智慧使它们井然有序。同样，他从周围的众水中分出了地，并且照他的旨意安立在坚实的根基上；照他的命令，他一发话，爬行地面的活物就出现。在创造了海和其中的活物之后，他用自己的大能为其定界限。4 但更重要的是：作为他的计划⑩4 最杰出、也是迄今为止最伟大的工作则是他用圣洁、无瑕的手创造了人——成为他自己形象的代表。5 因为上帝说："我们要照着我们的形像，按着我们的样式造人。上帝就创造了人；他创造了他们，有男有女。"⑩5 6 于是，完成了所有这一切之后，他称赞并祝福他们，说："要生养众多。"⑩6 7 我们看到⑩7 所有的义人都以善工为装饰。诚然，主自己在以善工装饰自己之后，感到喜悦。8 因此，我们既然有这种楷模，就当毫不迟疑地顺从他

---

⑩2 参《创世记》15:5；22:17；26:4。
⑩3 "古时的人"，直译"起初之人"。
⑩4 "计划"，或译"才智"；有抄本省略这词。
⑩5 参《创世记》1:26—27。
⑩6 参《创世记》1:28。
⑩7 "我们看到"，有抄本作"我们当观察"。

的旨意；我们当竭尽全力行公义之事。

第三十四章

1 好工人坦然领取劳作所得的面包，但懒惰、草率之人甚至不敢直面其雇主。2 因此，我们应当热心行善，因为一切的事情都出于他。3 因他预先警告我们："看哪，上主临到，赏罚在他面前，要照每个人所行的报应他。"[108] 4 因此，他劝诫我们这些全心相信他的人：在各样善行上不应懒惰或草率。5 我们的夸耀和信靠应当在于他；我们当顺服他的旨意；当思想他的众天使们如何待命在侧，为他的旨意效力。6 因为经上说："事奉他的有万万，在他面前侍立的有千千，他们呼喊说，'圣哉！圣哉！圣哉！万军之耶和华；他的荣光遍满全地！'"[109] 7 那么，当我们一心和谐相聚时，我们也当异口同声热切向他呼求，好使我们也能有分于他伟大、荣耀的应许。8 因为他说："上帝为耐心等候他的人所预备的，是眼睛未曾看见，耳朵未曾听见，人心也未曾想到的。"[110]

第三十五章

1 亲爱的朋友们啊，上帝的恩赐是何等蒙福与奇妙啊：2 不朽的生命，公义中的荣耀，赫然的真理，坦然的信心，圣洁的自制！而所有这一切还是我们能够理解的。3 那么，为耐心等候他的人所预备的又会是什么呢？只有创造主、永世之父、全然的至圣者自己才知道他们的数目与荣美。4 因此，我们当竭尽全力进入那些耐心等候他的人之列，好使我们有分于他所应许的恩赐。5 可是，亲爱的朋友们啊，这当怎样行

---

[108] 参《以赛亚书》40:10；62:11；《箴言》24:12；《启示录》22:12。
[109] 参《但以理书》7:10；《以赛亚书》6:3。
[110] 参《哥林多前书》2:9；《以赛亚书》64:4。

呢？倘若我们的心思借着信专注于上帝；⑪倘若我们寻求蒙他喜悦和悦纳之事；倘若我们成就符合他纯全旨意之事，遵循真理之道，从我们身上脱去一切的不义和不法⑫、贪婪与争竞、邪恶与诡诈、谗言与毁谤、与上帝为敌、骄傲与狂妄、虚荣与冷漠。6 行这些事的人是上帝所憎恶的；不仅包括这样行事的人，也包括那些赞同这样行的人。7 因为经上记着说："但上帝对罪人说：'你怎敢传讲我的律例，口中提到我的约呢？8 其实你恨恶管教，将我的言语抛在脑后。你见了盗贼就与他同伙，又和行奸淫的人同流合污。你口出恶言，你的舌编造诡诈。你坐着，毁谤你的兄弟，陷害你亲母亲的儿子⑬。9 你做了这些事，你这不义的人哪，我闭口不言，你想我正如你一样。10 其实我要责备你，将这些事摆在你眼前。11 你们这些忘记上帝的，要思想这些事，免得他如同狮子攫住你们，无人搭救。12 凡以感谢献祭的就是荣耀我，这就是我向他显明上帝救恩的道路。'"⑭

第三十六章

1 亲爱的朋友们啊，这就是我们得着救恩的道路——就是耶稣基督，我们献祭的大祭司，我们软弱的守护者与帮助者。2 借着他，我们当定睛仰望高天；借着他，我们如同借着镜子见到他无瑕、荣耀的面；借着他，我们心灵的眼睛得以张开；借着他，我们愚昧、昏暗的心思跃入那⑮光中；借着他，主人已定意我们要尝不朽的知识，因为"他是上帝荣耀的光辉；他所承受的名比天使的名更尊贵，所以他远比天使崇

---

⑪ "心思借着信专注于上帝"，有抄本作"专注于上帝的信心的思想"，也有作"思想信实地专注于上帝"。
⑫ "不法"，有抄本作"邪恶"。
⑬ "陷害你亲母亲的儿子"，直译作"在你母亲的儿子所行的路上安放绊脚石"。
⑭ 《诗篇》50:16—23（LXX 49:16—23）。和合本修订版第23节作"凡以感谢献祭的就是荣耀我；那按正路而行的，我必使他得着上帝的救恩"。
⑮ "那"，有抄本作"奇妙的"，也有作"他奇妙的"（参《彼得前书》2:9）。

高"。⑯ 3 因为经上如此说:"上帝以风为使者,以火焰为仆役。"⑰

4 但论到他的儿子,主说:"你是我的儿子,我今日生了你。你求我,我就将列国赐你为基业,将地极赐你为田产。"⑱ 5 此外,他又对他说:"你坐在我的右边,等我使你的仇敌作你的脚凳。"⑲ 6 那么,谁是这些仇敌呢? 就是那些邪恶、抵挡他旨意的人。

第三十七章

1 因此,弟兄们,我们要如同当兵的,一心降服在他无误的命令下。2 我们要思想在我们的军长手下服役的士兵,他们执行命令是何等准确,何等乐意,何等顺服! 3 虽然并非人人都是长官、指挥官、百夫长、五十夫长,等等,但各人都有自己的次序,⑳ 要去执行由皇帝或军长下达的命令。4 位高的离不开位低的,同样,位低的也离不开位高的。万事都有一定的组合,这样更有益处。5 以我们的身体为例。离了脚,头就算不得什么;同样,离了头,脚也算不得什么。我们身上即使是最小的部分,对于整个身体也是必须和有用的,所有的肢体一道在彼此顺服中联结,好使整个身子得救。

第三十八章

1 就我们而言,愿整个身体都在基督耶稣里得救,愿人人按所得属灵恩赐的程度,顺服各人的邻舍。2 强壮的不应轻忽㉑ 软弱的,软弱的应当敬重强壮的。富人要扶持穷人,穷人当将感谢归与上帝,因为是上帝带给他能满足他需要的人。智慧人当在善行上、而不是在言语上展示

---

⑯ 《希伯来书》1:3—4。
⑰ 《希伯来书》1:7。
⑱ 《希伯来书》1:5;《诗篇》2:7—8。
⑲ 《希伯来书》1:13。
⑳ 参《哥林多前书》15:23。
㉑ "轻忽",有抄本作"关注"。

智慧。谦卑人不当自证谦卑，而是应留给其他人来为他作见证。身体洁净的人当保持如此并 ⑫ 不可自夸，知道给予这种自制力的乃是另一位。3 弟兄们，我们当认识到：我们由何物所造；我们来到世界时的身份和地位；那使我们成形和创造我们的那位从怎样的坟墓及黑暗中将我们带进他的世界——在我们降生之前已为我们预备了益处。4 因此，既然我们从他得到所有这一切，我们就当凡事感谢他。愿荣耀归与他，直到永永远远。阿们。

第三十九章

1 畜类、蠢笨、愚昧和无知的人戏弄和嘲笑我们，想在自己的幻想中高举自己。2 必朽之人能做什么？土生的活物能有什么能力？3 因为经上记着说："我眼前不见形体，我只听到气息和声音。4 这是怎么样呢？必死之人能在上帝面前洁净吗？上主既不倚靠他的仆人，也不再计算天使的过错，人的行为岂能无可指摘？5 在他眼前，天也不洁净，何况你们那些住在泥屋的，就是与我们受造相同的泥土。他毁灭他们，如同虫子，早晚之间，他们就被毁灭。因为他们不能自助，他们就灭亡了。6 他吹气在他们身上，他们就死了，因为没有智慧。7 但是，呼求吧——倘若有人听从你，或者如果你看到一位圣天使。愤怒害死愚妄之人，嫉妒杀死迷失之人。8 我曾见愚妄人扎下根，但转眼之间，他们的房屋就毁灭了。9 愿他们的儿子远离稳妥之地。愿他们在比他们位低之人的门口被嘲笑，无人搭救。义人将吃为他们预备的东西；但他们将不能从邪恶中得拯救。" ⑬

第四十章

1 因此，我们既然清楚了这些事情，并已经深究了这些神圣的知

---

⑫ 有抄本省略"保持如此并"。
⑬ 参《约伯记》4:16—18；15:15；4:19—5:5。

识，我们就应当在既定的时期，按着次序，遵行主人命令我们去做的每件事情。2 他要求献祭与服侍要殷勤，并且 [124] 不当草率或混乱，而是在指定的时间和季节。3 在何处、当由谁去履行这些，在他崇高的旨意中早有命定；如此，按他的美意，带着敬虔所行的一切方可蒙他悦纳。4 因此，那些在指定的时间献祭的人是蒙悦纳和蒙福的；因为遵行主人指示的人就不至于走错路。5 因为大祭司有他们合宜的侍奉，祭司有派定给他们的合宜职分，利未人也有自己的供职。平信徒则受制于平信徒的定例。

第四十一章

1 弟兄们，你们 [125] 每一个当照着他合宜的秩序感谢 [126] 上帝，保持良心清洁，不超越为他供职的界限 [127]，但存敬畏之心行事。2 弟兄们，不是在任何地方都可以献每天的祭，或甘心祭 [128]，或赎罪祭和赎愆祭，而只能在耶路撒冷。即便在那里，献祭也不是随处都可以，而仅是在圣所前，祭坛上；并且祭物献祭前已先由大祭司和之前提过的那些仆役检查过，看是否纯全无瑕疵。3 因此，那些违反他旨意所定的本分的人，将受到死的刑罚。4 弟兄们，你们看，我们既配得这更大的知识，我们也就要面对更大的危险。

第四十二章

1 使徒从主耶稣基督那里为我们 [129] 得了福音；耶稣基督从上帝那里

---

[124] "要殷勤，并且"，原文意思不明确，有抄本作"要献祭与服侍，并且"。
[125] "你们"，有抄本作"我们"。
[126] "感谢"，有抄本作"使……喜悦"。
[127] "界限"，或译"规范"。
[128] "甘心祭"，或译"感恩祭"，或译"还愿祭"。
[129] "使徒……为我们"，或译"我们的使徒"。

差派而来。⑬⁰ 2 因此，基督从上帝而来，使徒从基督而来。他们都按着次序从上帝的旨意而来。3 因此，他们既然领受了命令，并且从我们的主耶稣基督的复活得了确信，又对上帝的"道"有充足的信心，他们就带着圣灵所赐的坚定确信⑬¹向前，传扬福音，那就是上帝的国即将来临。4 于是，他们在乡下、城镇传道，并分派他们所结初熟的果子；他们在经过圣灵试验后，成为以后信徒的监督和执事。5 他们所做的并非什么新事，因为在许多年前已有关于监督和执事的记载；因经文某处提到："我将在公义中设立他们的监督，在信心中设立他们的执事。"⑬²

第四十三章

1 那么，那些在基督里由上帝托付行这事的人，设立以上所提的这些职分，又有什么可惊奇的呢？毕竟，蒙福的摩西"作为仆人，向上帝的全家尽忠"⑬³，在圣书⑬⁴中记下了所领受的一切命令，其他众先知也效法他，为他所颁布的律法同作见证。2 因为，当时由于祭司的职任而引起嫉妒，各支派在争吵哪个支派能够拥有这荣耀的名号，于是他命令十二支派的领袖们将刻有各个支派名字的杖交给他。他取了这些杖，之后用各个支派领袖打印的戒指系住并封了它们，存放在作证的帐幕里上帝的桌上。3 然后，关了帐幕，他封了钥匙，还有门⑬⁵，4 并对他们说："弟兄们，哪个支派的杖开了花就是蒙上帝拣选成为祭司，并侍奉他的。" 5 早晨的时候，他聚集了以色列的所有会众，一共六十万男人，向各个支派的领袖展示封印。他开了作证的帐幕，并拿出那些杖。发现亚伦的杖不仅开了花，而且结了果。6 亲爱的朋友们，你们怎样认为呢？

---

⑬⁰ "耶稣基督从上帝那里差派而来"，或译"耶稣是从上帝那里差派而来的基督"。
⑬¹ "圣灵所赐的坚定确信"，或译"圣灵的丰满"。
⑬² 参《以赛亚书》60:17（只见于 LXX）。
⑬³ 参《民数记》12:7；《希伯来书》3:5。
⑬⁴ "圣书"，原文是复数。
⑬⁵ "门"，有抄本作"杖"。

摩西难道事先不知道事情会如此发生吗？他当然知道。然而为了使以色列中不再出现混乱，他还是这样做了，好使那真实、唯一的上主[136]的名字得着荣耀。愿荣耀归与他，直到永永远远。阿们。

第四十四章

1 借着我们的主耶稣基督，我们的使徒们同样知道：在监督的职分上将起纷争。2 他们完全已有先见之明，为此缘故，就设立以上所提到的那些职位，之后他们赋予这些职分一个永久的特性；[137]也就是说，倘若他们离世，其他被认可的人应继承他们的职务。[138] 3 因此，那些由他们设立的，或后来由那些有名望之人所设立的人——他们经全体教会认同，并且无可指摘、谦卑、安静、毫不自私地服侍基督的羊群，并长期为众人称许，倘若这些人被革职，我们认为是不公正的。4 因为倘若我们把那些毫无指摘、圣洁地摆上恩赐的人，从监督的职位上革除，这对我们而言不是一桩小罪。5 已先离开、在寿数满足时离世的长老们是有福的，因为他们不用再担心，有人可能会将他们从确立的职位上革除。6 因为我们知道有些人虽然行为良善，却被你们革除了他们所敬重[139]并无可指责地履行的职分。

---

[136] "上主"，有抄本作"上帝"，也有作"那一位"。
[137] 赋予这些职分一个永久的特性：原文 ἐπιμονήν 可解作"指令"、"增补"，这里按一般学者（如莱特富特）的建议理解作"永久"。
[138] "倘若他们离世，其他被认可的人必须继承他们的职务"：这个句子的翻译旨在保留原希腊文的模糊性。这个句子及其接下去的句子至少有三种不同的解释：（1）"他们"即"使徒"。如果使徒自己离世，"其他认可的人"将接续使徒的职分以及设立地方职位的权力，也就是接下去句子所谓的"其他有名望之人"。（2）"他们"即那些最先由使徒设立的人。如果这些最早被设立的人离世，其他由使徒任命的人将接续他们的职位，以后则由"其他有名望之人"设立，他们具有使徒地位，例如提多或提摩太。（3）"他们"即最初被设立的人及"其他有名望之人"，也就是"以上所提到的那些职位"。依这种观点，那些最初被设立的人作为一个团体，有责任指派他们的继承人；也就是说，一旦他们当中有成员死去，就由其他成员指派一个"认可的人"去填补空缺。莱特富特倾向于第（3）种理解，并把相关的"他们"翻译成"这些"（AF 1. 2. 133）。
[139] "他们所敬重"，原文作 τετιμημένης，有学者理解为 τετηρημένης，意思是"他们所持守的"。

第四十五章

1 弟兄们,在关乎救恩的事上,我们当竭力争辩并大发热心。2 你们已经查考圣经:这是真的,是由圣灵所赐的;3 你们知道其中所记的无任何不义或虚假。在其中,你们见不到有义人曾被圣洁之人挤除。4 义人受逼迫,但逼迫却是来自不法之人;他们被监禁,但却是被不圣洁之人监禁。他们被有过犯之人用石头砸;他们遭那些心怀可憎及不义的嫉妒之人杀害。5 尽管遭受这一切,他们高贵地忍受了。6 弟兄们,我们当说什么呢?但以理是由那些敬畏上帝的人扔进狮子坑的吗?7 哈拿尼雅、亚撒利雅、米沙利难道是由那些专心敬拜至高者的庄严与荣耀的人关进火炉的吗?当然不是!那么,行这些事的是什么人呢?满了邪恶的可憎之人,他们的怒气被激动,以至于残酷地折磨那些带着圣洁纯全的决心侍奉上帝的人;他们没有意识到:对于怀着清洁良心侍奉他荣耀之名的人,至高者是他们的战士和保护者。愿荣耀归与他,直到永永远远。阿们!8 但那怀着信心、耐心、忍耐的人承受了荣耀与尊贵;他们被高举,名字被上帝记下,作为他们永永远远的纪念。⑭⁰ 阿们。

第四十六章

1 因此,弟兄们,我们也应当效法这些榜样。2 因为经上记着说:"效法圣徒,因为效法他们的将会成圣。"⑭¹ 3 此外,在另一处又说:"单纯⑭²的人你以单纯待他,蒙拣选的人你必为他们所拣选,弯曲的人你以弯曲待他。"⑭³ 4 因此,我们当与单纯、公义的人一道,因为他们是上帝的选民。5 为何你们中间有纷争、恼怒、争端、分裂和冲突呢?6 我们不

---

⑭⁰ "名字被……的纪念",有抄本作"他们被上帝刻在他的记忆中"。
⑭¹ 来源不详。
⑭² "单纯",或译"清白",下同。
⑭³ 参《诗篇》18:25—26 (LXX 17:26—27)。

是共有一位上帝,一位基督,一位浇灌在我们身上的恩惠的圣灵吗?在基督里不是只有一个呼召吗?7 我们为何切割、撕裂基督的肢体,背叛我们自己的身子,并达至如此疯狂的地步,以致忘了我们是互为肢体的呢?当记起我们的主耶稣的言语,8 因为他说:"那人有祸了!他若使我选民中的一人犯罪,那人没有出生倒好。人若绊倒我选民中的一人,还不如把磨石拴在他的颈项上,丢在海里。"⑭9 你们的分裂绊倒了许多人;使多人陷入绝望,使多人产生怀疑,并且使我们所有人都伤心难过。但你们的悖逆却仍持续不止!

第四十七章

1 要读蒙福的使徒保罗的书信。2 他在"开始传福音"⑮时首先写给你们的是什么呢? 3 诚然,他在圣灵里写信给你们,论到他自己、矶法以及亚波罗,因为甚至在那时你们已经分裂结党。4 然而,那时的分裂结党给你们招致的罪还小,因为你们支持的都是大有名望的使徒,以及一个由他们赞许的人。5 现在,相比之下,想想绊倒你们的那些人,他们有损你们应得的尊敬,那是源于你们对众弟兄的出众的爱心。6 现在竟然有消息传出:哥林多坚固、古老的教会因一两个人的缘故而背叛长老们;亲爱的朋友们啊,这是可耻的,是的,你们在基督里的行为是绝对可耻与不配的!7 这消息不仅我们收到了,而且那些与我们不同的人也收到了;结果就是因你们的愚昧,你们不断亵渎主的名,并且也为你们自己招致危险。

第四十八章

1 因此,我们当尽快彻底根除这事,我们当俯伏在主人面前,流泪

---

⑭ 参《马太福音》26:24;《马可福音》14:21;《路加福音》17:1—2;22:22。
⑮ 《腓立比书》4:15。

向他祈求，好使他对我们施仁慈，与我们和好，恢复我们可敬、纯全的行为——这是我们兄弟情谊之爱的特征。2 因为这是敞开的义门，引至生命，正如经上说："给我敞开义门，我要进去称谢耶和华。3 这是耶和华的门，义人要进去！" ⁽¹⁴⁶⁾4 虽有许多的门是敞开的，但这义门是在基督里的门。进去的人有福了，他们在圣洁和公义中行路，井然有序地办理万事。5 愿人能够忠信，愿他能够解释知识，愿他在言语的释义上有智慧，愿他行动有力，愿他清洁纯全； ⁽¹⁴⁷⁾6 因为他越发伟大，就当越发谦卑，越发要寻求众人的益处，而不是他自己的。

第四十九章

1 愿在基督里有爱的人遵守基督的命令。2 谁能描绘上帝的爱之约呢？3 谁能尽说它美丽的庄严呢？4 爱能抵达的高度是难以形容的。5 爱使我们与上帝联结，"爱能遮掩许多的罪" ⁽¹⁴⁸⁾，爱是凡事包容，凡事忍耐。爱里没有粗俗，没有狂傲。爱不会有分裂，爱不会导致悖逆，爱在和谐中行万事。在爱中，上帝所有的选民都成为完全；没有爱，凡事都不能讨上帝喜悦。6 在爱中，主人接纳了我们。我们的主耶稣基督，按着上帝的旨意，因他对我们的爱，就为我们流血， ⁽¹⁴⁹⁾用他的肉体代替我们的肉体，用他的生命拯救我们的生命。

第五十章

1 亲爱的朋友啊，你们看，爱是何等伟大和奇妙呢；它的完美难以描绘。2 除了那些上帝以为配得的，又有谁配在其中呢？因此，我们当呼吁祈求他的怜悯，好使我们在爱中无可指摘，远离人的结党分派。

⁽¹⁴⁶⁾ 《诗篇》118：19—20（LXX 117：19—20）。
⁽¹⁴⁷⁾ "清洁纯全"，有抄本作"行为清洁"。
⁽¹⁴⁸⁾ 《彼得前书》4：8。
⁽¹⁴⁹⁾ "为我们流血"，直译作"为我们给了他的血"。

3 从亚当到今日所有的世代都要过去,但那些因着上帝的恩典在爱中得以完全的人在敬虔人当中占有一席之地；[149]当基督[150]的国临到[151]我们时,他们将显现出来。4 因为经上记着说:"要进入内室,躲避片刻,等我的愤怒过去；我会记起一个好日子,把你们带出坟墓。"[152] 5 亲爱的朋友们啊,倘若我们持续在爱的和谐中遵守上帝的命令,我们的罪将在爱中得以赦免,我们是何等蒙福! 6 因为经上记着说:"过犯得赦免,罪恶蒙遮盖的人有福了! 上主不算为罪,口里没有诡诈的人有福了。"[153] 7 这有福的宣告是向着那些借着我们的主耶稣基督、蒙上帝拣选的人而发的,愿荣耀归与主,直到永永远远。阿们。

第五十一章

1 因此,不管我们犯了什么过犯,不管因仇敌的诡计我们做过什么,我们当祈求,好使我们得着赦免。同样,那些自立为反叛和争端的领袖们也当寻求共同的盼望。2 因那些在敬畏和爱中生活的公民情愿他们自己——而不是他们的邻舍陷入苦难,他们情愿自己承受谴责,也不愿那如此高贵及公义地传承给我们的和睦受到谴责。3 人承认自己的过犯,这原是好的,不当硬着心,如同那些反叛上帝的仆人摩西的人,他们受谴责是显而易见的。 4 因为他们活活地下到阴间,[154]并且"死亡必作他们的牧者"[155]。5 法老与他的军队,以及埃及的首领们,"战车和骑士"[156]都沉没到红海中,消失了；这就是因为当他们在埃及地[157]见到上

---

[149] "占有一席之地",或译"住在……的居所"。
[150] "基督",有抄本作"上帝"。
[151] "临到",或译"来到",参《彼得前书》2:12；《路加福音》19:44。
[152] 参《以赛亚书》26:20；《以西结书》37:12。
[153] 参《诗篇》32:1—2 (LXX 31:1—2)；《罗马书》4:7—9。
[154] 参《民数记》16:33。
[155] 参《诗篇》49:14 (LXX 48:15)。
[156] 《出埃及记》14:23。
[157] "埃及地",有抄本作"埃及"。

帝的仆人摩西所行的一切神迹奇事之后，他们愚昧的心仍是刚硬。

第五十二章

1 弟兄们，主人一无所缺。除了人要向他认罪，他对人并无要求。2 因为蒙拣选的大卫说："我要向上主认罪，这会让他喜悦，胜似献有角有蹄的小牛犊。让贫穷人看见、喜乐。"⑮⁹3 此外，他又说："你们要以感谢为祭献给上帝，又要向至高者还你的愿，并要在患难之日求告我，我必搭救你，你也要荣耀我。4 上帝所要的祭就是忧伤的灵。"⑯⁰

第五十三章

1 亲爱的朋友们，你们知道，并且是熟知神圣的圣经，且你们已经考察了上帝的谕示。因此，我们写这些是作为一种提醒。2 摩西上山，四十昼夜卑身禁食，上帝对他说："摩西，摩西，⑯¹ 赶快从这里下去！因为你从埃及领出来的百姓已经违背了律法；他们这么快偏离你为他们设立的道：为自己铸造偶像。"3 上主对他说："我曾反复对你说，我看这百姓，看哪，他们是硬着颈项的百姓。你且由着我，我要除灭他们，从天上涂去他们的名，我要使你成为一个强大而又非凡的国，远超过他们。"⑯²4 摩西说："上主啊，不要如此。求你赦免这民的罪；不然，就把我从你所写的生命册上除名。"⑯³5 这是何等伟大的爱！何等难以超越的完美！一个仆人大胆地对他的主说：他为众人祈求赦免，否则就要求他自己与他们一同被涂抹。

---

⑮⁹　参《诗篇》69∶30—32（LXX 68∶31—33）。

⑯⁰　参《诗篇》50∶14—15（LXX 49∶14—15）；51∶17（LXX 50∶19）。

⑯¹　有抄本省略"摩西，摩西"。

⑯²　参《申命记》9∶12—14（《出埃及记》32∶7—10）。

⑯³　参《出埃及记》32∶32。

第五十四章

1 现在，你们当中谁是高贵的？谁是有怜悯的？谁是充满了爱的？2 愿他说："倘若反叛、争端、分裂是因我的过错引起的，我就退下。你们希望我去哪里，我就去哪里；人们要我做什么，我就做什么。惟愿基督的羊群与正当设立的长老们和睦相处。"3 如此行的人将在基督里为自己赢得美名，到处都受欢迎，因为"地和其中所充满的，都属耶和华"⑯。4 这些事情是那些作为上帝国度的公民而活的人已经做过，并且将来还会再做的。

第五十五章

1 此外，我们也要举一些外邦人的例子：在瘟疫时期，许多国王与首领，受神谕催促，自愿牺牲，好借着他们自己的血拯救他们的子民。许多人离开他们自己的城市，好使那里不再有叛乱。2 我们知道我们当中有许多人自愿坐监，好使他们赎回其他人。许多人自愿被卖为奴，用得到的价钱供养他人。3 许多妇女从上帝的恩典得着坚固，表现出不少有男子汉气概的行为。4 蒙福的犹滴在兵临城下时请求长老允许她去敌人的兵营。5 因此，她自陷危险中，怀着对国家及被困人民的爱出去，于是上主将荷罗孚尼（Holophernes）交在一个女人手中。6 以斯帖在信心上完全，也陷入同样大的危险中，目的是为了能够把以色列的十二支派从濒临灭亡的境地中拯救出来。因为借着她的卑身禁食，她向全知的主人、永世的上帝⑯祈求；而他见到她灵魂的谦卑，就拯救了百姓——正是因为他们，她面对危险。

---

⑯ 《诗篇》24：1（LXX 23：1）。
⑯ "主……上帝"，有抄本作"主人"。

第五十六章

1 因此，我们当为那些卷入某些过犯中的人代求，好使他们能得着忍耐与谦卑，这样，他们可以降服于上帝的旨意，而不是我们的旨意。借此，上帝与众圣徒满有慈悲地纪念他们的时候，他们能显得有果效和完全。2 亲爱的朋友们啊，我们当接受纠正，不当憎恶。我们对彼此的责备是好的，且十分有用，因为这使我们与上帝的旨意联结。3 因圣言如此说："上主诚然管教了我，但他没有将我交付死亡。4 上主所爱的，他必管教，又鞭打他所接纳的每一个孩子。"⑯ 5 经上说："因为义人⑰必在怜悯中管教我，并责备我，但罪人的油⑱不能膏我的头。"⑲ 6 此外，经上又说："上主所惩治的人是有福的！所以你不可拒绝全能者的管教。因为他打伤，又包扎；7 他击伤，又亲手医治。8 你六次遭难，他必救你；就是七次，灾祸也无法害你。9 在饥荒中，他必救你脱离死亡；在战争中，他必救你脱离刀剑的权势。10 他必把你隐藏，免受口舌之害；灾难临到，你也不惧怕；11 对于不义及邪恶之人，你必讥笑；至于地上的野兽，你也不惧怕；12 因为田里的野兽必与你和好。13 你必知道你的房屋平安，你居住的帐棚牢固。14 你也必知道你的后裔众多，你的子孙像地上的青草。15 你必寿高年迈才归坟墓，好像熟了的小麦按时收割，或像禾场上的禾堆按时收取。"⑳ 16 亲爱的朋友们，你们看，那些主人所管教的人，是有何等大的保障！因为他是仁慈的父，他管教我们，是为了使我们借着他圣洁的管教可以得着他的怜悯。

---

⑯ 参《箴言》3:12；《希伯来书》12:6。
⑰ "义人"，有抄本作"上主"。
⑱ "油"，有抄本作"慈悲"。
⑲ 参《诗篇》141:5（LXX 140:5）。
⑳ 《约伯记》5:17—26，和合本修订版有几处不同。

第五十七章

1 因此,你们这些带头反叛的人,必须顺服长老们,接受引至悔改的管教,弯下你们心里的膝头。2 要学习如何使自己甘居下位,除去你们舌头自大、骄傲的固执。因为,倘若你被列在基督的羊群中,则你虽微小,也胜过你有大名声却被排除在他的盼望之外。3 因为全然良善的智慧如此说:"听哪!我要将我的灵浇灌你们,将我的话指示你们。4 因为我不断地呼唤,你们不听。我长篇的言论,你们不理。你们忽视我一切的劝诫,拒绝我的责备。你们遭难,我就发笑;毁灭临到你们,骚乱突然发生在你们中间,灾难好像暴风来到,急难痛苦临到你们身上,我必嗤笑。5 那时,你们就会呼求我,我却不回答。恶人必寻找我,却寻不着,因为他们恨恶智慧,选择不敬畏耶和华,不愿意听我的劝诫,藐视我一切的责备。6 所以他们要自食其果,饱胀在自己的计谋中。7 因为他们冤屈幼孩,他们将被杀;调查质询必毁灭不敬虔之人。但那听见我话的人将安然居住,在指望中信靠,并安静生活,不用惧怕一切的邪恶。" ⑰

第五十八章

1 因此,我们当顺服他全然圣洁与荣耀的名字,以逃离"智慧"在古时向不顺服之人所说的威胁,好使我们安然居住,信靠他全然圣洁、荣耀的名字。2 你们接受我们的忠告,以后必不至后悔。我们 ⑫ 指着永生的上帝、永生的主耶稣基督以及永生的圣灵(他是选民的信心和盼望)起誓,那心里谦卑、长久温柔、并毫不反悔地遵行上帝所赐典章和诫命的人,将进入靠耶稣基督得救的人之列。借着他,愿荣耀归与他,

---

⑰ 《箴言》1:23—33,和合本修订版稍有不同。
⑫ 原文无"我们"。

直到永永远远。阿们。

第五十九章

1 但是，倘若某些人不顺服他借着我们所说的话，他们应该明白，他们将陷入大罪与大危险中。2 但我们将与这罪无关；我们将在热切的祷告和祈求中，借着他所爱的仆人⑬耶稣基督求问：在全世界里他选民的具体数目。借着基督，他呼召我们出黑暗入光明，从无知到认识他名字的荣耀。3 上主啊，求你允许我们仰望你的名，这是一切受造物的最初根源；打开我们的心眼，好使我们认识你——唯有你是"高者中的至高者，圣者中的圣者"。你"使卑贱者的骄傲降卑"，也使"居高位者降卑"；你"造富人，也造穷人"；你"使人死，也使人生"。唯有你是一切灵的赐予者，是一切血肉之躯的上帝，你"察看深处"，鉴察人的作为；你作患难中人的帮助，你是"绝望人的救主"；你是每个灵的创造者与守护者，你使地上的列国增多，从中拣选出借着你所爱的仆人⑭耶稣基督来爱你的人，——你借着基督教导我们，使我们成圣，得尊荣。4 主人啊，我们祈求你做"我们的帮助者和保护者"，拯救我们当中的困苦人；施怜悯给谦卑人；⑮扶持跌倒者；向贫乏之人显现你自己；医治不敬虔之人；⑯使离开你的百姓回转；使饥者得食；使囚者得释；坚立软弱者；安慰丧胆者。"愿万国知道你是独一的上帝"，耶稣基督是你的仆人⑰，并且，"我们是你的子民，是你草场上的羊。"⑱

---

⑬ "仆人"，或译"子"；参《使徒行传》4:27。
⑭ "仆人"，或译"子"；参《使徒行传》4:27。
⑮ 有抄本没有"施怜悯给谦卑人"这句。
⑯ "不敬虔之人"，有抄本作"生病之人"。
⑰ "仆人"，或译"子"；参《使徒行传》4:27。
⑱ 前面的祷告是旧约引用及典故的大杂烩；出处包括《民数记》27，《申命记》32，《撒母耳记上》2，《列王纪上》8，《列王纪下》5, 9，《约伯记》5，《诗篇》32, 79, 95, 100, 119 (LXX 31, 78, 94, 99, 118)，《以赛亚书》13, 57，《以西结书》36，《犹滴传》9，《便西拉智训》16，《以弗所书》1。

第六十章

1 透过你的作为,你已显明了世界的永恒构造。上主啊,你创造了地。你的信实达到万代,你的审判尽都公义,你的能力和威严奇妙可畏,创造时有智慧,设立现存的一切时有聪明;在所观察到的一切中无不良善,对于信靠你的人显为信实、⑰怜悯和恩慈;赦免我们的罪与不义,赦免我们的过犯与亏欠。2 不要数算你的仆人和使女的每一桩罪,但用你洁净人的真理洗净我们;并且"指引我们的脚步行路,带着圣洁与公义与纯正⑱的心",⑱并且"在你面前行你看为良善与可喜悦的事"⑱,并且也是在我们的首领面前。3 是的,上主啊,"为了我们的益处",在和平中"求你仰起脸来,光照我们",好使我们可以藏在"你大能的手"下,且"靠着你举起的臂膀"从每样罪中被拯救出来;⑱也拯救我们脱离那些无故恨我们的人。4 求你将和谐与和平赐给我们及一切居住在地上的人,正如我们的列祖虔敬地"诚心求告"你⑱时,你向他们所行的那样;好使我们可以得救,同时,我们就顺服你大能和尊贵⑱的名,也顺服我们在地上的统治者和官长。

第六十一章

1 主人啊,透过你宏伟庄严以及不可言传的大能,你赋予他们主权的能力,好使我们承认你给予他们的荣耀与尊贵,并顺服他们,在万事上都不抗拒你的旨意。上主啊,求你赐给他们健康、平安、和谐与稳

---

⑰ "信实",有抄本作"良善"。
⑱ 有抄本省略"与公义与纯正"。
⑱ 参《列王纪上》9:4;《诗篇》40:2(LXX 39:3)。
⑱ 参《申命记》13:18。
⑱ 主要参考《诗篇》67:1(LXX 66:1);《民数记》6:25—26;《耶利米书》21:10;《创世记》50:20;《出埃及记》6:1;《申命记》4:34;《耶利米书》32(LXX 39:21);《以西结书》20:33—34。
⑱ 《诗篇》145:18(LXX 144:18);《提摩太前书》2:7。
⑱ "尊贵",有抄本作"荣耀的"。

固，好使他们可以无可指摘地管理你交托给他们的政府。2 因为你——天地的主人，永世的君王，⁽¹⁸⁶⁾给予人的儿子荣耀、尊贵和权柄管理地上的人。上主啊，求你按照你眼看为良善、可喜悦的事引导他们的计划，这样，他们就能够敬虔地行使你赋予他们的权力——行在和平与和善中；如此，他们能够经历你的怜悯。3 你能够为我们独自成就这一切，甚至更伟大的事；借着我们灵魂的大祭司和守护者耶稣基督，我们赞美你。借着基督，愿荣耀、威严归与你，从今时直到万代，直到永永远远。阿们。

第六十二章

1 弟兄们，我们如此写信给你们，详细谈论了关乎我们信仰的事情，这对于过贞洁的生活是尤为有益的，至少对那些在圣洁和公义中指引他们脚步⁽¹⁸⁷⁾的人而言是如此。2 因为我们提到了每个方面——信心、悔改、真正的爱、自制、节制以及忍耐——并且提醒你们必须凭着公义、诚实与坚定，虔敬地讨全能上帝的喜悦；和睦共处，心无苦毒，在长久的温柔中彼此相爱、和平相处；正如我们先前提到的我们的列祖，他们在天父、上帝、创造主以及所有人面前，都谦谦卑卑，就蒙了上帝的喜悦。3 并且，由于我们知道我们写信的对象是一群信实、卓越且殷勤学习上帝教导之谕示的人，我们就更乐意提醒你们这一切。

第六十三章

1 因此，我们既然学习了这许多如此伟大的典范，我们理应低头，并采纳顺服的态度，顺服那些我们灵魂的领袖。⁽¹⁸⁸⁾这样，通过停止这无

⁽¹⁸⁶⁾ 参《提摩太前书》1:17。

⁽¹⁸⁷⁾ "他们的脚步"原文意思不明确，这里是按莱特富特的修改；原文也可作："对于那些希望在圣洁中过贞洁生活的人而言是大有神益的。"

⁽¹⁸⁸⁾ 有抄本完全省略了"并采纳……领袖"这句。

谓的争端,我们能够达成真实摆在我们面前的目标,无可指责。2 因为,倘若你们顺服圣灵透过我们所写的,且根除你们出于嫉妒的不法愤怒,成就我们在这封信中对和平与和谐的诉求,你们带给我们的将是极大的欢喜和快乐。3 我们同时也派出可靠、审慎的人——他们从年轻到年老在我们中间过着无可指摘的生活,他们将会作你们和我们之间的见证人。4 我们这样做的目的是为了让你们知道:我们唯一的关切就是,你们当尽快实现和平——一向如此,现在依然如此。

第六十四章

1 最后,愿全知的上帝、众灵的主人以及一切肉体的上主——他拣选了主耶稣基督,并借着他拣选了我们成为他特别的子民——赐予每个求告他荣耀、圣洁之名的灵魂信心、敬畏、平安、忍耐、坚定、自制、纯洁与冷静,好使他们借着我们的大祭司和保护者耶稣基督,能蒙他圣名的悦纳;借着他,愿荣耀与威严、能力与尊荣归与他,从今时直到永永远远。阿们。

第六十五章

1 现在,请尽快打发我们的使者:克劳第·伊菲布斯(Claudius Ephebus)和瓦列里乌斯·比托(Valerius Bito),以及福徒拿都(Fortunatus)带着平安和喜乐回来,好使他们尽早告之我们所祈求与盼望的和平与和谐,我们也好早些欢庆你们的良好秩序。2 愿我们主耶稣基督的恩惠常与你们以及各处凡借着他蒙上帝呼召的人同在!借着他,愿荣耀、尊贵、能力、威严与永恒的权柄归与他,从亘古到永远。阿们。

罗马人致哥林多人书。⑱

---

⑱ 有不少抄本特别提到这信是来自克莱门。

克莱门二书

(一篇古代基督信仰的讲章)

导 读

在抄本流传方面，此书一直与《克莱门一书》一起流传。在19世纪以前，此书的保存并不完整。最早是收录在5世纪的亚历山大抄本(见上文)，但只有第1章第1节至第12章第5节上的部分。这书也见于叙利亚译本(1169—1170)，放在大公书信和保罗书信之间，但同样不完整。 直到正教学者拜仁卢（Bryennios）在1873年发现赫若苏里觅坦尼司抄本(Codex Hierosolymitanus；约11世纪)，才有全部20章的希腊文文本。除了以上的抄本外，没有任何早期教父和历史家引用过此书。

作 者

本书的作者并非克莱门，因此称其为《克莱门二书》容易产生误解。早在优西比乌的时候，已有人怀疑此书是否克莱门所写的（《教会史》3.38.4）。亚历山大的克莱门似乎不知道该书的存在。对本书作者历来有多种看法，有认为他是一位早期在哥林多的讲道者，有认为这讲道者出于亚历山大，亦有认为是较晚期在罗马的讲道者。优西比乌（《教会史》4.23.1）曾提及哥林多教会有两封从罗马寄给他们的信，一封是克莱门所写（即《克莱门一书》），另一封是罗马主教索特（Soter；约166—174）所写的。因此，此书的作者也有可能是苏提。由于这两部书在流传期间经常存放在一起，后人只记得《克莱门一书》的作者而忘了第二本是谁写的，就误以为也是克莱门所写。但此书并非一封信件，因此这推论的可能性不大。现今未有足够资料确定到底作者是谁。

写作时间及地点

有学者认为本书既经常与《克莱门一书》并列，由此推论它同样写于罗马，与本书是罗马主教苏提所写的看法相配合；再加上内容与《黑马牧人书》有相同点（如《克莱门二书》8.6），这更支持此书是写于罗马的看法。由于此书使用一些带有诺斯替主义（灵智派）思想的字眼，及与《埃及福音书》有类同之处（这福音书是亚历山大的克莱门曾引用的），有学者理查德森（Richardson）认为本书应是写于亚历山大。科伊斯特（Koester）猜测，此书是埃及一篇反诺斯替主义的讲章，是基督教在埃及反对诺斯替主义的最早证据。查恩（Zahn）和教父学专家莱特富特（Lightfoot）则认为本书第7章第1节提及地上的竞技赛将要展开，可能是指大家所熟识的山峡大赛（Isthmian games），按此本书应是写于哥林多了。近代学者董弗里德（Donfried）将莱特富特的建议进一步推展，认为《克莱门一书》和罗马教会所派到哥林多教会的使者，成功地处理哥林多教会中的纷争，原来被罢免的长老得以复职。《克莱门二书》就是哥林多教会中的一位长老，就着他们成功处理这危机所讲的一篇信息，若是如此，则此书写于公元98—100年间。

由于作者所使用的材料，有部分属于传统的诺斯替文献，例如第12章第2至第6节所引耶稣的言训是出自《多马福音》第22句，因而葛兰特（Grant）认为此书应写于公元140年，那时，马西昂（Marcion）和瓦伦廷（Valentinus）这两位诺斯替主义的教师正在罗马。当然，诺斯替主义并非局限于罗马，所以不能以此断定是出于罗马。有些学者表示，本书作者曾引用耶稣言训的资料，所引用的内容是针对2世纪中叶的诺斯替主义。因此我们只能推断本书是1世纪末2世纪初的作品，写作地点可能是哥林多、亚历山大或罗马，无从确定。

体裁及写作目的

本书并非一封信函，而是一篇讲章，例如第17章第3节似乎显示作者在一个聚会中讲述这信息，会众不只是"当下"（ἄρτι）要注意和相信长老们所劝诫的，在聚会回家后，他们仍要谨记主的命令。除了《希伯来书》以外，此书可能是我们现有最古老的基督教讲章。亦有学者认为第1至第18章为讲章，第19至第20章是这讲章的撮要（Parvis）。

作者引用旧约的经文（2.1，引《以赛亚书》54：1）、新约福音书（包括《马太福音》、《路加福音》和《约翰福音》）和新约书信，认定基督是上帝所预备拯救世人的那位。他劝信徒要服从教会领袖的权柄，基督徒的生活要公义圣洁，有罪便要认罪悔改，警告有关异端的教训（可能是针对诺斯替主义）。至于原来读者或听众究竟是犹太信徒还是非犹太信徒，则各有支持，难以确定，最可能是两者混合的会众。

内容概要

作者开宗明义，以首4章说明上帝赐予信徒救恩的宝贵。他劝勉受众不要忽视上帝在基督耶稣里所赐予我们的救恩。上帝呼召我们得以成为他的儿女，不至于灭亡，脱离黑暗和迷雾，叫我们能有得救的盼望。这全是出于他的怜悯，我们理应颂赞他（1章）。讲道者引用《以赛亚书》54：1和他确认为圣经的耶稣言训（参《马可福音》2：17；《马太福音》9：13），说明以前失迷的，现在得着基督的拯救，不至灭亡（2章）。他们应有的响应是不再拜偶像（3章），而且在行动上要彼此相爱，不行淫、不诽谤、不嫉妒，反要自制、存怜悯和恩慈彼此相待（4章）。

传道者叫受众在今世与来世间做出抉择（5—7章）。凡要得着今世之物的，便是偏离义路；信徒不可既做世俗的朋友，又做上帝的朋友。他们要像进入竞技场一样，按照规矩完成这天路竞赛。第8至第20章劝勉受众要悔改（8.1，13.1，16.1，17.1，19.1），他们这样行，就能救自己，也能救劝勉他们的人（15.1；参19.1）。弃掉身体所行的邪恶（8.2，参10.1，16.2）和眼前的享乐（10.4），得着生命(8.6)。不要叫他们的言行成为外人亵渎上帝的机会（13.3—4），要保持生命的纯洁，服从主的命令（8.2—3，17.3），行上帝的心意(14.1)。只要能追求美善、和平（10.2—3，13.1），行公义（11.1，13.2，15.3，18.2，19.3），不心怀二意（11.2—5，19.2），以清洁的心服侍上帝（11.1），自守(15.1)，便可领受圣灵（就是基督；14.3—5）。要祷告、禁食、施舍(16.4)，这样的人才是出于那属灵的教会，就是基督的身体（14.1—3）。唯有这样才可以承受永生(8.4)，进入天国（9.6），得着来世上帝所应许的福乐（10.4，11.6）。在审判的时候，一切人所做的都要显露出来(16.3)，过不圣洁生活、否认耶稣的人将要受到惩罚（17.6）。因此，纵然现今因行善而受苦，也要忍耐到底（19.3—20.4）。

简言之，作者首先讲述耶稣基督是上帝所预备完成救恩的那位，人要对基督的救恩做出适当的回应，要以爱相系，拒绝世界的诱惑，悔改行上帝的心意，专心等候上帝国度的临到，并且选择属于基督的身体，要行公义和圣洁，不断地悔改。

正　文

第一章

1 弟兄们，我们当看耶稣基督如同上帝，如同"活人、死人的审判者"。① 我们不应小视我们的救恩，2 因为我们若是小视了他，我们盼望得着的也只是小的。那些听到这话却以为是小事的人，是犯了错误。② 若我们未能承认我们是从哪里蒙召、蒙了谁的召、蒙召往哪里去，以及耶稣基督为我们的缘故忍受了多少痛苦，我们也是犯了错误。3 那么，我们应当怎样报答他呢？或说，我们应当给他什么样的果子，才配得上他所给予我们的呢？我们亏欠他多少的祝福呢？4 因为他把光赐给我们；作为父亲，他称我们为儿女；在我们即将灭亡的时候，他救了我们。5 那么，我们应当给他什么样的赞美，或应当怎样报答他，才能回报我们所领受的呢？6 我们的心眼是瞎了，我们敬拜石头、木头、金、银、铜，这些人手所造的偶像；我们的一生实在别无其他，只有死亡。正当我们被黑暗包围，视野被这样的浓雾笼罩，我们却得以重见光明，③按着他的旨意，拨开了包围我们的密云。7 因为他恩待我们，出

---

① 《使徒行传》10:42；参《彼得前书》4:5。全句或译作：弟兄们，我们当把耶稣基督看作"活人、死人的审判者"，如同我们看上帝一样。
② "犯了错误"，原文作 ἁμαρτάνουσιν，直译为"他们犯罪"。
③ "重见光明"，直译为"恢复了视力"。

于怜悯,拯救了我们;当时我们除他以外,别无救赎的盼望,并且纵然他在我们里面看到许多的欺诈与破坏。8 在我们尚未存在之时,他便呼召我们,又愿意我们从无有变成存在。

第二章

1 "喜乐吧,你这不怀孕、不生育的妇人;放声欢呼吧,你这未曾经过产难的;因为被遗弃的妇人,比有丈夫的人儿女更多。" ④ 当他说:"喜乐吧,你这不怀孕、不生育的妇人",他所指的乃是我们,因为我们的教会原是不生育的,直到上帝⑤将儿女赐给她。2 当他说:"欢呼吧,你这未曾经过产难的",他指的是:我们当诚心向上帝献上我们的祷告,而不要像女人一样,在产难中变得疲累厌烦。3 他说:"因为被遗弃的妇人,比有丈夫的人儿女更多",这是因为,我们的百姓似乎被上帝遗弃了,但现在既已相信,我们的数目便大大超过那些似乎有上帝的人。4 经上又有话说:"我不是来召义人,而是召罪人。"⑥5 所指的是:拯救那些面临灭亡的人是必要的。 6 因为支撑那些快要倒下的东西,而不是那些仍然站立的,是一件伟大而奇妙的事。7 因此,基督也要拯救那些即将灭亡的;当他来,并呼召我们这些已经进入灭亡的,他便救了许多的人。

第三章

1 既然基督是如此怜悯我们——首先,我们这些活人没有向那些死的神祇献祭,也没有跪拜它们,而是借着他,认识了真理之父——那么,对父上帝的认识,如果不是指拒绝去否认基督,那还能是什么呢?

---

④ 参《以赛亚书》54:1;《加拉太书》4:27。
⑤ 原文无"上帝"。
⑥ 《马可福音》2:17;《马太福音》9:13。这似乎是新约的经文最早被引用为"圣经"的例子。

因为我们正是借着基督才认识了父上帝。2 他说:"凡在人面前认我的,我在我父面前也必认他。"⑦3 我们是借着他得救的,若我们承认了他,这就是我们的赏赐。4 但是,我们要如何承认他呢?就是遵行他的话,不违反他的诫命,不只是以我们的嘴唇尊敬他,还要"尽心、尽意"地尊敬他。⑧5 他在《以赛亚书》里也说:"这百姓用嘴唇尊敬我,心却远离我。"⑨

第四章

1 因此,让我们不要只是称他为主;这是不会拯救我们的。2 因为他说:"不是每一个称呼我'主啊,主啊'的人都能得救;惟有行为正直的人才能得救。"⑩3 所以,弟兄们,让我们通过行动来承认他,就是要彼此相爱,不行淫、不互相诽谤、不互相嫉妒,而要自制,有怜悯,又有恩慈。我们应当彼此体恤,不要贪婪。让我们通过行这些事来承认他,不要行与此相反的事。4 此外,我们应当更惧怕上帝,而不是人。5 因此,若你们行了这些事,主说:"你们若聚集在我怀中,却没有持守我的诫命,我必赶你们出去,对你们说:'离开我,你们这些作恶的人,我不知道你们是从哪里来的。'"⑪

第五章

1 弟兄们,让我们离开在这世上寄居的日子,遵行那呼召我们的主的旨意,让我们不要惧怕离开这个世界。2 因为主说:"你们将如同羔羊进入狼群。"3 彼得回答说:"如果狼群将羔羊撕得粉碎,那怎么办呢?"

---

⑦ 参《马太福音》10:32。
⑧ 参《马可福音》12:30。
⑨ 《以赛亚书》29:13;参《马太福音》15:8;《马可福音》7:6;《克莱门一书》15 章 2 节。
⑩ 参《马太福音》7:21。和合本修订版作"不是每一个称呼我'主啊,主啊'的人都能进天国;惟有遵行我旨意的人才能进去。"
⑪ 来源不详,可能出自《埃及人的福音》;参下文 12 章 2 节的注解。

4 耶稣对彼得说:"让羔羊不要惧怕那在它们死后就不能对它们再做什么⑫的狼群;至于你,也不要惧怕那杀了你,却不能对你再做什么的人,而要惧怕那在你死后,又有权柄将灵魂和身体丢进地狱的火里的。"⑬ 5 再说,弟兄们,你们知道,我们在这肉身世界的寄居⑭是无意义而短暂的,但基督的应许是伟大而奇妙的:安息在即将到来的国度和永生之中吧! 6 那么,我们必须做些什么来得到这些呢?唯有活出圣洁公义的人生,看这些属世的事如同外物,从不贪恋。7 因为若是贪恋这些事,我们就背离了公义的道。

第六章

1 主说:"一个仆人不能服侍两个主。"⑮如果我们想既服侍上帝,又服侍钱财,这于我们是有害的。2 "因为人若赚得全世界,赔上自己的生命,有什么益处呢?"⑯ 3 这世代和即将到来的那一位是互相为敌的。4 这世代谈论奸淫、败坏、贪婪和欺骗,那一位却弃绝这些事。5 因此,我们不能同时做这两者的朋友;为了经历那一位,我们必须弃绝这世代。6 在我们看来,厌恶这里的事,喜爱那里的事,这样是更好的,因为这里的事是无意义、短暂而必将朽坏的,那里的事却是美善而不至朽坏的。7 因为,我们若遵行基督的旨意,就必寻着安宁;若不这么做,而是违背他的诫命,就再没有什么能救我们脱离永远的惩罚。8 圣经《以西结书》也说,"即使挪亚、约伯和但以理复活了,他们也不能拯救

---

⑫ 原文无"就不能对它们再做什么"。
⑬ 这一系列的引文来源不详,可能出自《埃及人的福音》(参下文12章2节的注解)。但就各单句而言,参《路加福音》10:3;《马太福音》10:16, 28;《路加福音》12:4—5。(和合本修订版作"……那最多只能杀人身体而不能再做什么的,不要怕他们。我提醒你们该怕的是谁;该怕那杀了以后又有权柄把人扔在地狱里的。")
⑭ "我们在这肉身世界的寄居",或作"这肉身在今世的寄居"。
⑮ 《路加福音》16:13;参《马太福音》6:24。
⑯ 参《马太福音》16:26;《马可福音》8:36;《路加福音》9:25。

自己的儿女"脱离刑囚。⑰9 如果这样正直的人，也不能凭自己的义行拯救自己的儿女，那么，我们若未能让我们所受的洗保持纯洁、不受玷污，我们又有什么把握能进入上帝的国呢？或说，若我们被查实并无圣洁公义的行为，又有谁会做我们的中保呢？

第七章

1 因此，弟兄们，让我们加入这场竞赛，明白这场竞赛就在眼前；又知道，虽然有许多人都加入各项俗世的竞赛，却不是人人都能得到冠冕，只有经过艰苦训练、竞争出色的人才能得到。2 因此，让我们朝着要达到冠冕的目标来竞赛吧！3 让我们奔上这条属天⑱竞赛的直道，让我们许多的人都来加入，都来竞赛，使我们也能得到冠冕。即使不能人人都得到冠冕，至少也让我们接近这个目标吧。4 我们必须认识到，在俗世的竞赛里竞赛的，若被发现作了弊，他就要受鞭打，并被取消资格，逐出赛场。5 你们怎么看呢？在这场属天的竞赛里，作弊的人将受到什么样的处置呢？6 论到那些没有守住印记⑲的人，他说，"他们的虫是不死的，他们的火是不灭的，他们必成为众生观看的奇景。"⑳

第八章

1 因此，趁着我们还在地上，让我们悔改吧。2 因为我们是匠人手中的泥土。正如一位陶匠正在制作器皿，若器皿的形状歪了，或在他的手中破碎了，他可以重新塑造它；但若他已将器皿送入火窑中，他就不能再修补了。对于我们也是这样：只要我们还在这世上，就当趁着我们还有时间悔改的时候，全心全意地悔改在这肉身里所作的恶，使我们能获

---

⑰ 参《以西结书》14：14—20。
⑱ "属天"，直译为"非世俗"，下同。
⑲ "印记"，指洗礼的印记。参6章9节；8章6节。
⑳ 《以赛亚书》66：24；和合本修订版作"凡有血肉之躯的都必憎恶他们"。参《马可福音》9：48。

主拯救。3 因为离开这世界之后，我们在那里就再也不能认罪，也不能悔改了。4 因此，弟兄们，若我们已经遵行天父的旨意，保守这肉身的纯洁，遵守主的诫命，我们必将得着永生。5 因为主在福音书里说："若你们没有守住小事，谁会交给你们大事呢？因为我对你们说，在小事上忠心的人，在大事上也忠心。"[21] 6 他指的是：你们当保守肉身的纯洁，使印记不受玷污，以使我们[22]可以得着生命。[23]

第九章

1 愿你们中间不会有人说："这肉身不会受到审判，也不会复活。" 2 要明白：你们曾经是在什么样的光景之中被拯救的呢？你们是在什么样的光景之中重见光明[24]的呢？难道不是在你们仍住在这肉身里面的时候吗？3 因此，我们必须守住这肉身，视之为上帝的殿。4 因为，正如你们是在这肉身里蒙召的，你们也将在这肉身里来。5 若基督——救了我们的主，成了肉身（即使他原本是个灵），并在那肉身里呼召了我们，那么，我们也将在这肉身里领受我们的赏赐。6 因此，让我们彼此相爱，以使我们都能进入上帝的国。7 趁着我们还有时间得到医治，让我们将自己放在上帝这位医生的手中，并把他应得的付给他。8 那是什么呢？就是诚恳、由衷的悔改。9 因为他事先便已知道一切，也知道我们心中所想。10 因此，让我们向他献上永远的赞美[25]，不只是从口中发出，还要从心中发出，以使他可以把我们看作儿子一样欢迎我们。11 因为主也说："遵行我天父旨意的人就是我的弟兄。"[26]

---

[21] 来源不详，可能出自《埃及人的福音》（见12章2节的注解）；亦参《路加福音》16:10—12。
[22] "我们"，有抄本作"你们"。
[23] 有抄本在"生命"前加了"永恒的"，即"永生"（参8章4节）。
[24] "重见光明"，直译为"恢复了视力"。
[25] "永远的赞美"，有抄本仅为"永远的"，也有抄本则仅为"赞美"。
[26] 参《马太福音》12:50；《马可福音》3:35；《路加福音》8:21。和合本修订版作"凡遵行我天父旨意的人就是我的兄弟、姊妹和母亲"。

第十章

1 我的弟兄们,让我们遵行那呼召我们的天父的旨意,使我们得以存活;让我们比以往更热心追求美德;让我们弃绝那罪恶的心态——那是我们犯罪的先驱;并且逃离不敬虔的事,以免罪恶追上我们。2 因为,若我们热心行善,就必有平安追随我们。3 人不能寻着平安㉗的原因是:他们㉘心里逐渐被灌注了人的惊虑,宁要眼前的享乐,不要将来的应许。4 因为他们不知道,眼前的享乐将会带来怎样的巨大痛苦,将来的应许将会带来何等的喜乐。5 若从前只有他们自己行这些事,那还可以忍受;但现在他们却不断教唆无辜的灵魂去作恶,不知道自己和听从他们的人都将受到加倍的惩罚。

第十一章

1 因此,让我们以纯洁的心侍奉上帝,使我们能成为公义的人。但若我们因为不相信上帝的应许而不侍奉他,我们必将受苦。2 因为先知有话说:"三心二意的人要受苦了,他们心中怀疑,说:'我们远在列祖的日子就听说这些事了,但是我们日复一日,等了又等,却没有看见一件这样的事。'3 愚昧的人啊!把你们自己比作一棵树,或拿一棵葡萄树来打比方:起初它先是落叶,然后发芽,之后结出一颗酸葡萄,最后才是一大串成熟的果实。4 我的百姓也是这样,他们必先经历动乱和磨难,但后来必得享美福。"㉙ 5 因此,我的弟兄们,让我们不要三心二意,而是要满怀希望,存心忍耐,以使我们也能得着赏赐。6 "因为应许

㉗ 此处文本有缺损,"寻着平安"在多个抄本中一概只作:"寻着"(εὑρεῖν)。虽然插入"平安(εἰρήνην)"是一种广为采用的修订方法,而它与前面的 εὑρεῖν 相似,似乎可以解释此词为何意外被省略,有学者倾向于将 εὑρεῖν 修订为 εὑήμερειν("兴旺昌盛")。

㉘ "他们",指 10 章 5 节那些"教唆别人作恶"的人。

㉙ 来源不详。同一段文字(除了最后一句)亦作为经文在《克莱门一书》23 章 3 节被引用。有学者推测,该段文字出自《黑马牧人书》(《异象篇》2.3.4)所提到的遗失了的《伊利达和摩达》。

我们的那位是信实的"㉚，他要按各人所做的工，给他们应得的回报。7 因此，我们若行上帝眼中视为义的事，就必能进入他的国，得着"眼睛未曾看见，耳朵未曾听见，人心也未曾想到"㉛的应许。

第十二章

1 因此，让我们时时刻刻在爱和公义里等候上帝的国，因为我们不知道上帝显现的日子。2 当有人问主他的国何时到来，主说："就是到这两者合而为一的时候，外面好像里面一样，男人和女人也不再分别，既没有男人，也没有女人。"㉜ 3 当我们彼此说诚实话，两个身体里面共有一个灵魂，彼此诚实无欺的时候，"这两者"便合而为"一"了。4 他说："外面好像里面一样"，意思是："里面"是指灵魂，"外面"是指身体。因此，正如你的身体是清晰可见的一样，你也要让灵魂借着良好的作为变得清晰可见。5 他说："男人和女人也不再分别，既没有男人，也没有女人"，意思是：当一位弟兄看到一位姊妹，弟兄不应将姊妹看作女性，姊妹也不应将弟兄看作男性。6 他说，当你们行这些事的时候，我父的国就要来了。

第十三章

1 因此，弟兄们，让我们立即悔改吧。让我们对美善的事保有清醒的定见，因为我们本是充满了诸多的愚昧和邪恶。让我们从自己身上擦去以往的罪，从我们灵魂的至深处诚心悔改，以得拯救。让我们不求取悦人。让我们求自己的义不单能令自己喜悦，也能令外人喜悦，使那名

㉚ 《希伯来书》10:23。

㉛ 《哥林多前书》2:9。

㉜ 来源不详。另有一种较短的版本（没有"外面好像里面一样"）是亚历山大的克莱门所著《杂记》(*Stromata*) 3.13.92 里所引用的较长对话的一部分，他认为这话出自《埃及人的福音》。但亦参考《多马福音》第 22 条，该处保存了这段话的较长版本。

不至因为我们受到亵渎。2 因为主说:"我的名在万国中不断受到亵渎",㉝ 又说,"那人有祸了,我的名因他的缘故受到了亵渎。"㉞ 为何主的名受到了亵渎呢? 因为你们并不照我所喜悦的行。 3 外邦人从我们口中听到上帝的话语,他们便惊叹这些话语是何等美丽与伟大。但是,当他们发现我们的行为与我们的言辞并不相称,他们便会从惊叹转为亵渎,说,那些话语不过是传说和欺骗罢了。4 他们听到我们说,上帝说:"你们若只爱那爱你们的人,这并没有什么可赞赏的;但你们若爱你们的仇敌和那些恨恶你们的人,你们就应得赞赏了。"㉟ 当他们听见这些话,便惊叹如此超乎寻常的善良。但是,当他们看到,我们不只不爱那恨恶我们的人,甚至也不爱那爱我们的人,便轻蔑地讥笑我们,这样,那名就被亵渎了。

第十四章

1 那么,弟兄们,我们若遵行我们的天父上帝的旨意,我们便要归属于最初的,也就是属灵的教会,这教会在日月被造之前就已经被造了。但我们若不遵行主的旨意,那么我们便将归属于圣经里所说的让"我的殿已变成了贼窝"㊱ 的人。因此,让我们选择归属于这生命的教会,以使我们能够得救。2 我不认为你们不知道这个事实,就是这永生的教会是基督的身体,因为圣经里说:"上帝创造了人,有男有女。"㊲ 那男的就是基督,那女的就是教会。况且,那些书卷和使徒们已经说明㊳,教会并不是现在才有,而是从起初便已存在。因为她原是属灵

㉝ 《以赛亚书》52:5。和合本修订版作"我的名终日不断受亵渎,这是耶和华说的"。

㉞ 来源不详。

㉟ 参《路加福音》6:32, 35。和合本修订版作"你们若只爱那爱你们的人,有什么可感谢的呢? ……你们倒要爱仇敌,要善待他们"。

㊱ 《耶利米书》7:11,参《马太福音》21:13;《马可福音》11:17;《路加福音》19:46。和合本修订版作"这称为我名下的殿在你们眼中岂可看为贼窝呢?"。

㊲ 参《创世记》1:27。

㊳ 原文此处有缺损,"说明"一词是后来补上的。

的,我们的耶稣也是属灵的,只是到了末世,她㊴才被显现出来,以使她能拯救我们。3 属灵的教会既被显现在基督的肉身里,由此让我们看到,如果我们每个人都能保守在肉身里的教会,不败坏她,他就必在圣灵中再次将她接回。因为这肉身就是圣灵的一份复本。因此,没有哪个败坏了这复本的人能够分享她的原本。因此,弟兄们,这就是他所指的:当保守这肉身,以使你们可以领受圣灵。4 如果我们说,肉身就是教会,圣灵就是基督,那么,伤害肉身的人也是伤害教会了。所以,这样的人必不能得着圣灵,就是基督。5 这肉身若得着圣灵的紧密结合,那么它能够领受的生命和永生是如此浩大,以致没有人能够宣称或者说出,"主预备了什么"㊵给他拣选的人。

第十五章

1 我不认为我那关于自制的忠告是无关紧要的。 事实上,每个遵从的人都不至于后悔,并且他不只是救了自己,还救了这样劝告他的我。因为,若能挽回一个偏离正道、即将灭亡的灵魂,使它得救,必有莫大的赏赐。2 因为,若说和听的人都能以信和爱去说、去听,这就是我们能给予创造我们的上帝的回报。3 因此,让我们凭着公义和圣洁,坚守我们已经相信的事,以使我们可以无惧地祈求上帝,他说:"你仍在说话的时候,我必说:'看,我在这里。'"㊶ 4 因为这句话预示着一个伟大的应许,因为主说,他那预备给予的心,比人祈求的心更为迫切。5 因此,既然如此浩大的恩慈我们各都有分,就让我们不要嫉妒对方何以得到如此大的福分。因为,这些话给遵行的人带来何等的喜乐,也要给违反的人带来何等的罪责。

㊴ "她……她",或译"他……他"。
㊵ 参《哥林多前书》2:9。和合本修订版作"上帝为爱他的人所预备的是眼睛未曾看见,耳朵未曾听见,人心也未曾想到的"。
㊶ 《以赛亚书》58:9。和合本修订版作"你呼求,他必说:'我在这里。'"

第十六章

1 弟兄们,既然我们得到如此大的机会来悔改,就当趁着我们仍有时间,趁着还有一位愿意接纳我们的时候,再次回到呼召我们的上帝面前。2 因为我们若能弃绝这些享乐的事,又借着拒绝满足灵魂的罪恶欲念,来攻克我们的灵魂,就必能分享耶稣的恩慈。3 但是,你们知道,审判的"日子"已经"临近,势如烧着的火炉"㊷,"诸天部分将要熔化",㊸全地都将像铅熔化在火里,然后人的作为,无论是在暗中还是在明处,都将显露无遗。4 因此,乐善好施是美好的,知罪悔改也是一样。禁食胜过祷告,乐善好施还要胜过这两者;"爱能遮掩许多的罪"㊹,从无亏的良心发出的祷告则能救人脱离死亡。凡充满这些事的人都是有福的,因为乐善好施能减轻罪的重担。

第十七章

1 让我们全心全意地悔改吧,以免我们中间有人毫无必要地灭亡。因为,若已有命令吩咐我们,务要以使人离开偶像和教导他们作为自己的职责,那么,一个已经认识上帝的灵魂竟灭亡了,那岂不是更大的错误吗?2 因此,让我们互相帮助,重新坚固那在善行上软弱的人,以使我们都能得拯救;让我们互相劝诫,使彼此回心转意。3 让我们认真思量:不只是在当下蒙长老劝诫的时候才留心和相信,而是要在回家以后,仍然谨记主的诫命,不让自己被各种属世的欲望硬拉上另一条路;让我们更经常到这里来,在主的诫命里努力向前,以使我们众人能够同心合意,聚集一起,进入永生。㊺ 4 因为主说:"我要来聚集各国、各

㊷ 参《玛拉基书》4:1。和合本修订版作"看哪,那日临近,势如烧着的火炉"。
㊸ "部分"有学者修校为"万象"(powers),如在《以赛亚书》34:4,作者可能是暗指此处。
㊹ 《彼得前书》4:8;参《箴言》10:12。
㊺ 原文无"永"字。

族、各方。"㊻他所指的是他显现的日子,那时他将到来,并按着各人所行的赎回我们。5 不信的人"将看到他的荣耀"㊼和权能;当他们看到这世界的国度归属于耶稣,便要惊奇,说:"我们有祸了,因为那真的是你,㊽我们却不知,也不信;众长老向我们述说我们的救恩时,我们却没有听从他们。""他们的虫是不死的,他们的火是不灭的,他们必成为众生观看的奇景。"㊾6 他指的是审判的那日,那时人将看到我们中间有谁度过了不敬虔的一生,又歪曲了耶稣基督的诫命。7 但是,当那些行善和忍受痛苦,又恨恶灵魂享乐的义人,看见那些人了歧途、在言行中不认耶稣的人,是如何在不灭的火里受刑罚,忍受着可怕的痛苦,他们必将荣耀归给他们的上帝,说:"全心全意侍奉上帝的人是满有盼望的。"

第十八章

1 因此,让我们也成为那些献上感恩,就是侍奉了上帝的人的一分子,而不做那不敬虔、被审判的人的一分子。2 我自己是全然有罪的,也尚未逃脱引诱;但是,即便被魔鬼的工具所包围,我仍要竭尽所能追求公义,以使我至少能接近公义,因为我惧怕那将临的审判。

第十九章

1 因此,弟兄姊妹啊,我依从真理之上帝㊿,向你们读出训词:你们要留心这写下来的,以使你们能拯救自己,也拯救那给你们读出训词的人。作为报答,我请你们全心全意地悔改,从而把救赎与生命带给你们自己。因为我们这样行,便能树立一个目标,给所有渴望过敬虔生

㊻ 参《以赛亚书》66:18。和合本修订版作"聚集万国万族的时候到了,他们要来瞻仰我的荣耀"。
㊼ 同上。
㊽ "真的是你"(参《约翰福音》8:24,28;13:19),或作"你确实存在过"。
㊾ 参《以赛亚书》66:24;《马可福音》9:48。
㊿ 依从真理之上帝:即指圣经的教导或经文。

活、行出上帝的美善的年轻人。2 此外，若有人劝诫我们，试图让我们离开不义、回到公义，让我们不要生气，也不要恼怒，因为我们本就愚昧。有的时候，我们虽然行了恶事，自己却还浑然不知，因为我们与生俱来就是三心二意和不守信的，虚妄的欲望使我们“心地昏昧”。(51)3 因此，让我们行出公义，以使我们最终能被拯救。服从这命令的人是有福的；虽然在这(52)世界里，他们可能要受片刻的痛苦，但他们必能摘到复活时不朽坏的果实。4 因此，敬虔的人即便眼前困苦，也不应忧愁；因为蒙祝福的时刻正在等待他。他必再与天上的列祖一起生活，在毫无哀伤的永恒里欢欣喜乐。

第二十章

1 即便我们看到不义的人坐拥财富，上帝的仆人却经历艰难困苦，也不要让这样的事烦扰你们的心。2 弟兄姊妹啊，我们要有信心！我们正在永生上帝的竞赛中比赛，正在接受现世生活的操练，为的是让我们能在将来的生命里得冠冕。3 没有哪个义人马上便可领到自己的赏赐，而是要耐心等候。4 因为，若上帝立即把工钱付给了义人，我们很快便会忙于世务，不再专心过敬虔的生活；虽然我们外表公义，其实追求的却不是虔诚，而是利益。正因如此，属上帝的审判要惩罚不义的灵，给它锁上锁链。

5 愿荣耀归给那位“看不见、独一的上帝”(53)，真理之父，他给我们差遣了救主和不朽的创立者，又借着他向我们启示了真理和属天的生活；愿荣耀归给他，直到永永远远。阿们。

---

(51) 参《以弗所书》4:18。

(52) “这”，有抄本作“这个”。

(53) 参《提摩太前书》1:17。

安提阿主教伊格纳修书信

导　读

　　"伊格纳修书信"收集了安提阿主教伊格纳修写的七封书信。这书有三个不同长度的校订本（recension）：长版、中版和短版，学者的共识是中版校订本较为可靠。

　　短版校订本只有叙利亚文的抄本，于1845年由昆维顿（W. Cureton）发现，内中包括了《致以弗所人书》、《致罗马人书》和《致波利卡普书》的节录本，《致罗马人书》中夹杂了一小段《致他拉勒人书》的内容，建基于中版校订本。此版本最早见于6世纪中叶。有理由相信该校订本沿用于中世纪时期的修道院。又因为这最短的校订本其实只是撮要，因此有人认为不应将它看作校订本。

　　中版校订本包括优西比乌在《教会史》（3.36.5—11）中所提及的七封书信：四封由士每拿发出给亚细亚的以弗所、马内夏（Magnesia）、他拉勒（Tralles）教会以及罗马人；三封是他离开士每拿时，在特罗亚发出给非拉铁非和士每拿的教会，及士每拿的主教波利卡普。这些信件应该是伊格纳修由叙利亚被押送到罗马殉道这旅程中所写的。① 此校订本见于11世纪的希腊语抄本（Codex Mediceo-Laurentianus 57，7），其中缺了《致罗马人书》。还有一份蒲草纸残篇，两份拉丁语抄本，三份叙利亚语残篇，也有亚美尼亚语和亚拉伯语版，都是源于叙利亚语版的，还有

---

① 见《教会史》3.36.3—4；参伊格纳修：《致罗马书人》4—5章。

两份科普特的抄本。在一份殉道士文件中（Codex Parisiensis-Colbertinus，10—11世纪），找到一份未经增修的《致罗马人书》。另有一份属于5世纪最早的希腊抄本（《柏林蒲草纸》10581），只有《致士每拿人书》第3章第3节至第12章第1节，为最早的中版校订本。

长版校订本有希腊语和拉丁语的版本，当中除了中版校订本中的七封书信外（有加入内容），还加上六封其他书信。共十三卷书信依次序由安提阿发出，一封是一位居于卡苏布拉（Cassobola，安提阿附近一城镇）的马利亚给伊格纳修的信；第二封是伊格纳修的回复；有四封由士每拿发出，三封由特罗亚发出（在短版校订本的那三封）；又有三封由腓立比发出，到大数、安提阿及继伊格纳修为安提阿主教的希罗（Hero）；有一封由意大利发出到腓立比的信，还有希路的祷文。在中世纪初拉丁语版本中，还有其他书信加到这书信集内，包括两封给长老约翰的信，一封给耶稣母亲马利亚的信以及马利亚回复伊格纳修的信（!）。虽然这些后加的信件被认定为伪造的而遭排斥，然而教会一直沿用这长版校订本。直至17世纪中叶，当时大主教厄谢尔（James Ussher）基于两份中世纪拉丁语抄本，出版了一份包罗了长版校订本中所有书信，以及无加插其他内容的优西比乌所提及的七封书信(Polycarpi et Ignatii Epistolae, 1644)。他认为那些只在长版校订本中出现的书信都是伪造的，可惜他将给波利卡普的信件也归于此类。

经过查恩（Zahn 1873）、哈纳克（Harnack 1878）和莱特富特（Lightfoot 1885）仔细的研究和努力，得出以中版校订本为原版的结论。

作　者

伊格纳修这七封书信，作者均以别名提阿弗若（Theophorus，直译为"背负上帝的人"）自称，这别名可能是指在他身上看见上帝的同在，或是因为他的侍奉极有果效。伊格纳修是1世纪末2世纪初叙利亚安提阿的主教。②他后来被捉拿，由十个罗马士兵押送，到罗马城接受处决，③后在那里殉道。根据优西比乌《年历》的记载，他殉道于图拉真在位第十年，即约公元107—108年。

在20世纪60年代，有学者对伊格纳修所写的所有这些书信提出质疑（Weijenborg，Joly），也有人认为其中只有三封信是正版，其余内容为加插和经过编修的（Rius-Camps）。到了90年代，也因学者（如R. Hübner，T. Lechner）对2世纪诺斯替主义，特别是对瓦伦廷所提倡的思想有不同的看法，认为本书写于公元165—175年间，是教会应对瓦伦廷异端时写的，其内容依据士每拿的诺伊图（Noetus）的著作，并非出于伊格纳修之笔。然而，他们所提出的假说，所挑起的问题和困难，比他们所能解决的更多（Holmes，Foster）。

写作时间及地点

这七封信大概是他在罗马皇帝图拉真（Trajan，98—117）统治年间写成的，可能在公元107—110年。这七封信都是伊格纳修在被押送到罗马城受审的途中所写的。以弗所、马内夏和他拉勒都在他往罗马的路途附近，这些地方的教会均派代表在路途中迎接伊格纳修。《致以弗所人书》、《致马内夏人书》、《致他拉勒人书》和《致罗马人书》写于士每拿。当他到了特罗亚，有两位经过非拉铁非到他那里的弟兄，与他一起同行，在那里伊氏写了其余的三封书信。

在《致波利卡普书》中，伊格纳修表示他得到消息知道自己要在短期内从特罗亚被押到尼亚波利（Neapolis，马其顿的一个城镇），因此没有时间写信给各教会。伊格纳修请求波利卡普代发信给他被押沿途的地方教会，叫他们可以得到他的消息，并且可以派人或写信给他（《伊格纳修致波

---

② 见奥利金，《<路加福音>讲章6》；优西比乌，《教会史》3.22.1，3.36.1。
③ 伊格纳修，《致以弗所人书》21：1—2；《致罗马人书》4—5。

利卡普书》8.1)。第一处的教会是腓立比（离尼亚波利16公里的海港）。我们现有的《波利卡普致腓立比人书》，内中亦提及波利卡普将他拥有的伊格纳修所写的信函，一起带到腓立比(13.2)。相信包括了伊格纳修写给士每拿和波利卡普的信，及其他四封在士每拿写的信（除了写给非拉铁非的信）。波利卡普可以说是最早搜集伊格纳修信件，并将信件留存下来的人。

写作目的

这七封信的内容主要关注四个方面：(1) 针对在小亚细亚和希腊的教会中流传的异端，其中包括幻影说（docetism），伊格纳修指出有些人认为耶稣受苦是虚幻的，并不真实，耶稣只是外表上好像受苦而已（《致他拉勒人书》10.1，《致士每拿人书》2.1，4.2，5.2—5）。基督以肉身临到，从马利亚和上帝而来，在肉身上是大卫的子孙（《致以弗所人书》7.2，18.2，《致他拉勒人书》9.1—2；《致马内夏人书》11.1），是上帝以肉身出现，为要带来永生的新样式（《致以弗所人书》19.3），伊格纳修的基督是神性和人性兼具的。

(2) 警戒信徒不要受犹太教人士所欺骗，强调信仰基督的信徒无需履行犹太传统礼仪，包括守安息日（《致马内夏人书》9.1）；不要因为犹太教在罗马政权下是合法宗教而基督教不是，便不去表明自己独特的信仰。作者在《致士每拿人书》和《致非拉铁非人书》中引用《启示录》2:9 和 3:9 警戒读者说，"那自称犹太人……其实他们不是犹太人。"［特别参《致马内夏人书》(8.1—10.3) 和《致非拉铁非人书》(6.1—2)。］因以上关注的两方面出现于不同书卷，所以大部分学者都认为伊格纳修是针对两班不同的人。

(3) 鼓励信徒服从主教、长老和执事的三级教制，保守教会的团结合一。他认为在圣餐一事上，必须由主教（或他所指派的人）施行，不然便无效（《致士每拿人书》8.1—2；《致马内夏人书》4.1，7.1）。伊格纳修将圣礼神学与教会的教制结合，重申属灵的现实，必须透过有形的建制教会的结构，显露出来（特别见于《致以弗所人书》1.3，2.1—2，5.1—3；《致马内夏人书》2.1—3，3.1；《致士每拿人书》8—9章；《致波利卡普书》6.1）。

（4）殉道在基督教信仰中的意义。在《致罗马人书》中，伊格纳修用了很长的篇幅讨论有关殉道的事，目的是希望罗马教会不做任何阻止罗马政权处决他的事。对于伊格纳修来说，殉道而死使他能到达上帝（1.2，2.1，9.2；参5.3）或基督那里（5.3），成为基督真正的门徒（3.2，4.2，5.1、3），他的死就好像一个祭（2.2；4.2），有时恍似圣餐的祭。伊格纳修认为这种暴力的死亡是参与耶稣基督肉体和血的祭。因此殉道是领受圣餐最极至的方式（7.3），他将自己的死看为最终的得胜，以此方式向基督徒及世界做解释。

内容概要

伊格纳修的信件遵循一定的格式和结构，先是问安及对该教会和他的主教的赞许，接着是呼吁信徒要与主教和谐共处，然后是提醒个别教会所面对的异端的威胁，最后是有关伊格纳修个人所面对的境况及叙利亚教会的情形。

《致以弗所人书》称受书人有挚爱的名字，是效法上帝的人(1.1)，因为他们曾派特使探望他（1.2—2.1）。作者勉励读者要在他们的主教阿尼西母及众长老的管理之下，合一和谐共处，特别要顺服主教的权柄和意旨，要制止假教训（2.2—6.1）。作者称赞读者有圣洁的秩序，活在真理之中，愿他们中间无纷争，不要理会那些不讲论耶稣基督的人（6.2—9.2）。他们要效法耶稣基督，为别人祷告，并向他们作见证（10.1—3）。现在是末后的日子，他们要惧怕将来审判的愤怒，要爱慕现有的恩典，这是他们在基督耶稣里所有的（11.11—15.3）。不要受错误教训所欺骗，要在真道上站稳（16.1—19.3）。在总结时，作者重申他们要顺服主教和众长老,要擘同一个饼 (20.1—2)。后记告诉读者,作者是在士每拿写这信,邀请读者为他和叙利亚的教会祷告 (21.1—2)。

《致马内夏人书》的写作,是因为马内夏教会有人来探望他 (2.1—2),他强调信徒要服从主教的权柄,要尊敬他们的主教达马 (Damas),要在主教之下合一,要团结如同一个圣殿和同一个祭坛,到同一位耶稣基督那里,要彼此相爱,有一样圣洁的心思 (2.1—7.2)。他们要提防犹太教那些错误的教导,这是旧酵、旧的生活方式(包括守安息日),不要受到欺骗,现在信徒拥有的是新酵,是新的盼望的生活方式,是活在主的权柄之下,耶稣基督是犹太教与他们的信仰的分界线,信徒是靠着耶稣的恩典,是基督的门徒 (8.1—11.1)。作者希望他们会按这信的勉励而行 (12.1—13.2)。后记告诉读者,这只是简短的劝勉,这信写于士每拿,并邀请信徒为他和叙利亚的教会祷告(14.1—15.1)。

《致他拉勒人书》一开始,作者就为他拉勒教会赞美上帝 (1.1—2),又称许他们,因为他们顺服主教、长老议会和执事 (2.1—4.2)。然后引入另一题目,为什么他不写关于那些属天的事物,是因为他拉勒教会未能接受这些教导,他虽可以,但却自觉不足 (5.1—2)。由此,他警告读者要防备异端,远离他们,不要受这些异端分子吹捧,要紧紧依靠耶稣基督、主教和使徒的诫命,要以作者及他们的主教波利比乌 (Polybius) 的温柔为榜样 (6.1—7.2)。作者警告读者要以温柔与信心作为防卫 (8.1—2),慎防"幻影说",认为耶稣只是看似受苦,这异端不相信耶稣是真正的人 (9.1—10.1)。这些异端是毒草,要小心防范 (11.1—2)。最后是总结性对教会的问安,劝勉他们要听这信上的话 (12.1—3),并代表士每拿和以弗所教会向他们问安,并请他们为叙利亚教会祷告 (13.1—3)。

《致罗马人书》以请求罗马教会不要拦阻他殉道作为开始 (1.1—2.2)。然后作者阐释殉道的真义,他们的殉道犹如献祭,同时证明他真是耶稣基督的门徒;他进而讲述他由叙利亚被押至罗马城这过程,他已准备好面对恶兽吞噬,看这为回归耶稣基督的途径 (3.1—6.1)。他是效法那受苦的上帝,对今生物欲全无眷恋,只有被钉的强烈渴望 (6.2—8.3)。最后作者邀请读者为叙利亚教会祷告,然后是向他们问安,并转达其他人的问安 (9.1—10.3)。

《致非拉铁非人书》开始便称赞非拉铁非教会的主教,有美善的品格、不自傲、行上帝的诫命、满有神圣的温柔 (1.1—2)。接着他勉励读者要逃避分裂和错误的教导,要追随作为牧者的主教,要"防狼"及"邪恶之树",要同领一个圣餐,在同一主教,并长老议会和执事之下 (2.1—4.2)。作者指出他行事是为了福音,先知们也在讲道中预备了福音,他们也相信要来临的基督,并以此为合一的根据 (5.1—2)。他们要逃避犹太教的教训及不传讲耶稣基督的人 (6.1—2)。随着是作者的感恩祷告,并再次呼吁他们要在主教、长老议会和执事之下合一,作者自己也是为合一而努力 (7.1—8.1)。先知是为将来要来的主耶稣基督而作准备,然而福音的独特在乎主基督 (9.1—2)。最后作者希望读者能委派一位执事去安提阿,以及作者为读者的感恩及转达问安 (10.1—11.2)。

《致士每拿人书》开始时将荣耀归于那位叫士每拿教会有智慧的耶稣基督,接着从四方面说明基督的人性:(1) 他按肉体来说是出于大卫家族;(2) 他由童贞女马利亚所生;(3) 他接受约翰的洗;(4) 他在本丢彼拉多和希律之下,肉身被钉十架。他真正受苦,也真正复活,且是肉身的复活 (1.1—3.3)。他勉励读者要防范错误的教导,作者指出他将要殉道,也是在肉身上,正如基督也在肉身上受过苦。信徒要远离假教师,然而可以为他们的悔改祷告,这些假教师是一群没有信心的人 (4.2—5.3),读者不要被他们欺骗,要坚信耶稣在肉身受苦,那些假教师生活行事没有爱心,不参与圣餐和祷告,这都表明他们拒绝为我们的罪而受死的那一位 (6.1—7.2)。信中强调耶稣基督作为人受苦、在肉身复活,警告读者防范"幻影说",而他们错误的行径及对圣餐的不尊重,要定他们的罪,他们要在主教的领导下团结合一。信徒要远离分裂,并要顺服主教和长老议会，尊敬执事，没有主教便不能施洗及有爱筵(8.1——9.1)。最后作者感谢读者对他和他的同工的恩情，并希望他们能派一位特使到安提阿教会祝贺他们，因为他们已经和睦及恢复正常的集体生活(10.1——11.3)。最后是转达问安，并向他们问安(12.1——13.2)。

《致波利卡普书》是伊格纳修书中唯一的个人书信，但在总结时也有向波利卡普所在教会会众的劝勉，这是假设该信会在公众面前诵读。伊格纳修在信的开始时便一般性地谈及做主教的责任：劝勉、牧养、持守合一、忍耐、不住祷告、寻求智慧、警醒，努力不懈。要机警如蛇、纯真如鸽，要向上帝求属灵恩赐去洞悉世情(1.1——2.3)。面对错误的教导时要坚定，存忍耐(3.1——2)，要保护照顾脆弱的，包括寡妇、奴隶，劝弟兄姊妹在婚姻中要忠贞(4.1——5.2)。 嘱咐以波利卡普为主教的教会要服从他们的主教，并教导他们如何过基督徒的生活(6.1——2)。最后要求波利卡普派使者到安提阿教会(7.1——3)。

补充参考

W. R. Schoedel, "Papias" In *Anchor Bible Dictionary*, ed. David Noel Freedman et al. vol. 5, 140 – 142 (New York: Doubleday, 1992); Mikael Isacson, *To Each Their Own Letter: Structure, Theme, and Rhetorical Strategies in the Letters of Ignatius of Antioch* (CBNTS 42; Almqvist & Wiksell International, 2004); John-Paul Lotz, *Ignatius and Concord: The Background and Use of the Language of Concord in the Letters of Ignatius of Antioch* (Patristic Studies 8; Peter Lang, 2007); Sara Parvis, "The Martyrdom of Polycarp," *Expository Times* 118 (2006): 105 – 112 (reprinted in *The Writings of the Apostolic Fathers*, edited by Paul Foster); Laurence L. Welborn, "On the Date of First Clement," *Biblical Research* 29 (1984: 35 – 54).

致以弗所人书

伊格纳修（Ignatius），又名提阿弗若（Theophorus）④，写信给亚细亚的以弗所教会——这教会⑤因父上帝的丰富而大大蒙福，在创世以前就预定要得着持久不变、直到永远的荣耀，且照着父和耶稣基督我们上帝的旨意，借着真实的苦难，被结合为一及得蒙拣选，是最配得祝福的教会。我在耶稣基督里，以无瑕无疵的喜乐致以深切的问候。

第一章

1 我在上帝里面欢迎你们深受爱戴的名，就是你们因着正义的本性而得的名⑥；这名显明了你们对我们救主基督耶稣的信心和爱心。作为效法上帝的人，你们一旦借着上帝的血领受了新的生命，就完全地完成了于你们极其自然的任务。2 你们听见我正从叙利亚前往罗马，就急忙来探望我，因为你们知道我为了我们共同的名称⑦和盼望而被锁链捆绑，知道我盼望借着你们的祈祷，得以在罗马成功地与野兽搏斗——为了在取得成功以后，我或许能够成为一位门徒。3 因此，我既奉上帝的名，借着接待阿尼西姆接待了你们全体会众——阿尼西姆充满极大⑧的

---

④ 提阿弗若，即"背负上帝的人"。
⑤ 原文无"这教会"。
⑥ "因着正义的本性"，有抄本作"凭着天生的正义，因着正直、公义的精神"。
⑦ "名称"，即"基督徒"的名称。
⑧ "极大"，直译作"难以形容"。

爱，他也是你们地上的⑨主教——就祈求上帝使你们遵照耶稣基督所设立的标准爱他，也愿你们所有人都效法他⑩。因为上帝照着你们所配得的，满有恩慈地给予你们⑪这样一位主教，是应当称颂的！

第二章

1 至于与我同做仆人的巴鲁（Burrhus）——他按照上帝的旨意做你们的执事，在各方面都受到祝福——我祈求上主让他为着你们和主教的荣誉可以留在我身边。还有克罗科斯（Crocus）——就是配得上上帝和你们的，他在各方面都使我舒畅，我以他为你们的爱心的活泼榜样；愿耶稣基督的父也同样使他舒畅，还有阿尼西母、巴鲁、尤普鲁斯（Euplus）和弗兰托（Fronto），我在他们身上看见了你们各人的爱心。2 如果⑫我配得的话，愿我在你们当中常常得着喜乐。所以，在各方面让尊荣你们的耶稣基督得着荣耀，本是合宜的，好让你们既然在一致的顺服下联合起来，顺从主教和长老议会，就可以在各方面得以成圣。

第三章

1 我并不是命令你们，好像我是一个重要人物。因为即使我为那名的缘故受锁链捆绑，我还是没有在耶稣基督里成全完备。如今我不过是刚刚开始去做门徒，我与你们说话，是把你们当作我的同窗。因为我需要在信心、教导、坚忍和耐心上，接受你们的训练。2 然而，出于爱心，我不能对你们静默不言，因此我要先鼓励你们，好让你们凭着上帝的意思一同奔跑。耶稣基督——我们不可分割的生命——是父的意思，

---

⑨ "地上的"，这是 GL 抄本（莱特富特）的版本；莱特富特倾向于沿用的 SAg 抄本，省略了此词。如果这是原来的版本——也极可能是，那么此处所对比的就很可能是基督，他们"天上的"主教。
⑩ "效法他"，直译作"像他一样"。
⑪ "给予你们"，直译作"让你们拥有"。
⑫ 原文有"就是说"。

正如主在世界各地所委任的主教都体贴基督的意思⑬一样。

第四章

1 因此，你们凭着主教的意思，一同奔跑，本是合宜的，事实上你们也正在这样做。你们这配得主名的长老议会，是配得上上帝的，与主教合作无间，正如丝弦与里拉琴合调一样。所以，你们一致而和谐的爱是在唱颂耶稣基督。2 你们每一个人都必须参与这大合唱，既是和谐一致，各人就从上帝领受音调，以使你们同声齐唱，借着耶稣基督上达父上帝，好让他听见你们，并因你们的表现良好，承认你们是他儿子的肢体。因此，没有瑕疵的合一是于你们有益的，为的是让你们常有分于上帝。

第五章

1 要是我在短短的时间内，尚且与你们的主教体验到这样的团契——那不仅是人的团契，更是属灵的团契——我该愈加祝贺你们，因为你们已经与他联合，正如教会与耶稣基督联合，耶稣基督与父联合一样，好使万物都和谐一致。2 但愿没有人会受骗⑭：人若不在圣所里面，他就没有上帝的粮。⑮倘若一两个人的祈祷尚且有这样的力量，主教和全教会一起祈祷的力量更是何等的大！3 因此，凡有人不与会众聚集，他就表明了自己的傲慢，并且把自己隔离了⑯，因为经上记着说："上帝抵挡傲慢的人。"⑰所以，我们要谨慎，不要抵挡主教，好使我们可以顺服上帝。

---

⑬ "体贴基督的意思"，直译作"在基督心里"。
⑭ "受骗"，直译作"被误导"。
⑮ 参《约翰福音》6:33。
⑯ "隔离了"，或译作"审判了"。
⑰ 参《箴言》3:34 (LXX)。

第六章

1 此外，人越是注意到主教是安静的，就应该越发敬畏他。因为凡是家主差来管理自己家的人，我们都必须接待⑱，正如我们接待差他来的人一样。所以，很明显，我们必须视主教为主自己一样。2 阿尼西母亲自高度表扬你们在上帝里面按规矩行事，反映说你们众人都按照真理生活，而且异端⑲无法寓居你们中间。实际上，你们甚至不肯听信任何人，除非他如实地讲论耶稣基督。⑳

第七章

1 有一些险恶诡诈的人，他们习惯了披戴着圣名，却是行其他与上帝不相配的事。你们必须躲避他们，如同躲避野兽一样。他们是暗地里咬人的疯狗；你们必须警惕防备他们，因为他们所咬的伤口是难以愈合的。2 世上只有一位医生，他既是肉身又是灵体；既已诞生又是未生；他是上帝住在人里面；㉑是真实的生命活在死亡里；既是马利亚所生，也是从上帝而出，先是受苦，其后却胜过苦难——就是耶稣基督我们的主。

第八章

1 因此，不可让人欺骗你们，正如你们现在并没有受骗，因为你们是完全属于上帝的。若是没有能折磨你们的纷争㉒在你们中间建立，你们就真是按着上帝的心意而活。我是为你们而献上的卑微的祭物，我把

---

⑱ "接待"，或译作"欢迎"，下同。
⑲ "异端"，这里可能指"派系"。
⑳ 此句是莱特富特根据 A 抄本多处这样采用文本的修订。就语法而言，G 抄本那段异文是不可能的；L 抄本作："除非耶稣基督按真理讲论。"
㉑ "上帝住在人里面"，这是早期教父的引语。有抄本作"上帝以肉身降临"（参《约翰福音》1:14）。
㉒ "纷争"，有抄本作"私欲"。

自己献给你们以弗所人,一所永远知名的教会。2 属肉体的人不能做属灵的事,属灵的人也不能做属肉体的事,正如信实的人无法行背信的事,背信的人也无法行信实的事。此外,就连你们在肉体中所做的那些事,实际上也是属灵的,因为你们凡事都是在耶稣基督里面行的。

第九章

1 然而,我已得知从那里来的某些人带着邪恶的教导路过你们那里,你们却不容许他们在你们中间散播那些教导。为了避免接收他们所散播的教导,你们捂住耳朵,因为你们是圣殿[23]的宝石,是事先预备好的[24],为着父上帝的建设。你们借着耶稣基督的吊臂,就是十字架,又用圣灵作绳子,被提升至高处。你们的信心把你们高举,而爱就是提升到上帝的道路。

2 因此,你们全都是同路人,是上帝的承托者、圣殿的承托者、基督的承托者和圣物的承托者,[25]在各方面以耶稣基督的命令作装饰。我也跟你们一同欢庆,因为我被视为配得透过这封书信与你们说话,并且与你们一同欢喜,因为你们不爱人类生命中[26]的任何事物,只爱上帝。

第十章

1 你们也要常常为其他人祈祷,愿他们都能寻到上帝,因在他们里面还有悔改的指望。所以,你们至少要借着自己的行为,容让他们接受你们的教导。2 面对他们的怒气,你们要温柔;面对他们的夸耀,你们要谦卑;面对他们的毁谤,你们要祷告;面对他们的错误,你们要"持

---

[23] "圣殿",直译作"一座殿"。
[24] "圣殿……是事先预备好的",有抄本作"父的殿……是预备好的"。
[25] 在这里,伊格纳修把一种异教的游行活动应用到以弗所人身上。在这类游行中,参与者会抬着他们的神像、偶像和神龛等。
[26] "人类生命中",有抄本作"按照另一个生命"。

守信仰，坚定不移"；㉗面对他们的粗暴，你们要温柔；你们不可急着报复他们。3 我们要以自己的宽容忍耐表明我们是他们的兄弟；我们要热切地效法主，看谁更愿意受冤屈，谁更甘心吃亏，㉘谁更情愿被拒绝，以使魔鬼的杂草不在你们中间，你们却借着完全的纯洁和自制，使肉身和灵性都得以住在基督耶稣里。

第十一章

1 现在㉙是末后的日子。因此，我们要收敛，要惧怕上帝的忍耐，唯恐他的忍耐变成对我们的审判。我们或是惧怕将来的愤怒，或是爱慕当前的恩典，二选其一。唯愿我们都在基督耶稣里，可以得着真实的生命。2 愿除主以外，再没有什么能吸引你们，我在他里面受这些锁链的捆绑。（我视之为㉚心灵的珍珠！）我盼望借这锁链，通过你们的祈祷，将来得以复活。但愿我借着耶稣基督的能力，常分受这锁链㉛，好叫我得与以弗所的基督徒在一起；借着耶稣基督的能力，他们与众使徒经常有同样的想法。

第十二章

1 我知道我是谁，也知道我写信给谁。我是罪犯，你们蒙了怜恤；我身陷危险，你们安全稳妥。2 你们是为上帝的缘故而被杀之人的大道㉜；你们是与保罗一同得道的——他已经成圣了，且蒙上帝悦纳，受到应得的祝福——愿我到达上帝那里去的时候能随着他的脚踪！——他

㉗ 参《歌罗西书》1：23。
㉘ 参《哥林多前书》6：7，"吃亏"，直译作"受欺骗"。
㉙ "现在"，直译作"这些"。
㉚ 原文无"视之为"。
㉛ "锁链"，直译作"它们"。
㉜ 大道：以弗所是因犯从东部地区押往罗马的必经之路，伊格纳修似乎在指出他们的属灵地位与他们的地理位置相符。

在每封书信上都在基督耶稣里记念你们。

第十三章

1 所以，你们要竭尽所能，更多聚集在一起，感谢上帝，归荣耀给上帝。㉝ 因为你们若常常聚集在一起，撒旦的权势就被倾覆；由于你们合一的信心，他的破坏力就被废去。2 没有什么比和睦更美好，因着和睦，天上和地上一切生灵的所有战争都被废止了。

第十四章

1 只要你们向耶稣基督完全地具备信心和爱心，就必不会忽视这些事的任何一件。它们就是生命的开端与终结：信是开端，爱是终结；而这两者集于一体的时候，就是上帝。构成卓越品格的其他特质，都从信和爱而来。2 公开表明信仰的人都不会犯罪，具有爱心的人也不会憎恨。"看果子就可以知道树"；㉞ 因此，那些自称属基督的，我们可以凭着他们所作的认出他们来。因为那作为 ㉟ 不在于人现在承诺了什么，而在于靠着信心的力量坚持到底。

第十五章

1 安静而真实，胜过多言却不真实。人若能行出自己所说的话，给予别人指导是一件好事。我们有这样一位导师，"说有，就有"；㊱ 事实上，就连他静静地去做的事，也配得上他的父 ㊲。2 真正拥有耶稣话语的人，也能够聆听到他的静默，以使他成全完备，行出他所说的话，在

㉝ "感谢上帝，归荣耀给上帝"，或作"为了守圣餐，并为了上帝的荣耀"。
㉞ 参《马太福音》12:33。
㉟ "那作为"即"基督教"；比较：《致罗马人书》3章3节。
㊱ 《诗篇》33:9（LXX 32:9）。
㊲ 原文无"他的"。

安静中被人认识。3 什么都不能向主掩藏；就是我们的秘密也离他很近。因此，让我们做每一件事的时候，都知道他住在我们里面，好让我们可以做他的殿，他也可以在我们里面做我们的㊳上帝——因为，事实上他确实是我们的上帝，借着我们对他应有的爱，将来他必在我们眼前清楚显明㊴。

第十六章

1 我的弟兄们，千万不要受骗㊵：败坏家庭的人，"不能承受上帝的国。"㊶2 倘若在身体上行这些事的人尚且要被处死，更何况㊷有人以邪恶的教导败坏在上帝里的信心——耶稣基督是为此而钉十字架的！这样的人成了污秽，他必定要进入那不灭的火；听从他的人也要如此。

第十七章

1 主接受那倾倒在他头上的香膏，㊸是因为这个缘故：好让他可以将不腐败的特性留给教会㊹。你们不要被今世掌权者教导的恶臭油膏涂抹，免得他将你们掳去，并抢去摆在你们面前的生命。2 我们为何不全都领受上帝的知识，而变得明智呢？上帝的知识就是耶稣基督。我们为何懵然灭亡，忽视主实实在在施予的恩赐呢？

第十八章

1 我的灵是十字架的卑微祭品；这十字架对于不信的人是绊脚石，

㊳ 有抄本省略"我们的"。
㊴ "显明"，直译作"阐明"。
㊵ "受骗"，直译作"被误导"。
㊶ 参《哥林多前书》6:9—10。
㊷ 原文在此有"若"。
㊸ 参《马太福音》26:6—13。
㊹ "留给教会"，直译作"吹在教会身上"。

对于我们却是救恩和永生。"智慧人在哪里？辩士在哪里？"㊺ 被认为聪明的人所矜夸的在哪里？2 因为我们的上帝——耶稣基督——照着上帝的㊻计划，由马利亚从大卫的种子，也从圣灵的种子怀孕。他出生并受洗，是为了借着他所受的苦难洁净那水。㊼

第十九章

1 马利亚的童贞以及她的生产都向今世的掌权者隐藏起来，主的死亡也是如此——三个奥秘都要被高声宣扬，然而这一切却在上帝的静默中成就。2 那么，这些奥秘是怎样向历代揭示的呢？一颗比众星更亮的明星在天上发光；它的光辉无可名状，它的奇妙令人惊奇。星群中其余的众星，连同太阳和月亮，都围着这星组成一队大合唱，但这星极其光亮，使它们相形见绌。这奇异的现象与其他星象是那么不同，因此人们对它的根源感到困惑不解。3 结果，当上帝以人的样式显现，带来崭新的永恒生命，所有法术和各样的迷术就消散了，邪恶所特有的无知消失了，古旧的王国也被废除了。㊽上帝所预备的，也开始应验㊾。因此，一切事物都在酝酿，因为废除死亡的事快要实现。

第二十章

1 若耶稣基督借着你们的祷告，看我为配得的，又倘若这是他的旨意，我会在打算写给你们的第二封信中，向你们进一步解释我已经开始讲论的话题——也就是，关于新人耶稣基督这神圣的计划，包括对他的

㊺ 参《哥林多前书》1:20。
㊻ 有抄本省略"上帝的"。
㊼ "水"，即"洗礼的水"。
㊽ "法术……废除了"，有抄本作"法术瓦解，各样邪恶的迷术消失，无知被废去，古旧的王国也被覆灭了"。
㊾ "应验"，直译作"生效"。

信和爱，㊿以及他的受苦和复活，2 特别是，倘若主要向我启示什么事情。你们要坚持㊶聚集在一起，你们每一个人，或全体或各按其名，都要借着恩典，在一信和一位㊷耶稣基督里聚集；在肉身方面他是大卫的后裔，他是人子又是上帝的儿子。这样好叫你们心平气和地顺服主教和长老会，同擘一饼——那饼是叫我们不死的良药，是我们吃了不至于死亡、反而在耶稣基督里永远活着的解毒药。

第二十一章

1 我对你们是忠实的，对你们为上帝的尊荣而差派到士每拿的人，也是忠实的。在士每拿，我怀着对主的感恩以及对波利卡普和你们的爱，写信给你们。请你们记念我，正如耶稣基督记念你们一样。2 你们要为在叙利亚的教会祈祷，我从那里被锁链捆绑着带到罗马，因为我——叙利亚教会的信徒中最小的——被视为配得为上帝的荣誉而服侍。在父上帝和耶稣基督——我们共同的盼望——里面，我就此向你们告别！

㊿ "对他的信和爱"，或作"他的信和爱"。
㊶ "启示……坚持"，有抄本作"向我启示说你们要坚持"。
㊷ "一位"，有抄本作"在……里面"。

致马内夏人书

伊格纳修,又名提阿弗若(Theophorus),写信给米安特(Maeander)河畔的马内夏(Magnesia)的教会;这教会借着父上帝的恩典、在我们救主基督耶稣里蒙福。我在耶稣基督里向她问安,又在父上帝和耶稣基督里向她致以深切的问候。

第一章

1 得知你们对上帝的爱是那么井然有序,我就欢喜,且决定凭着在耶稣基督里的信向你们说话。2 我被看为配得承受一个最神圣的名,因此我带着所承受的锁链,为众教会歌颂赞美,并且祷告求主让我在锁链中,得到来自耶稣基督身体和灵魂的合一——他是我们不绝的生命——也得到信和爱的合一,那是无可取代的;而更重要的是耶稣和父的合一。只要在他里面耐心忍受今世掌权者的一切凌辱,且逃避凶恶㊼,我们就能到达上帝那里。

第二章

1 因此,我蒙允许代表你们敬虔的主教达马(Damas)、可敬的长老巴苏(Bassus)和亚波罗纽(Apollonius),以及与我同做仆人的查典

㊼ 原文无"凶恶"。

(Zotion) 执事，来见你们；愿我得以享受他的陪伴，因为他服从主教，如同服从上帝的恩典一样；又服从长老议会，如同服从耶稣基督的律法一样。

第三章

1 确实地，你们也应当不要因主教年轻而欺负他；你们要按照他在父上帝的权能里所当得的尊重来尊重他，正如我知道圣洁的长老们也同样没有因他年轻的外貌而欺负他，而是像在上帝里面的明智人(54)一样服从他。不过，你们事实上不是服从他，而是服从所有人的主教耶稣基督的父。2 因此，为了爱你们(55)的上帝(56)的荣耀，你们应当毫不虚伪地去顺服，因为假冒伪善(57)并不是欺瞒这位可见的主教，而是欺骗我们看不见的那位。在这事上，所重视的不是肉体，而是上帝；他知道我们的隐情。

第四章

1 因此，我们应当不要只被称为“基督徒”，而是真的做基督徒；不要像一些人称某人为“主教”，却凡事都不尊重他。在我看来，这样的人并没有凭无亏的良心行事，因为他们没有有效地遵照诫命聚集在一起。

第五章

1 因为万事万物都有一个结局，所以有两件事摆在我们面前，就是死亡与生命；每一个人都要各归自己的地方。2 正如世上有两种货币，一种是属上帝的，一种是属世界的，它们各有自己的印记铭刻在上面；

(54) “明智人”（单数），有抄本为复数。
(55) “你们”，有抄本作“我们”。
(56) “上帝”，直译作“他”。
(57) “假冒伪善”，直译作“它”。

非信徒带着这世界的印记，蒙爱的信徒则借着耶稣基督带着父上帝的印记——除非我们自愿选择进入他所受的苦难，以至于死，否则他的生命不会在我们里面。

第六章

1 因此，我既凭信心在上述的人身上得见且关爱全体会众，就劝告你们：在上帝的位置上领导教会(58)的主教，以及在使徒和执事议会的位置上(59)的众长老——众使徒和执事都是我最亲爱的，他们领受了侍奉耶稣基督的托付，而耶稣基督就是创世以前就与父同在，且在末世显现的那位——你们凡事都要以敬虔和睦的态度(60)热切而行。2 所以，我们众人都要效法上帝的态度(61)，互相尊重；但愿你们没有人只以人的方式来看待邻舍，却要在耶稣基督里常常彼此相爱。但愿你们中间没有任何事能使你们分裂，却与主教和带领的人合而为一，做不能朽坏的榜样与教训。

第七章

1 所以，正如主没有脱离父而行事，无论是他自己还是通过使徒所做的事（因为他是与父合而为一的），你们也千万不要脱离主教和长老们而行事。你们不要尝试以为自己很有道理的，不与别人一起(62)去做事；你们却要一起聚集，有同一个祷告、同一个祈求、同一个心思、同一个盼望，要凭着爱和无可指责的喜乐，就是耶稣基督；他是好得无比的。2 愿你们众人都一同奔跑，如同奔往上帝的一座圣殿、一个圣坛、一位耶稣基督；他从一位圣父而来，常与那一位同在，也归回到那一位。

---

(58) 原文无“教会”二字。
(59) “在……的位置上……在……的位置上”，有抄本作“效法（上帝）……效法（使徒和执事议会）”。
(60) “和睦的态度”，直译作“在神圣的和谐中”。
(61) “效法上帝的态度”，直译作“接受与上帝相同的态度”。
(62) “不与别人一起”，直译作“远离别人”。

第八章

1 你们不要被荒诞的思想或古老的神话所欺骗,因为那都是毫无价值的。我们若继续按照犹太教来生活,就是承认我们没有领受过恩典。2 因为最敬虔的先知是按照基督耶稣来生活的。正因如此,他们受到迫害,因为他们被他的恩典激励,为说服悖逆的人完全相信世上只有一位上帝——他借着儿子耶稣基督将自己启示出来;耶稣基督就是从㉖寂静中而来的他的道,他在各方面都让那差他来者喜悦。

第九章

1 那么,倘若曾经按照古老的习俗来生活的人,尚且得着崭新的盼望,不再继续守安息日,却按照主的日子来生活——在那日我们也借着他和他的死而得复活的生命(有些人不承认这事);就是借着这奥秘,我们得以相信㉘,也由于这奥秘,我们耐心忍受,好让别人看见㉙我们是耶稣基督——我们唯一的导师——的门徒。2 若是这样㉚,我们又怎么能够脱离他而生存呢?就连众先知,就是在圣灵里成为他门徒的,也期待他做他们的导师。由于这个缘故,他们正确地等候的那位,在他来临的时候,就叫他们从死里复活了。

第十章

1 因此,我们不要对他的良善毫不敏锐。倘若他真的模仿我们的行事方式,我们就完蛋了。所以,我们既然成为他的门徒,就要学习遵照

㉖ "是从",有抄本作"不是从"。
㉘ 原文"相信"后有"主基督耶稣"。
㉙ "看见",直译作"发现"。
㉚ 原文无"若是这样"。

基督教的教训⁶⁷来生活。因为任何人不是被称为这名，而是别的名，他就不属上帝了。2 为此，你们要扔掉那恶劣的酵，就是已经陈腐酸臭的，而转向全新的酵，就是耶稣基督。要用盐与他调和，好使你们都不至于腐败，因为你们必凭着你们的气味而被定性。3 一面宣称自己信奉耶稣基督，另一面却遵守犹太教，这是极其荒谬的！因为基督教并不相信犹太教，犹太教却相信基督教；借着基督教，"万族"⁶⁸得以相信，并且聚集⁶⁹到上帝那里。

第十一章

1 我亲爱的朋友，如今我写信讲述这些事，不是因为我得知你们中间有任何人实在是那样，而是我，作为比你们更微小的，希望预先警告你们不要被虚妄教义⁷⁰的钩所羁绊，却要完全信服那出生、受难与复活的事迹；这些事是在本丢·彼拉多当政期间发生的。耶稣基督——我们的盼望——实实在在且确凿无疑地成就了这些事；愿你们没有一人会背弃⁷¹这个盼望。

第十二章

1 倘若我配得的话，愿我在你们里面凡事得着喜乐。因为我纵然受锁链的捆绑，也不能与你们中间自由行动的任何一人相比较。我知道你们不是骄傲自负的，因为你们有耶稣基督在你们里面。此外，我还知道，我表扬你们的时候，你们会感到羞怯，因为经上记着说："义人必自己责备自己。"⁷²

---

⑥⑦ 原文无"的教训"。
⑥⑧ "万族"，直译作"舌头"。
⑥⑨ 参《以赛亚书》66:18。
⑦⓪ "虚妄教义"，直译作"无益的主张"。
⑦① "背弃"，直译作"离开"。
⑦② 《箴言》18:17（LXX）；直译"义人是他自己的控告者"。

第十三章

1 因此,你们要热切渴望在主和众使徒的训言里建立稳固的根基,以使"凡你们做的,尽都顺利"⑬,在身体和灵魂方面,在信心和爱心里,在圣子、圣父和圣灵里,在开始和终结的时候,连同你们最杰出的主教,以及那编织得极其华美的属灵冠冕,就是你们的长老议会和敬虔的众执事,尽都顺利。2 你们要顺服主教,且彼此顺服,正如耶稣基督在肉身中⑭顺服圣父,又如众使徒顺服基督和圣父⑮一样,好使你们有身体和灵魂的合一。

第十四章

1 既知道你们被上帝充满,我只是给你们简单的勉励。请在你们的祷告中记念我,让我可以到达上帝那里;请也记念叙利亚的教会——在那里,我甚至不配被称为肢体⑯。我需要你们合而为一的祷告以及在上帝里的爱心,以使叙利亚的教会被视为配得从你们热切祈祷的甘露得滋润⑰。

第十五章

1 以弗所人在士每拿向你们问安;我就是在那里写信给你们的。像你们一样,他们也是为了上帝的荣耀而到这里来,并且与士每拿人的主教波利卡普一起,凡事都使我舒畅。所有其他教会也在耶稣基督的尊荣里向你们问安。你们拥有专一的灵,就是耶稣基督,我在神圣的和谐中就此向你们告别了!

---

⑬ 参《诗篇》1:3。
⑭ 有抄本中省略"在肉身中"这一短语,可能是正确的做法。
⑮ 有抄本在"圣父"后加上"以及圣灵"。
⑯ "肢体",或译"会友"。
⑰ "从你们……得滋润",有抄本作"借着你们的教会得甘露的滋润"。有关所使用的意象,参《申命记》32:2,《箴言》19:12。

致他拉勒人书

伊格纳修，又名提阿弗若（Theophorus），写信给亚细亚他拉勒(Tralles）的圣教会，就是耶稣基督的父上帝所爱的教会，是蒙拣选和配得上帝呼召⁷⁸的，借着耶稣基督所受的苦难，身体和灵魂⁷⁹都得享平安；基督是我们复活进到他那里的盼望。我也以使徒的方式，借着上帝的丰富，向你们问安，并献上深切的祝福。

第一章

1 我知道你们在忍耐中有无可责备和坚定不移的心思；这并不是根据习性，而是根据你们的本性，因为是你们的主教波利比乌（Polybius）按照上帝和耶稣基督的旨意在士每拿探访我的时候告诉我的。借此他与我这个在基督耶稣里的囚犯一同欢喜，使得我从他身上就能看见你们全体会众。2 因此，既通过他接受了你们敬虔的善意，当我发现你们，如我所知，是效法上帝的人，我就赞美上帝。

第二章

1 你们服从主教，如同服从耶稣基督的时候，我就清楚看见，你们

---

⑦⑧ 原文无"呼召"。
⑦⑨ "灵魂"，有抄本作"血"。

不是按照人的标准来生活，而是按照耶稣基督的标准；他为我们死，好叫你们因相信他的死而得以逃脱死亡。2 所以，你们务要坚持⑧⑩当前的做法，不可脱离主教而行事；你们也要服从长老议会，如同服从耶稣基督的使徒。耶稣基督是我们的盼望；只要我们这样生活⑧①，就必得以到他面前⑧②。3 此外，做基督耶稣"奥秘"⑧③的执事的人，要凡事叫众人喜悦。因为他们不是管饮食的"执事"⑧④，而是服侍上帝教会的仆人。所以，他们必须避免受人指控，好像躲避火一样⑧⑤。

第三章

1 同样地，愿众人都尊重执事，如同尊重耶稣基督；他们也应当尊重主教，他是父上帝的影像；并尊重长老议会，犹如上帝的议会和使徒的队伍。没有他们⑧⑥，就没有群体可被称为教会。2 我确信你们在这些事上是与我意见一致的，因为我曾领受你们爱心的体现，在你们主教身上，我得享这份爱心；他的风度是极佳的教诲，他的谦逊是他的力量；我认为连不敬虔的人也会尊重他。3 因为我爱你们，所以我相当克制，其实我可以代表他，言词写得更为严厉。但我认为自己没有资格⑧⑦这样做；作为一个囚犯，我没有资格像使徒一样向你们发命令。

第四章

1 我在上帝里面思考良多，但我量力而为，免得因自夸而灭亡。因

---

⑧⑩ "坚持"，直译作"继续"。
⑧① 有抄本在"生活"后加上"在他里面"。
⑧② 原文有"被寻见"。
⑧③ "奥秘"，参《哥林多前书》4:1。
⑧④ "执事"，即"伺候者"的意思；参《使徒行传》6:1—6。
⑧⑤ "好像躲避火一样"，直译作"仿佛它是火一般"。
⑧⑥ "他们"，直译作"这些"。
⑧⑦ "但……没有资格"，此处的原文颇为难解。GL 抄本明显有误；这里是根据莱特富特的修订本所译。

我如今必须更加步步惊心，不去理会那些奉承我的人，因为以这种态度向我说话的人是在折磨我。2 虽然我确实渴望受苦，但却不知道自己是否配得，因为那嫉妒的⑱愈加挑动战争来攻击我，尽管许多人都没有看出。 所以，我需要温顺，借以除灭今世的掌权者。

第五章

1 难道我不能写信给你们论及天上的事吗？但我害怕这样做，恐怕我对你们造成伤害；你们只是婴孩。因此，请你们宽容我，免得你们被自己不能吞咽的教训⑲噎住了。2 至于我，尽管我受锁链的捆绑，且能够领会天上的事、天使的等次、掌权者的群组，以及看得见和看不见的事物，尽管如此，但我尚未是一名门徒。我们仍然有许多的缺欠，好让我们不会缺欠了上帝。

第六章

1 所以，我劝你们——但并不是我，而是耶稣基督的爱劝你们——只要吃基督徒的食物，却远离各样杂木异草——那是异端邪说。2 这些人不值得信靠，把毒药⑳与耶稣基督混在一起，就像人将致命的药与掺蜜的酒一起施用，以致那无知的人毫无戒心地㉑接受，并且在欢愉的满足中，喝下死亡。

第七章

1 所以，你们要防备这样的人。只要你们不自高自大，却紧紧依靠

---

⑱ "那嫉妒的"，指"撒但的嫉妒"。
⑲ 原文无"教训"。
⑳ "毒药"，有抄本作"他们自己"。
㉑ "毫无戒心地"，有抄本作"乐意地"。

耶稣基督⁸²和主教,并使徒所传的诫命,你们就能防备他们。⁸³2 在圣所里面的人是洁净的,在圣所外面的人却是不洁净的。也就是说,凡是离了主教、长老议会和众执事而行事的人,都没有清洁的良心。

第八章

1 我并不是知道在你们中间有这样的事,而只是预先警戒你们,因为你们是我所亲爱的,而且我可以预见魔鬼的圈套。因此,你们务要以谦和装备自己,并且凭着信心(就是主的身体)和爱心(就是耶稣基督的血),叫自己重新得力⁸⁴。2 愿你们中间没有人针对你们的邻居。不要给异教徒任何机会,免得大多数敬虔的人因少数愚拙的人而被毁谤。因为,"人的愚昧若叫我的名在任何人中间被亵渎,那人就有祸了。"⁸⁵

第九章

1 因此,每当有人对你们说有违⁸⁶耶稣基督的话,你们就要掩耳不听;耶稣基督是大卫家族的后裔,是马利亚的儿子;他确实生在世上⁸⁷,并且吃喝;他的确在本丢·彼拉多手下受迫害,真的钉十字架死了,那时天上、地上和地底下的一切都在观看;2 他的父叫他复活的时候,他也确实是从死里复活了。他的父同样会在基督耶稣里叫我们这些信他的人复活——离了他,我们就没有真正的生命。

---

⁸² "耶稣基督",原文不明确;这是阿拉伯语 A 抄本的文本,可能是正确的。有抄本作"上帝耶稣基督";尽管看来有点别扭,但是若选择这异文,就应加上标点,作"上帝,耶稣基督"。莱特富特作"(上帝)耶稣基督"。

⁸³ 原文无"防备他们"。

⁸⁴ "叫自己重新得力",有抄本作"更新你们自己"。

⁸⁵ 参《以赛亚书》52∶5(LXX)。

⁸⁶ "有违",直译作"离开"。

⁸⁷ "生在世上",直译作"出生了"。

第十章

1 然而,假如像某些无神论者(即非信徒)所说的,他只是在表面上受难,(他们才是徒有外表!)那么我为什么要受锁链捆绑呢?我为什么甘愿与野兽搏斗呢?那么我岂不是枉死了吗!我是在传扬有关上主的谎言。

第十一章

1 因此,你们要逃避这些结出致命果实的有害旁枝;任何人即使只是浅尝,也会当场丧命。这些人并不是父所栽植的。[98] 2 倘若是父所栽植的,他们就会长成像十字架的枝子,他们的果子也不会腐朽;他就是凭着这个十字架,透过自己的苦难呼召你们,而你们正是他的肢体。因此,头没有肢体是不能出生的,因为上帝应许赐人合一,而那合一就是他自己。

第十二章

1 我与上帝的众教会从士每拿向你们问安!这些教会如今与我同在,他们[99]在各方面,无论在肉身或灵魂方面,都使我畅快。2 我一面为耶稣基督的缘故带着锁链在身上,同时祷告求主让我可以到达上帝那里。我的锁链劝勉你们:要坚持同心一意和彼此代祷。因为你们各人,尤其是众长老,应当激励主教,归荣耀给圣父,并归荣耀给[100]耶稣基督和众使徒。3 我祈愿你们在爱心中听从我,免得由于我写了信给你们,反而成为见证指控你们。请你们也为我祷告,因为我需要你们在上帝的

---

[98] 参《马太福音》15:13。
[99] "他们",直译作"人们"。
[100] "并归荣耀给",有抄本作"并";另有抄本则省略了这短语,作"耶稣基督的父"。

怜悯里面的爱心,好让我可被算为配得这份,就是我急切要领受的死亡;[101] 也免得我被视作失去资格[102]。

第十三章

1 士每拿人和以弗所人都以爱心[103]向你们问安!请在你们的祷告中记念叙利亚的教会;在那里,我甚至不配被算为一个肢体[104],因为我是他们当中最卑微的。2 我在基督耶稣里向你们辞别了!你们要顺服主教,如同顺从诫命,同样也要顺服长老议会。你们各人都要专心一意彼此相爱。3 我的灵魂献给你们,不仅是如今,就是当我到达上帝那里也是这样。我仍然身陷危险之中,但圣父是信实的:他必在耶稣基督里成全我和你们的祈祷。愿我们[105]在他里面被看为是无可指摘的。

---

[101] 原文无"死亡"。这是莱特富特的版本,他采用了一份较早期的修订本;原文文本和意义都不明确。

[102] 参《哥林多前书》9:27。

[103] "以爱心",直译作"的爱心"。

[104] "肢体",或译"会友"。

[105] "我们",有抄本作"你们"。

致罗马人书

伊格纳修，又名提阿弗若（Theophorus），写信给在至高的父和他独生子耶稣基督的威荣中得蒙怜悯的教会。你们透过那决定万物存在者的旨意，照着对耶稣基督——我们上帝的信心与爱心⑯，得蒙垂爱和教导。你们也统辖罗马人区域的地方⑰，是配得起上帝，配得尊荣、配得祝福、配得称颂、配得成功和配得成圣的，并且掌管着⑱仁爱，遵守基督的律法，⑲且承受着父的名。我也奉圣父之子耶稣基督的名问候你们，就是在他所有的命令上身体与灵魂得以联合一起的，且被上帝的恩典所充满，没有摇摆不定，也清除一切异类色彩的那些人，我在我们的上帝耶稣基督里面，以无亏的良心⑳致以深切的问候！

---

⑯ "对耶稣……的信心与爱心"，直译作"耶稣……的信心与爱心"（这是阿拉伯语 TAAmCg 抄本的版本）。耶稣是两个名词的客体（"对耶稣的信心与爱心"），而非主体（"耶稣的信心和爱心"）。考虑到前面的从句（"那决定万物存在者"），有抄本省略"信心与"的做法是对此短语的一种误读。

⑰ 原文"统辖罗马人区域的地方"这个累赘的短语，一直以来都引起不少讨论，主要因为它明显指向罗马主教首席地位的问题。许多人提出理解这个短语的不同方法，但大多数的方法不是限制相关词汇的意思，就是要求对已确立的文本作出修订，因此几乎没有人会推荐。然而，问题本身可能是时代性的错误，因为这里是说教会（而不是主教）的"统辖"（参《致马内夏人书》6 章），大概是统辖教会所在的地区。参：莱特富特，《使徒教父》2.2，第 190—191 页；舒尔德著，《伊格纳修》，第 165—166 页。

⑱ "管理着"，或作"在……方面有突出表现"；罗马教会在很早期就因慈善行为而赢得美名。

⑲ "遵守基督的律法"，有抄本作"承受着基督的名"，很可能是受到下面的"承受着父的名"这一短语的影响。

⑳ "以无亏的良心"，直译作"无可指责地"。

第一章

1 借着祷告上帝,我得以见到你们配得上帝的面容,以至于我所领受的过于我所祈求的 [111] ——因为我盼望为耶稣基督受锁链捆绑的时候向你们问安,倘若他的旨意是把我算作配得达成那结局。2 受迫害的 [112] 开始是安排得很好的,只要我得到恩典 [113] 去领受我的分,而不受干扰。我害怕你们的爱,恐怕你们爱我反而害了我;因为你们随着自己的意思去做是容易的,我要到达上帝那里却是困难的,除非你们宽容 [114] 我。

第二章

1 我不愿意你们取悦人,只愿意你们取悦上帝,其实你们也正在这样取悦上帝 [115]。我不会再有这样的机会可以到达上帝那里,你们也不会被记下更大的功绩,只要你们保持沉默。倘若你们保持沉默,不去理会我,我就会成为上帝的话语,但倘若你们疼爱我的肉体 [116],我就只是一个声音而已。[117] 2 当预备好的祭坛还在那里的时候,你们只要让我像奠祭 [118] 一样被浇奠献给上帝,以使你们可以在爱中组成合唱队,在耶稣基督里向圣父歌唱。因为上帝断定叙利亚的主教是配得来到日落之地 [119],

---

[111] "以至于……祈求的",有抄本作"甚至在我祈求可以领受更多的时候";两个版本的希腊语字词只有一个字母的差别。
[112] 原文无"受迫害的"。
[113] "恩典",有抄本作"目标"。
[114] "宽容",或译"放过"。
[115] 原文无"上帝"。
[116] "疼爱我的肉体",即"希望使我存活"。伊格纳修担心罗马教会的基督徒为求保全他肉身的性命,而在地方官面前为他的案件申辩,使他得释放,因而破坏他为主殉道的心愿;他希望通过殉道来保全属灵的生命。他的担忧可能只是出于他的臆测,而不是真实的情况,参舒尔德著,《伊格纳修》,第 168—169 页。
[117] "话语……声音":这里的对比在于"话语"和"声音";"话语"是可理解、有意义的说话,"声音"则是无理的叫喊或含糊的响声。
[118] "奠祭",直译作"祭品"。
[119] "来到日落之地",直译作"在日落之地被寻见"。

他已经从日出之地呼召了他。[120] 从世界沉落而去到上帝那里是好的，这样使我可以上升到他那里去。

第三章

1 你们从来没有嫉妒任何人，却是教导别人。我愿意你们教导门徒时所发出的指示，得以确定。2 请你们祷告祈求我内外都有力量，让我不只是能说，而是愿意行出来，让我不仅被称为"基督徒"，而是实在证明自己是基督徒。我若证明自己是基督徒，也就可以被称为"基督徒"，然后当世人再也看不见我的时候，我能被人说：那时你还是忠实可靠的。3 没有任何可见之物是美善的。我们的上帝——耶稣基督如今更加清晰可见，因为他是在父里面。上帝的作为[121] 不是来自说服力；反而当世人憎恨基督教的时候，就显出它的伟大来。

第四章

1 我写信给众教会，向众人强调我是自愿为上帝而死的，除非你们阻挡我。我恳求你们不要"不合时宜地恩待"[122] 我。请让我成为野兽的食物[123]，通过他们，我可以到达上帝那里。我是上帝的麦子，要被"野兽"的牙齿压碎，好证明我是纯正的粮。[124] 2 而且，你们最好哄诱那些野兽，叫他们成为我的坟墓，不要留下我身体的分毫，免得我睡去以后成为别人的负担。这样，世人再也看不见我的身体的时候，我就真的是耶稣基督的门徒了。请替我祈求主[125]，使我借着这些工具证明自己是献

---

[120] "西方……东方"，字面意义是日落和日出；注意这两个词在下一句中有一语相关的效果。
[121] "作为"，参《致以弗所人书》14 章 2 节。
[122] "不合时宜地恩待"，明显引自古代谚语"不合时宜的仁慈无异于敌对的行为"。
[123] 食物，大多数版本使用该词。
[124] "粮"，这是爱任纽（Irenaeus）、优西比乌（Eusebius）和哲罗姆（Jerome）所采取的版本；有抄本加上"上帝的"，另有抄本加上"基督的"。
[125] "主"，有抄本作"基督"。

给上帝的祭。3 我不像保罗和彼得那样给你们下达命令：他们是使徒，我是个罪犯；他们是自由的，而我如今却还是个奴隶。然而，只要我受苦，就可以成为属于耶稣基督的自由人，且在他里面起来。在此期间，我身为罪犯，正学习无所欲求。

第五章

1 从叙利亚一路到罗马，经陆地和海洋，在黑夜和白昼，我都一直与野兽搏斗。我被锁链捆绑在十只豹（即一群士兵）中间，他们一旦受到优待，就越发凶狠[126]。然而，由于他们的虐待，我变得更像一个门徒；虽然如此，"我不能因此得以称义。"[127] 2 愿我从那些为我预备的野兽得益。我求主叫他们迅速了结我的生命。我甚至会哄诱他们快快把我吞吃，不像他们对待某些殉道者那样——就是他们过于恐惧而不敢触碰的那些人。倘若我甘心乐意也做好准备，而他们却未准备好，我会勉强他们。3 请宽容我——我知道什么是对我最好的。如今我终于可以开始做门徒了。愿所有看得见的和看不见的都不要嫉妒我，好让我得以到达耶稣基督那里。烈火、十字架，以及与野兽的搏斗、致残、乱砍[128]、扭断骨头、砍断四肢、粉碎全身，还有魔鬼的严刑拷打——愿这一切都临到我身上，只要让我可以到达耶稣基督那里！

第六章

1 无论全地的疆域还是今世的国度，于我都是毫无用处的。对我来说，为耶稣基督而死比统治全地疆域更美好。我寻求那位代替我们而死的；我切慕那位为了我们而复活的。生产的痛苦临到我身上。2 弟兄们啊，请宽容我：不要拦阻我活下去，也不要向往我的死亡。不要把渴望

---

[126] "越发凶狠"，直译作"变得更坏"。
[127] 参《哥林多前书》4:4。
[128] "致残、乱砍"，有抄本作"乱砍和"；另有抄本省略。

归属上帝的人交给世界,也不要用物质来诱惑 ⑫⁹ 他。愿我得着那纯净的光,因为我到达那里的时候,我将会是一个人。3 请允许我效法我上帝的受苦。任何人若是有他在心里 ⑬⁰,但愿他也明白我所切慕的是什么,并且支持我,因他知道有什么在激励着我。

第七章

1 今世的掌权者想要掳掠我,且败坏我对上帝的心意。因此,你们在场的人千万不可帮助他。相反,你们要站在我这一边,也就是站在上帝的一边。你们不可一面谈论耶稣基督,一面贪爱世界。2 不可让嫉妒居住在你们中间。倘若我抵达之后亲自来恳求你们,请不要被我说服;你们反而要相信 ⑬¹ 我现在写给你们的话。尽管我还活着,但正如我写信给你们的 ⑬²,我是倾慕死亡。我的倾慕 ⑬³ 已经钉了十字架,在我里面再没有贪恋物质的火,只有活在我里面和在我里面说话的水 ⑬⁴,在我里面对我说:"到父这里来。"3 我不喜悦会腐败的食物和今生的享乐,只要上帝的饼,那是大卫的后裔、基督的身体;至于喝的,我要他的血,那是永不朽坏的爱。

第八章

1 我不想再按照人的标准来活。你们只要渴望这样做,事情必定如此。你们要如此渴望,好叫你们也被渴望。2 我这里以简短的几句请求你们。你们务必要相信我!耶稣基督必会向你们清楚说明,我所说的都是真

---

⑫⁹ 希腊文的证据在这里是残缺不全的。"诱惑",有抄本作"欺骗"。
⑬⁰ "有他在心里",直译作"在他自己里面"。
⑬¹ "相信……",有抄本作"被……说服"。
⑬² "但正如我写信给你们的",或译"但我写信给你们的时候"。
⑬³ "倾慕",即爱"世界";比较《加拉太书》6:14。
⑬⁴ "活在我里面和在我里面说话的水",这是希腊文抄本的版本;其他证据差异很大。莱特富特怀疑此处是一个古抄本的错误,认为原来的文本保存在 g 抄本:"活水在我里面涌上来"(参《约翰福音》4:10, 14)。至于其他类似的说法,参舒尔德著,《伊格纳修》第 185 页。

话；耶稣基督是不会犯错的嘴唇，天父曾借着他说真实的话。3 请为我祷告，使我得以达到目标。⑬ 我不是照着人的观念写信给你们，而是照着上帝的心意。我若受苦，是你们渴望的；我若遭拒绝，你们必已恨恶我。

第九章

1 请在你们的祷告中记念叙利亚的教会，这教会是上帝替我亲自牧养的。只有基督耶稣可做教会的监督；你们的爱也可做它的监督。2 但我却自觉羞愧，不配被算在他们中间，因为我是他们当中的最后一个，且是未到产期而生的。⑬ 然而，只要我到达上帝那里，我就必蒙怜悯，得以成为不凡的人。3 我的灵向你们问安，众教会也凭着爱心 ⑬ 向你们问安；他们奉耶稣基督的名接待我，而并非只是把我看为一个过路的人。即使不在我路上（就是我实际行走的路线上）的教会，也走在我前面，从一个城市走到另一个城市。

第十章

1 我从士每拿通过以弗所人给你们写下这些话；他们是配得接受祝福的。与我在一起的，有克罗科斯（Crocus）——一个于我至为亲爱的名字——和许多别的信徒。2 关于在我以先从叙利亚到罗马，要进入上帝荣耀的人，我相信你们已经得到消息。请通知他们我也快到了；他们全都配得上帝和你们的恩待 ⑬，所以，你们在各方面要使他们畅快，这是相当合宜的。3 我在九月初一前的第九天 ⑬ 给你们写下这些话。在耶稣基督的忍耐中，别了，直至终局！

---

⑬ "目标"，有抄本加上"借着圣灵"（这是莱特富特［有点犹豫地］参照的版本；他把添加的字词放在括号里）。
⑬ "未到产期而生"，参《哥林多前书》15:8。
⑬ "众教会也凭着爱心"，直译作"众教会的爱心也"。
⑬ 原文无"的恩待"。
⑬ 九月初一前的第九天，即八月二十四日。

致非拉铁非人书

伊格纳修，又名提阿弗若（Theophorus），写信给父上帝和耶稣[140]基督在亚细亚非拉铁非的教会。这教会已经蒙了怜悯，在上帝所赐的合一里稳固地建立起来，在我们主的受苦中有坚定的喜乐；并在他的复活中借着诸般的怜悯坚定相信。我凭着耶稣基督的宝血问候这教会，这教会是永恒而持久的喜乐，尤其当他们与主教、众长老和众执事合而为一的时候；主教、长老和执事都是靠着耶稣基督的心意受委任的，是他按照自己的旨意，借着他的圣灵，安然确立的。

第一章

1 我明白主教领受职分，是为着整个群体，并不是靠着自己的努力，不是借着人，也不是出于虚荣，却是倚靠父上帝和主耶稣基督的爱。我极为钦佩他的宽容忍耐，他在静默中所成就的，比别人凭着空谈[141]所成就的更多。2 因为他与主的诫命调合一致，就如琴与弦调和一样。因此，我的心称颂他敬虔的心思（知道那是品德高尚和完美的）、他坚定的性情，以及不发怒的脾性，是凭着一切属上帝的[142]宽容忍耐而活

---

[140] "耶稣"，有抄本作"主耶稣"。
[141] "空谈"，有抄本在前加上"无意义的"。
[142] "属神的"，或译"敬虔的"。

的人。⑭³

第二章

1 因此,作为真理之光的儿女,你们要远避分门结党和虚假的教导。牧人在哪里,你们也要像羊群一样跟随到那里。2 因为有许多貌似诚实可靠的狼,企图借着罪中之乐⑭⁴,掳掠那些在上帝的竞赛中奔跑的选手;然而在你们的合一当中,他们却无地容身。

第三章

1 你们要远离邪恶的草木,这些都不是耶稣基督所栽培的,因为它们并不是天父所栽植的。⑭⁵并不是我在你们中间发现分门结党的事,相反,你们得到过滤净化。2 所有属于上帝和耶稣基督的人,都与主教在一起;所有悔改并与教会合一的人,都必归属上帝,以至于他们可以效法⑭⁶耶稣基督而活。3 我的弟兄们啊,你们不要受欺骗:人若跟随分裂教会的人,就必不可承受上帝的国。⑭⁷人若坚持外来的观点,就是不赞成主的受难。

第四章

1 因此,你们务必要参与同一个圣餐礼(因为我们只有一个身体,就是主耶稣基督;也只有一个杯,借着他的血让我们达至合一;只有一座祭坛,正如我们只有一位主教,连同与我同做仆人的长老议会和众执事),好叫你们无论做什么,都是按照上帝的旨意⑭⁸去做。

---

⑭³ "他……宽容忍耐而活的人",或作"在永生上帝的一切宽容忍耐里"。
⑭⁴ "罪中之乐",直译作"邪恶的享乐"。
⑭⁵ 参《马太福音》15:13。
⑭⁶ "效法",直译作"按照"。
⑭⁷ 参《哥林多前书》6:9。
⑭⁸ 原文无"的旨意"。

第五章

1 我的弟兄们啊，我洋溢着对你们的爱；当我密切关注你们的平安，我就大大喜乐——但并不是我，而是耶稣基督。尽管我是为他的缘故受锁链捆绑，我还是愈加恐惧，因为我还未得以完全。然而，你们向上帝⁽¹⁴⁹⁾所发出的祷告必定使我完全，使我借着那分儿得蒙怜悯，可以得着那分；因为我避难到福音里，正如到耶稣的身体里，到使徒里，正如到教会的长老里。2 我们也爱众先知，因为他们宣讲福音，把盼望寄托在他身上，并且等候他；他们也相信他而得救，借着与耶稣基督的合一，得成圣徒，配得敬爱和仰慕，已得到耶稣基督的认可，且被纳入我们共同盼望⁽¹⁵⁰⁾的福音之内。

第六章

1 然而，若有人向你们阐述犹太教，你们不要听他。因为听受割礼的人讲述基督教，胜过听未受割礼的人讲述犹太教。但倘若他们都不能讲述耶稣基督，我就把他们看作墓石和死人的坟墓，只有人的名字铭刻在其上。2 因此，你们要逃避今世掌权者邪恶的诡计和圈套，免得你们因他的阴谋而精疲力竭，在爱心上变得软弱。相反，你们众人要一心一意聚集在一起。3 如今我感谢我的上帝，因为和你们交往的时候，我问心无愧，而且没有人可以私下或公开地夸口，说我在某方面是某人的、无论大或小的重担。此外，我祈祷求主使所有听我说话⁽¹⁵¹⁾的人，都不会让我所说的话，成为指控他们的见证。

⁽¹⁴⁹⁾ 有抄本省略"向上帝"。
⁽¹⁵⁰⁾ 参《提摩太前书》1:1。
⁽¹⁵¹⁾ "听我说话"，直译作"我向他们说话"。

第七章

1 从人的角度说,即使有人想欺骗我,圣灵是不会受欺骗的,因为他是从上帝而来;圣灵知道自己从哪里来,往哪里去⑫,且揭露隐藏的事。我和你们在一起的时候,曾大声呼唤,我是以响亮的声音——上帝的声音——来说话:"你们要留心听从主教、长老议会和众执事。"2 有人怀疑我说这些话,是因为我预先知道因某些人而引起的分裂。然而,我为了他的缘故而受锁链捆绑的那位,是我的见证,证明我不是从人那里得知这事。是圣灵亲自在传讲,说了这些话:"凡事都不可脱离主教而行。要保守你们的身体,如同上帝的殿。要爱慕合一,要远避分门结党。要效法耶稣基督,正如他效法他的父一样。"

第八章

1 因此,我为着合一而努力,遵守自己的本分。上帝不会住在有分裂和愤怒的地方。然而,主赦免所有悔改的人,只要他们悔改归向上帝的合一,归回主教的议会。我相信耶稣基督的恩典;他必释放你们脱离一切束缚。2 再者,我劝你们凡事都不要存好争竞的心去做,却要按照基督的教训行事。因为我曾听见一些人说:"倘若我在案卷⑬里没有找到这话⑭,我就不会相信这句话是在福音里的。"当我对他们说:"经上已有记载。"他们就回答我:"那正是问题所在。"然而,在我看来,"案卷"就是耶稣基督,不可侵犯的案卷就是他的十字架、他的死亡与复活,以及借着他而来的信心;靠着这一切⑮,我希望通过你们的祷告可以得称为义。

---

⑫ 参《约翰福音》3:8。
⑬ "案卷",或译"典籍",即现在称为旧约的圣经。
⑭ "这话",直译作"它"。下同。
⑮ "这一切",直译作"这些事"。

第九章

1 祭司也是良善的,但那位受托掌管至圣所的大祭司[156]更是良善;唯独他受托掌管上帝的隐秘事,因为他本身就是父的门[157];通过这门,亚伯拉罕、以撒、雅各、众先知和众使徒,以及教会都得以进入。他们全都[158]在上帝的合一里聚集在一起。2 但福音拥有独特的信息,就是救主我们主耶稣基督的降临,以及他的受苦和复活。备受爱戴的众先知传道,是预言有关他的事[159],但福音是永垂不朽的成就。这一切的事全都是美善的,只要你们凭着爱心相信。

第十章

1 有人向我传话,说上帝应允你们的祷告,且报答[160]你们在基督耶稣里所存的怜悯之心,使叙利亚的安提阿教会和睦了,因此,作为上帝的教会,你们理应委派一位执事做上帝的使者前往,祝贺他们可以聚集在一起,荣耀主的名。2 在基督耶稣[161]里被视为配得承担这等侍奉的人是有福的,你们自己也必得着荣耀。只要你们愿意,为上帝的名去行这事当然并非不可能;事实上,邻近的教会已经差派了主教以及其他长老和执事前往。

第十一章

1 从基利家来的执事斐洛(Philo)是一个有良好声誉的人,就是如今,他也协助我传讲[162]上帝的话语;与他在一起的赖乌(Rhaius)[163]亚

---

[156] 参《希伯来书》4:14—5:10。
[157] 参《约翰福音》10:9。
[158] "全都",直译作"所有这些"。
[159] 参《彼得前书》1:10—12。
[160] "报答",或译"回应"。
[161] "基督耶稣",有抄本作"耶稣基督"。
[162] 原文无"传讲"。
[163] "赖乌",有抄本作"该犹";另有抄本作"利乌"(显然是个颇为陌生的名字)。参《致士每拿人书》10章1节。

加多坡是一个蒙拣选的人,他放弃了今生的生命,从叙利亚跟随我。论到这两个人,他们为你们作见证,我为 ⁽¹⁶⁴⁾ 你们感谢上帝,因为你们接待了他们,像主接待你们一样。然而,愿羞辱他们的人也因着耶稣基督的恩惠得蒙救赎。

2 在特罗亚的众弟兄以爱心 ⁽¹⁶⁵⁾ 向你们问安。我在那里通过巴鲁(Burrhus)写信给你们;巴鲁是和我一起受以弗所人和士每拿人差遣的,作为一个荣誉的标记。主耶稣基督必要赞扬他们;他们借着信心、爱心与和谐,把身、心、灵的盼望,都放在主耶稣基督的身上。在我们共同的盼望基督耶稣里面,再会了!

⁽¹⁶⁴⁾ "为",直译作"代表"。
⁽¹⁶⁵⁾ "以爱心",直译作"的爱心"。

致士每拿人书

伊格纳修,又名提阿弗若(Theophorus),写信给亚细亚的士每拿教会,就是父上帝和亲爱的耶稣基督的教会。这教会获上帝宽厚的怜悯,得着各样属灵的恩赐,充满信心和爱心,在任何一样属灵恩赐上都无所缺乏,最配得上帝的称赞[166],披戴圣洁。我以无亏的[167]灵和上帝的话语,致以深切的问候。

第一章

1 我归荣耀给耶稣基督——他是使你们大有智慧的上帝——因为我看见你们在不可动摇的信心上得建立,仿佛身体和灵魂都钉在主耶稣基督的十字架上,借着基督的血在爱中得以牢固,完全信服有关我们主的事:按肉身说,他确实是属于大卫家族的;论到神圣的旨意和权能[168],他确实是由童贞女所生,是上帝的儿子,且为要成全诸般的义,接受约翰的施洗;[169] 2 他确实在本丢·彼拉多和分封王希律的手下,为我们在肉身内被钉(从它的[170]果子,就是从他神圣而蒙福的[171]受苦,我们得以

---

[166] 原文无"的称赞"。
[167] "无亏的",直译作"无可指责的"。
[168] 有抄本在"权能"前加了"上帝的"。
[169] 参《马太福音》3:15。
[170] "它的",即十字架的。
[171] "蒙福的",或译"当受称颂的"。

存在),以至于他可以为教会合一身体里的圣徒和忠心子民,无论犹太人⑫还是外邦人⑬,借着他的复活,为万世竖立旌旗。

第二章

1 他为我们的缘故承受这一切的苦难,好叫我们可以得救。⑭他确实受过苦难,正如他确实已经复活⑮一样;并非如一些非信徒所说,他只是看似受苦。(他们才是看似存在呢!)确实,他们的命运将由他们的思想来决定:他们必变为没有肉体,恍似鬼魅。

第三章

1 我知道且相信,即使是复活以后,他还是在肉身当中。2 当他临到彼得、和跟彼得在一起的人那里,就对他们说:"你们握住我,触摸我,留心看我并不是没有肉体的鬼魅。"⑯于是,他们马上触摸他,就相信了,且与他的血⑰和肉紧密地联合在一起。正因如此,他们也轻看死亡;事实上,他们都证实自己⑱是超越了死亡⑲。3 复活以后,他与他们一同吃喝,就像有血有肉的⑳人一样,尽管他在灵里已经与圣父合而为一㉑。

---

⑫ "犹太人",直译作"犹太人中间的"。
⑬ "外邦人",直译作"外邦人中间的"。
⑭ 有抄本中省略"好叫……得救"这句。
⑮ "已经复活",直译作"使他自己起来"。
⑯ 参《路加福音》24:39;据说,(现在已失传的)《希伯来福音》和《彼得的教义[或译:讲道]》也包含与此相同的(或非常相似的)语句。
⑰ "血"有作"灵"。
⑱ 原文无"自己"。
⑲ "超越了死亡",直译作"比死亡更大"。
⑳ "有血有肉的",直译作"由肉体组成的"。
㉑ "合而为一",或译"联合"。

第四章

1 亲爱的朋友啊，我知道你们有同样的心思[182]，所以现在以这些话[183]劝勉你们。但我预先警戒你们要防范那些披着人皮的[184]野兽；那些人你们不但不要接待，倘若可能，就连见面也要避免。虽然如此，你们仍要为他们祷告，说不定他们会悔改，尽管这会是困难的事。然而，耶稣基督——我们真正的生命——有权掌管这事。2 倘若我们的主只在表面上行了这些事，那么我也只是在表面上受锁链的捆绑而已。再说，我为什么要屈服于死亡、火焰、刀剑和野兽呢？然而，无论如何，"靠近刀剑"就意味着"靠近上帝"，"与野兽同在"就意味着"与上帝同在"。只愿借着耶稣基督的名，让我可以与他一同受苦！我凡事忍耐，因为他作为[185]完全人，必亲自赐我力量。

第五章

1 有些人愚昧地否认他，更确切地说，是被他所否认，因为他们是死亡而不是真理的拥护者。先知的预言和摩西的律法都没有说服他们，迄今，主的福音和我们各人的受苦也没有说服他们，2 因为他们对我们有同样的想法。[186]倘若有人称赞我，却亵渎我的主，不承认他是披戴肉身的，那对我[187]又有何益处呢？有谁不承认这点，就是全然否认他，是披戴死亡。3 由于他们是非信徒，因此我认为记录他们的名字，看来是不值得的。实际上，我甚至完全不想提起他们，直至到了一个时候，就

---

[182] 原文无"心思"。
[183] "这些话"，直译作"这些事"。
[184] "披着人皮的"，直译作"人形的"。
[185] "作为"，有抄本作"成为"。
[186] 也就是说，他们对伊格纳修受苦的意见与对基督受苦的意见一样：那都是"只在外表上而已"。
[187] "倘若有人……那对我"，有抄本作"倘若有人……他对我"。

是他们愿意对主的受难回心转意[188]的时候；主的受难就是我们的复活。

第六章

1 但愿没有人被蒙骗。若不相信基督[189]的血，甚至是天上的活物、天使的荣耀，以及看得见和看不见的掌权者，也都要服在审判之下。"这话谁能领受，就领受吧。"[190] 但愿高位不会令人骄傲，因为信和爱才是一切，没有别的比信和爱更可取。

2 有些人对耶稣基督那临到我们的恩典持歧异的主张，你们要提防[191]他们；要注意他们与上帝的心意是多么的相背。他们不关注爱心，不关心寡妇、孤儿，不关心被欺压的、被囚的和得释放的人[192]，也不关心饥饿和干渴的人。[193] 他们禁绝圣餐和祈祷，因为他们不承认圣餐的饼就是我们救主耶稣基督的肉身；这肉身为我们的罪受苦，而且圣父借着自己的良善使这肉身复活[194]了。

第七章

1 因此，那些拒绝上帝恩赐的人，就在他们的爱争论中灭亡了。爱是对他们更加有益的，好让他们也可以复活[195]。2 因此，你们应当避开这样的人，无论私下或当众都不要谈论他们。然而，要留意众先知所说的话[196]，尤其是福音；主的受难已经在当中向我们阐明，主的复活也已经成就。

---

[188] "回心转意"，直译作"改变主意"。
[189] 有抄本在"基督"后添加"——就是上帝——"；莱特富特"极为犹豫地"在出版时把这短语放在括号里（《使徒教父》2.2.303）。
[190] 《马太福音》19:12。
[191] "提防"，直译作"留心"。
[192] 有抄本省略了"和得释放的人"这个短语，莱特富特的译文也照样省略了（这短语在希腊原文中是放在括号内的）。
[193] 某些抄本从这里开始第7章。
[194] "复活"，直译作"把它抬起"。
[195] "复活"，直译作"起来"。
[196] 原文无"所说的话"。

第八章

1 你们要远避分裂，视之为罪恶的开端。[197] 你们所有人都必须效法主教，正如耶稣基督效法天父一样；也要效法众长老，正如效法众使徒一样；还要敬重众执事，正如敬重上帝的命令一样。但愿没有人在没有主教的情况下，做任何与教会有关的事。唯有在主教或他亲自选定的人所施行的圣餐礼，才可算为确定的。2 主教无论在哪里出现，会众都要在那里聚集；正如基督无论在哪里，都有大公[198]教会在那里。在没有主教的情况下施洗或举行爱筵[199]都是不容许的。然而，凡他所赞同的，也都是上帝所喜悦的，好叫你们所做的一切都是可信而确定的。

第九章

1 最后，我们趁着还有时间悔改和归向上帝的时候，就理应醒悟过来。承认上帝和主教，是美好的事。尊重主教的人，也受上帝尊重；在主教不知晓的情况下做任何事的人，就是服侍魔鬼。2 因此，愿万物在恩典中丰丰富富地归于你们，因为你们是配得的。你们在各方面都使我舒畅，耶稣基督也必使你们舒畅。无论我是否在你们那里[200]，你们都爱我。上帝就是你们的赏赐；[201]只要你们为他的缘故凡事忍耐，你们就必能到他那里去。

---

[197] 某些版本在这里结束第 7 章。
[198] 此处的"大公"一词是第一次出现在基督教文献里。在后期的用法中（到了约 200 年），"大公"这个词成了一个专门术语，特指"大公教会"，相对于异端的派别，但此用语在这里是用来表达"普世的"或"普遍的"的意思（因而这形容词可以连于"复活"或"拯救"等字词，也可以连于"教会"），或解作"全体的"（表示组织上的统一或完整的意思）；参莱特富特著，《使徒教父》2.2.310—12；舒尔德著，《伊格纳修》第 243—244 页。
[199] "爱筵"（希腊原文是 ἀγάπη；参《犹太书》12）或"团契聚餐"是一种会众的聚餐，期间（几乎肯定）会在某个时段进行圣餐的仪式（参《哥林多前书》11：17—34）。
[200] "无论我是否在你们那里"，直译作"在我的缺席和同在中"。
[201] "上帝就是你们的赏赐"，这是 P 抄本的版本，希腊原文作 ἀμοιβη。莱特富特和许多其他的编者则参照 L 抄本，修复为 ἀμείβοι，解作"愿上帝赏赐你们"。

第十章

1 接待斐洛（Philo）和赖乌（Rhaius）、[202]亚加多坡（Agathopus）的事，你们做得很好。他们为了上帝的缘故跟随我做上帝[203]的执事[204]。他们也为你们感谢主，因为你们在各方面都使他们舒畅。你们必定不会亏损任何东西！2 愿我的灵代替你们，还有捆绑我的锁链；你们并没有鄙视这些锁链，也没有因它们感到羞耻。那完美的盼望[205]——耶稣基督——也必不因你们感到羞耻。

第十一章

1 你们的祷告已经到达叙利亚的安提阿教会。既从那里来到，我在上帝最为喜悦的锁链中向你们各人问安，但[206]我不配作为从那里过来的人，因为我是他们中间最小的。然而，按照神圣的旨意，我被视为配得的，不是由于我自己意识得到，而是靠着上帝的恩典。我祈求上帝将这恩典完完全全地赐给我，使我借着你们的祷告，可以到上帝那里去。2 因此，为使你们的工作在地上和在天上都得以完全，你们教会应当为了上帝的荣耀，委派一位敬虔的使者到叙利亚去祝贺他们，因为他们已经和睦，已经重拾他们固有的声望，他们的群体生活也已经回复到应有的状态。3 所以，你们应当差派你们[207]当中一人送信，让他可以加入，赞美那借上帝旨意临到他们的平静。我认为这是一件值得上帝赞扬的事。[208]因为多亏你们祷告，他们现在已经抵达安全的港湾。你们既然是

---

[202] "赖乌"，有抄本作"该犹"，另有抄本作"利乌"。参《致非拉铁非人书》11 章 1 节。
[203] "上帝"，有抄本作"基督上帝"；莱特富特的版本作"基督［上帝］"。
[204] "执事"，或作"牧师"，或作"仆人"。
[205] "盼望"，有抄本作"信心"。
[206] "但"，直译作"尽管"。
[207] 原文有"自己人"。
[208] "值得上帝赞扬的事"，有抄本作"有价值的事"。原文无"赞扬"一词。

完全的，你们的想望也要完全㉙，因为只要你们愿意行善，上帝就乐意帮助你们。

第十二章

1 特罗亚的弟兄以爱心㉚向你们问安。我正从那里通过巴鲁（Burrhus）写信给你们；巴鲁是你们和你们的以弗所弟兄差遣到我这里来的。他在各方面都使我舒畅。愿众人都效法他，因为他是服侍上帝的楷模。他必在各方面得到恩典的赏赐。㉛ 2 我向极为配得上帝称赞㉜的主教问安，还有敬虔的众长老㉝，以及与我同做仆人的众执事和你们众人；我奉耶稣基督的名向你们致以个别和集体的问安，是凭着他的血肉，靠着他的受苦和复活（那既是肉身也是属灵的复活），并且与上帝以及与你们合而为一。愿恩惠、怜悯、和平与忍耐永远归于你们。

第十三章

1 我向众弟兄的家庭，连同他们的妻子和儿女问安；还有被称为寡妇的贞洁妇人㉞。我借着圣父㉟的权能与你们道别了。与我在一起的斐洛向你们问安。2 我问候戈维亚（Gavia）㊱的家人，并且祈求上帝使她的肉身和灵魂，都在信心与爱心里面根基稳固。我个别向亚尔开（Alce）——我极为亲爱的名字，还有无与伦比的达甫努（Daphnus）、尤推古努（Eutecnus）以及其余各人问安。在上帝的恩典中，再会了！

㉙ 参《腓立比书》3:15。"你们的动机也要完全"，或作"就要以那完全的为目标"。
㉚ "以爱心"，直译作"的爱心"。
㉛ "他必在各方面得到恩典的赏赐"，直译作"恩典必在各方面赏赐他"。
㉜ 原文无"称赞"。
㉝ "众长老"，直译作"长老议会"。
㉞ "贞洁妇人"，直译作"处女"。
㉟ "圣父"，有抄本作"圣灵"。
㊱ "戈维亚"，有抄本作"他维亚"（Tavia）。

致波利卡普书

伊格纳修，又名提阿弗若（Theophorus），写信给士每拿教会的主教波利卡普，更确切地说，他是有父上帝和主㊗耶稣基督做他的监督。谨此致以最衷心的问候。

第一章

1 我极其赞赏你敬虔的心志，这心志宛如建基在不可摇动的磐石上一样。我赞美你的话超越了一切界限，因我被视为配得见你无可指责的面。愿我因此在上帝里面充满喜乐！㊘

2 我叮嘱你靠着所披戴的恩典，在你的赛跑中奋力前进，且勉励众人，好叫他们也可以得救。你要公正对待你的会众㊙，时常关心他们身体和属灵的状况。要注意保持合一，因为这是好得无比的。主怎样宽容你，你也要怎样宽容众人；要在爱中凡事忍耐，正如你现在所做的。

3 你要全人投入，不住地祷告；求主给你更大的悟性，超乎你所拥有的。要保持警觉，毫不懈怠㊚。与人单独说话，要遵照上帝的榜

㊗ 有抄本省略"主"。
㊘ 此句直译作"愿这事在上帝里面给我带来喜乐！"
㊙ "会众"，直译作"职分"。
㊚ "毫不懈怠"，直译作"以不休息的灵"。

样[221]。要像健全的[222]运动选手一样，忍受各样的病痛[223]。事工越多，收获就越大。

第二章

1 你若单[224]爱良善的门徒，就没有可称赞的。你更要以温柔的心使较麻烦的门徒学会顺服。正所谓[225]"对症下药"[226]，"以柔制刚"[227]。2 在任何情况下都要"机警如蛇"，也要保持"纯真如鸽"。[228] 为此，你本质上既有身体，也有灵魂[229]，使你可以存温柔的心，面对周遭的一切。[230] 然而，你要祈求上帝将隐藏的[231]事向你显明，好叫你一无所缺，且充充足足地得着各样属灵的恩赐。3 这个时代需要你来到上帝面前，正如领航员需要风，飘摇在风暴中的海员需要港湾一样。作为上帝的运动选手，你要清醒。你的奖赏是不朽的品格[232]和永恒的生命，这是你已经深信不疑的。愿我在各方面都代替你，成为赎价；还有我所受的捆绑，就是你所爱慕的，也作你的赎价。

第三章

1 不要容让那些看似诚实可靠，却讲授怪异教训的人迷惑[233]你。要站稳，像被铁锤击打的铁砧一样。伤痕累累却依然得胜，是伟大的运动

---

[221] "遵照……榜样"，或作"在信仰上敬虔一致"。
[222] "健全的"，直译作"完全的"。
[223] "病痛"，直译作"疾病"。
[224] 原文无"单"。
[225] 原文无"正所谓"。
[226] "对症下药"，直译作"不能用相同的疗法医治各样的创伤"。
[227] "以柔制刚"，直译作"冷敷布可以舒缓灼热"。
[228] 《马太福音》10:16。
[229] "既有身体……灵魂"，直译作"既是物质的，也是属灵的"。
[230] "面对周遭的一切"，直译作"处理任何出现在你面前的事"。
[231] "隐藏的"，直译作"看不见的"。
[232] "不朽的品格"，或译"不腐败的特质"。
[233] "迷惑"，直译作"困扰"。

选手的标记。然而，为了上帝的缘故，我们要分外忍耐，凡事容忍，好让他也容忍我们。2 你要格外殷勤[234]。要了解各个时代。怀抱盼望去等候超越时间的那一位。他是那永恒的，看不见的，却为我们的缘故成为看得见的。他是那不能触摸的[235]，无人能使他受苦[236]，但他却为我们的缘故而受苦，为我们的缘故凡事忍耐。

第四章

1 不要忽视寡妇，你要仿效主做她们的守护者。凡事必须得到你的许可才可执行，你自己也不可在没有上帝的许可[237]之下做任何事；事实上，你并没有擅自行事。要站稳。2 要更频繁地举行聚会；要叫得出每个人的名字。[238] 3 为奴的无论是男是女，你都不可轻蔑他们，但也不可让他们变得骄傲自满；相反，要叫他们为了上帝的荣耀而更加忠心服侍，好使他们从上帝那里获得更美好的自由。他们不当在损害教会的情况下强烈地渴望得自由，唯恐他们成为贪欲的奴隶。

第五章

1 要远避邪恶的习俗；不但如此，最好还要传讲远避恶俗的训诫。吩咐我的众姊妹要爱主，且在肉身和灵魂上都以她们的丈夫为满足。同样地，你要奉耶稣基督的名吩咐我的众弟兄要爱妻子，正如主爱教会一样。[239] 2 若有人能够为了荣耀主的肉身而持守贞洁，就让他这样持守下去，不可夸口。若是夸口，他就是失丧的；倘若这

---

[234] "格外殷勤"，直译作"比你现在更加殷勤"。
[235] "不能触摸的"，或译"无形的"。
[236] "无人能使他受苦"，直译作"不受苦的"。
[237] "上帝的许可"，有抄本作"上帝"。
[238] "叫得出每个人的名字"，直译作"按名字找出各人"。
[239] 参《以弗所书》5：25，29。

事除了主教之外，还被其他人知晓，他就受亏损[240]了。要结婚的男人和女人征得主教的同意而结合，这是合宜的，这样他们的婚姻就是遵照主的旨意[241]，不是由于自己的情欲。凡事都要为上帝的荣耀而行。

第六章

1 要留意主教的嘱咐[242]，好叫上帝也留意你们的祈求[243]。我替那些顺服主教、众长老和众执事的人作了赎价。 在上帝面前[244]，愿我获赐他们中间一个位置！作为上帝的管家、助手和仆人，你们要彼此[245]操练：一同努力奋斗，一同奔跑，一同受苦，一同歇息，一同起来[246]。2 对你们作为士兵所服侍的那位，你们要讨他喜悦，从他那里领取[247]报偿[248]。愿你们当中没有擅离职守的人。你们要以洗礼当作护盾，以信当作头盔，以爱当作枪矛，以忍耐当作铠甲。你们要以行为作存款，以致最后能领取到应得的储蓄。[249]因此，上帝怎样以忍耐温柔待你们，你们也要怎样以忍耐温柔彼此相待。愿我常常因你们[250]得着喜乐。

---

[240] "受亏损"，直译作"被毁灭"。
[241] 原文无"的旨意"。
[242] 原文无"的嘱咐"。
[243] 原文无"的祈求"。
[244] "在上帝面前"，有抄本作"在上帝里面"。
[245] 原文有"一同"。
[246] "起来"，或译"起床"。
[247] "领取"，有抄本作"将领取"。
[248] "报偿"，或译"工资"。
[249] "存款……储蓄"，这里是接续前三句以军队做譬喻。士兵被授予赏金的时候，军队只付给他们一半的金额，余额会归算到他们的账户上。等到光荣退役的时候，这些"存款"就会成为他们当得的"储蓄"。
[250] "因你们"，直译作"在你们里面"。

第七章

1 我已经得悉，叙利亚的安提阿教会借你们的祈祷得享平安㉕¹。因此，我也在上帝所赐的、免于忧虑的自由中，受到更多的鼓励。当然，我必先通过受苦到达上帝那里，且借着你们的祈祷证明我是一个门徒。㉕² 2 波利卡普啊，（你是何等蒙上帝赐福！）你去召集一个最能取悦上帝的会议，并且任命你们认为特别可爱㉕³且果断刚毅的人，就是有资格称为上帝的送信员的，委派他到叙利亚去，叫他可以赞扬你们坚定的爱，使上帝得着荣耀。这样做的确是恰当的。3 基督徒没有权柄掌管自己；他反而将自己的时间奉献给上帝。这是上帝的工作；你们完成之后，这也将会是你们的工作。因为我相信，你们凭着恩典，已经为服侍上帝的善工做好准备。我只是略略劝诫你们，因我知道你们是真挚虔诚的㉕⁴。

第八章

1 我即将照着上帝旨意的命令，从特罗亚坐船到尼亚波利；由于㉕⁵我未能写信给所有的教会，所以你务要写信给这边㉕⁶的众教会，正如明白㉕⁷上帝心意的人一样，好让他们也照样去做。那些能够做到的，应当派遣信使，经由你所差派的人，寄送剩余的信件；这样，你们就可以因不停息的㉕⁸作为而得着赞许——因为你是配得

㉕¹ "得享平安"，直译作"处于和平状态"。
㉕² "借着你们的祈祷（αἴτησει）……门徒"，有抄本作"在复活中（ἀνάστασει）……你的门徒"。
㉕³ "可爱"，直译作"亲爱"。
㉕⁴ "你们是真挚虔诚的"，直译作"你们极其真诚"。
㉕⁵ "由于"，有抄本作"所以，由于"。
㉕⁶ 这边，也就是叙利亚的安提阿；伊格纳修记念在士每拿和安提阿之间的教会：以弗所、马内夏、他拉勒（他自己已经能够与非拉铁非教会联系）。
㉕⁷ "明白"，直译作"拥有"。
㉕⁸ "不停息的"，或译"不朽的"。

如此赞许的。

2 我按着名字向众人问安，包括伊皮特罗普斯（Epitropus）的寡妇，连同她全家以及她儿女的全家。我向我亲爱的朋友亚塔路（Attalus）问安。我向那将被派往叙利亚去的弟兄问安。恩惠必常与他同在，也常与差派他的波利卡普同在。3 我与你们告别了，一贯地在我们的上帝、耶稣基督里；愿你们常在他里面合而为一，蒙上帝的眷顾。我向亚尔开问安——亚尔开是我极其亲爱的名字。在主里面再会了。

波利卡普致腓立比人书

导　读

　　本书没有一份完整的抄本传流下来。有九份较后期的希腊抄本，但都是来自一份抄本，其中最重要的一份是11世纪的梵蒂冈抄本，在第9章第2节后接上《巴拿巴书信》第5章第7节。优西比乌保留了第9章及第13章（除了最后一句）的希腊文文本（《教会史》3.36.13—15）。此外有少量教父留下来叙利亚文的引句，其余有一份全文完整的拉丁文版本，可能是基于比现有希腊文抄本更古老的文本，然而这版本有一部分是意译希腊文文本的内容。

　　不少学者认为此书是由两封书信集合而成，原来只有十二章(1.2—12.3)，其余为第二封信，原因是在本书第13章，作者忽然改变了讨论方向，开始一个与安提阿主教伊格纳修有关的全新的题目。另一支持的论据是在第3章作者表明写这书的目的，是要鼓励腓立比人要秉持公义，然而第13章却记载了另一完全不同的写作目的，应伊格纳修和腓立比信徒的要求，将伊格纳修信件的抄本，送到腓立比教会去，因此有可能第13章只是伊格纳修信件抄本的"封页信函"；有人认为第14章是属于第一封信（如Jefford），也有人认为是属于第二封信（如Harrison），核无定论。

　　有学者（如Harrison）认为首12章是在伊格纳修信件的"封页信函"写成约20年后才附加上去，那时伊格纳修已是知名的殉道士(9.1)，若第7章第1节称诺斯替主义的领袖为"撒但的长子"是指马西昂

(Marcion, 100—165)，第二封信可能写于 120—155 年间。这假说虽有其吸引人的地方，但晚近学者（如 Schoedel）认为本书所针对的异端，并不属于马西昂特有的教训；信中对伊格纳修的怀念 (1.1, 9.1)，表明伊氏去世不久，不可能是十几二十年之后才写的。同时对将此书看为是两封书信的合成的说法，提出质疑，认为这是一封完整的信函并非不可能的。

作　者

本书的作者自称是波利卡普 (1.1)。波利卡普是 2 世纪士每拿的主教 (70—156)，根据优西比乌（《教会史》5.20.4—8）引述波利卡普门生爱任纽 (Irenaeus) 及爱任纽（《驳异端》3.3.4）自己的记载，他是使徒约翰的门生，并且是约翰立他为士每拿的主教。使徒约翰写《约翰福音》，是针对当时诺斯替主义的，波利卡普同样参与这场正统和异端的斗争，特别是针对当时诺斯替主义的领袖马西昂。然而，亦有学者（如 Schoedel）质疑波利卡普是约翰的门徒这一说法。此外，根据优西比乌引述爱任纽的记载（《教会史》5.24.14—17），波利卡普曾与早期罗马主教雅尼塞图斯 (Anicetus, 约 154—165) 辩论复活节究竟是哪一天。他后来为主殉道，终年 85 岁（约 155—160，见《波利卡普殉道记》）。伊格纳修曾写信给波利卡普（见《伊格纳修致波利卡普书》）。一般相信，波利卡普曾受伊格纳修的感染，对他推崇备至（见 9 章），亦收集了他所写的信件。波利卡普在小亚细亚的教会中颇负盛名。传统记载波利卡普为多产作家，然而，现传的就只有这本《波利卡普致腓立比人书》。晚近学者认为他的门生爱任纽在他自己的著作中（如《驳异端》4.27.1—4.32.1）保留了波利卡普部分的教导。5 世纪初有《波利卡普生平》(*A Life of Polycarp*) 一书面世，内容是关于这位主教的生平事迹，但部分内容是虚构的，是为褒扬及记念这位主教而写的。

写作时间及地点

根据优西比乌的记载（《教会史》5.20.7—8），爱任纽曾提说，波利卡普写有多封书信致不同的教会，但现存只有这封致腓立比人书。本书有可能是由两封书信合成：第 13 章（可能连第 14 章）写于较早期，在伊格纳修未殉道之前，见第 13 章第 2 节（107 年），首 12 章（可能连第 14 章）大概写于伊格纳修殉道后不久。按此理解，本书是完成于约 107—108 年。然而，我们不能完全确定第 9 章第 1 节提及伊格纳修时（参 1.1），他是否已殉道。无论如何，此书的写作日期难以确定，写作地点大概是在士每拿。

写作目的

本书在神学上与保罗的教牧书信十分相似。本书属训勉类书信。波利卡普写此书，是回应从腓立比教会来的信函（参 3.1，13.1）。波利卡普勉励教会要在信念和行为表现上保持一致和完整，波利卡普深信错误的行为表现，是基于错误的信念，而错误的信念必定带来错误的行为表现。首 12 章（并 14 章）是作者应读者之邀（3.1），撰写有关公义这一主题："公义"不只是理念上，也是生活表现上的。第 13 章是《伊格纳修书信》的封页信函。对波利卡普来说，爱心完成公义的命令（3.3），这包括爱上帝、爱基督和爱邻舍，爱金钱却是万恶之根（9.2）。此书另一目的，是要针对那在腓立比教会中曾做长老的瓦伦斯（Valens，10—11 章）。有关"公义"的关注与瓦伦斯的贪财，两者之间的关系仍颇具争议的问题，有人认为毫无关系（如 Harrison），也有人认为重点在针对瓦伦斯，他的贪财显出他的不公义（如 Steinmetz），也有人认为重点应在"公义"，腓立比教会的纯洁与合一会被瓦伦斯破坏（如 Maier）。

内容概要

本书首 11 章主要说明何谓公义的生活，作者称赞腓立比教会的信心和忍耐，并且为主耶稣基督多结果子（1 章），鼓励他们要以敬畏的心真诚地服侍主，谨守主耶稣的诫命，撇弃各种不义（2 章）。第 3 章开始，他阐释何谓公义。首先作者声言他是根据使徒保罗书信中的教导，以盼望和爱心作为完成公义诫命的原则（3.3）。接着作者教导作为妻子、寡妇（4 章）、执事（5 章）、年轻人、处女（5 章）、长老（6 章）合宜的生活方式和表现，以宽恕和服侍的心彼此相待。作者警告信徒谨防异端的教训，特别是"凡不承认耶稣基督是成为肉身的，都是敌基督"（7.1；参《约翰一书》4：2—3），"凡不承认十架的见证，都是属魔鬼的"（7.1；参《约翰一书》3：8），这些异端的教导，否定复活和审判，信徒必须谨守从起初所接受的信念（7.2），效法基督的忍耐，以及他的众仆人们为义受苦为榜样，坚持到底（8—9 章）。信徒间要彼此相爱，在真理上合一（这关注亦见于《伊格纳修书信》），若有行善的力量，便当去作（参《箴言》3：27），叫基督的名，不会因他们的恶行被毁谤。此书十分强调施舍救济穷乏者的重要（如 6.1—2）。要谨慎自守（10 章），要防范那曾做长老的瓦伦斯（Valens），他因贪财而偏离真道，使教会的稳定受到威胁（11 章）。最后波利卡普以祝愿作为此信的结束，并且勉励信徒要为众圣徒及一切在位者祷告（12 章）。第 13 章是腓立比教会所希望得到伊格纳修的信件，将与此信一起送去给他们。在结束时（14 章），作者推荐送信人革勒士（Crescens），称他的品格是无可指摘的。

有别于《巴拿巴书信》，作者甚少引用旧约，包括《诗篇》、《箴言》、《以赛亚书》、《耶利米书》和《以西结书》。引用福音书材料也不多，在引用福音书传统时，多是出自《马太福音》。内中引用不少新约书信，例如《彼得前书》（1.3 引《彼得前书》1：13；2.2 引《彼得前书》

3:9)、《提摩太前书》(4.1 引《提摩太前书》6:10)，及其他保罗书信（如 11.2 引《哥林多前书》6:2，12.71 引《腓立比书》3:18)，作者将自己与保罗相提并论，他写此书，犹如保罗曾写书信给各教会 (3.1—2)。本书不下 15 处旁索《克莱门一书》，并且引用波利卡普自己所收集的《伊格纳修书信》。

补充参考

P. N. Harrison, *Polycarp's Two Epistles to the Philippians.* Cambridge: CUP, 1936; P. Steinmetz, 'Polykarp von Smyrna über die Gerechtigket,' *Hermes* 100 (1972): 63 – 75; Harry O. Maier, 'Purity and Danger in Polycarp's epistle to the Philippians: The Sin of Valens in Social Perspective.' *Journal of Early Christian Studies* 1 (1993): 229 – 247.

正　文

祝　辞

波利卡普与和他在一起的众长老，写信给寄居在腓立比的上帝的教会。愿怜悯与平安从全能的上帝和我们救主耶稣基督丰丰富富地归给你们。

第一章

1 我在我们主耶稣基督里与你们一起大大欢喜，因为你们接待了那些能展现真爱的人①，并且按照你们认为合宜的②，一路上帮助那些配得起被锁链捆绑的人，那些锁链是真正被上帝和我们主拣选之人的荣耀冠冕；2 也因为你们在信仰上根基稳固，从最初就得享美誉，并且坚持不懈，为我们主耶稣基督结果子，他为我们的罪忍受苦难，甚至面对死亡，"上帝却将阴间的痛苦解除了，使他复活。"③ 3 "虽然你们没有见过他，却因信他而有说不出来、满有荣光的喜乐"④ —— 许多人都渴望经

---

① "真爱的人"，直译作"真爱的复制品"；指伊格纳修和他的同伴。
② "按照你们认为合宜的"，或作"趁着你们有机会"。
③ 原文 ὃν ἤγειρεν ὁ θεός, λύσας τὰς ὠδῖνας τοῦ ᾅδου，与西方经文类型（D, it）的《使徒行传》2:24相若（参 GNT；ὃν ὁ θεὸς ἀνέστησεν λύσας τὰς ὠδῖνας τοῦ θανάτου；和合本修订版作"上帝却将死的痛苦解除，使他复活……"）。
④ 《彼得前书》1:8。

历这样的喜乐，因为知道"你们得救是本乎恩，并不是出于行为"⑤，而是由于上帝在耶稣基督里传达的旨意。

第二章

1 "因此你们要做好准备⑥，存敬畏的心侍奉上帝"⑦，并且持守真理，撇弃空洞的虚谈和群众的错谬，并且"信那叫他"——我们主耶稣基督——"从死里复活，又赐给他荣耀"⑧和自己右边的宝座的那位；并叫天上和地上的万物都归服于他⑨，凡有气息的都要服侍他，他将要驾临，"作审判活人、死人的审判者"⑩，上帝要向悖逆他的人追讨他所流的血。⑪2 然而，"那叫他从死里复活的，也必叫我们复活"⑫，只要我们遵行他的旨意，遵守他的命令，爱他所喜爱的，远离任何不义、贪婪、贪财、毁谤和假见证，并且"不以恶报恶，不以辱骂还辱骂"⑬，也不以击打还击打，不以咒诅还咒诅，3 反而常常记念主曾经教导说："你们不要论断人，免得你们被论断；饶恕人，就必蒙饶恕；怜恤人，就必蒙怜恤；你们用什么量器量给人，人也必用什么量器量给你们"⑭；还有，"贫穷的人和为义受逼迫的人有福了，因为上帝的国是他们的。"⑮

---

⑤ 参《以弗所书》2∶5，8—9。
⑥ "做好准备"，直译作"束上腰带"。
⑦ 参《彼得前书》1∶13；《诗篇》2∶11。
⑧ 参《彼得前书》1∶21。
⑨ 参《哥林多前书》15∶28，腓2∶10；3∶21。
⑩ 《使徒行传》10∶42。
⑪ 参《路加福音》11∶50—51。
⑫ 参《哥林多后书》4∶14。
⑬ 参《彼得前书》3∶9。
⑭ 参《马太福音》7∶1—2（《路加福音》6∶36—38）；《克莱门一书》13 章 2 节。
⑮ 《路加福音》6∶20 和《马太福音》5∶10；参《马太福音》5∶3。

第三章

1 弟兄们，我写信给你们讲论公义，不是出于主动，而是因为你们邀请我。2 因为无论是我还是其他像我的人，都不能在智能上与蒙福而伟大的保罗同日而语。他在你们中间的时候，在那个时代的人面前⑯，他准确而可靠地教导真理的道。他不在你们当中，就给你们写信⑰。只要细心查考保罗的书信，你们就能够在信心上建立自己；这信心已经赐给了你们，3"她是我们众人的母亲"⑱，随之而来是盼望，至于在前面领路的，是对上帝、基督和邻舍的爱。凡是专心去做这些事情的人，都已遵守了公义的诫命，因为有爱心的人就远离一切罪恶。

第四章

1 "然而，贪财是万恶之根。"⑲因此，既然知道"我们没有带什么到世上来，也不能把什么带走"⑳，就让我们以"仁义的兵器"㉑装备自己，也让我们首先教训自己遵从主的命令。2 然后，你们要教导妻子继续持守所传给她们的信心、爱心和纯洁的心，忠贞不渝地珍爱自己的丈夫㉒，也要庄重、平等地去爱所有的人，还要教导孩子们，叫他们敬畏上帝。㉓3 寡妇必须严肃地思想自己对主的信心，不断为众人祈祷，远避所有诽谤、中伤、作假见证、贪财和任何形式的败坏，要知道她们

---

⑯ 参《使徒行传》16:12。

⑰ "信"原文为复数（ἐπιστολάς）；有时复数的数式也可指单一的文件。

⑱ "她是我们众人的母亲"指信心；《加拉太书》4:26。

⑲ 参《提摩太前书》6:10。

⑳ 参《提摩太前书》6:7。

㉑ 参《哥林多后书》6:7；《罗马书》6:13。

㉒ 参《克莱门一书》1章3节。

㉓ "还要教导……敬畏上帝"，直译作"还要以敬畏上帝的管教教导孩子们"；参《克莱门一书》21章6—8节。

是上帝的祭坛，所有供献的祭品㉔都要经过仔细察验㉕，无论是思想、动机㉖，还是"心里的隐情"㉗，没有一样可以不被他发觉。

第五章

1 因此，我们既知道"上帝是轻慢不得的"㉘，行事为人就应该与他的诫命和荣耀相称。2 同样地，执事㉙在上帝的公义面前必须是无可指责的，他要作上帝和基督的执事，不是做人的执事；不毁谤，不虚伪㉚，不贪爱金钱，凡事自制，有同情心，殷勤做工，遵照主的真理而行，成为"众人的仆人"㉛。我们若在今世讨他喜悦，也必得着来世，正如㉜他曾应许要使我们从死里复活；又应许我们，倘若我们能证实自己是配得上他的公民㉝——也就是说，如果我们能持续相信，"我们也必和他一同作王"㉞。

3 同样，年轻人必须凡事无可指责；他们应该注重纯洁胜于一切，约束自己远离一切败坏。与世界上的情欲断绝关系是好的，因为"一切的情欲是与灵争战的"㉟，而且"不论是淫乱的，还是男妓或同性恋的，都不能承受上帝的国"㊱，那些行悖谬事的人也不能承受上帝的国。因此，人必须远离这一切，并且顺服长老和执事，如同顺服上帝与

㉔ 原文没有"供献的祭品"。
㉕ 参《克莱门一书》41 章 2 节。
㉖ 参《克莱门一书》21 章 3 节。
㉗ "心里的隐情"，或译"心中隐秘的事"；《哥林多前书》14:25。
㉘ 《加拉太书》6:7。
㉙ 参《提摩太前书》3:8—13。
㉚ "不虚伪"，有抄本作"不一口两舌"。
㉛ 参《马可福音》9:35；作者使用"执事"（διάκονοι）和"仆人"（διάκονος）明显是相关语用法。一般表达"仆人"是用 δοῦλος。
㉜ "正如"，或译"因为"。
㉝ 参《腓立比书》1:27；《克莱门一书》21 章 1 节。
㉞ 《提摩太后书》2:12。
㉟ 参《彼得前书》2:11。
㊱ 参《哥林多前书》6:9。

基督。年轻妇女必须保持无可指责和清洁的良心。

第六章

1 做长老的必须要有同情心,怜悯所有的人,使走迷的人转回,探访一切有病的,不忽略寡妇、孤儿或穷人,却"总是追求在上帝和众人面前都看为可尊敬的事"[37],避免一切的愤怒、偏心、不公正的判断,远离所有贪财的欲望,不轻易相信攻击他人的话语,不要在审判中显得无情,因知道我们都是罪的债户。[38] 2 因此,我们若祈求主饶恕我们,我们自己就应该饶恕他人,因为主和上帝对我们的一切尽收眼底[39],我们必"都站在基督的审判台前","各人必须交自己的账。"[40] 3 因此,我们要以畏惧和全然恭敬的心侍奉主,照着他自己所命令的,以及传福音给我们的众使徒和预先宣告我们的主将要来的众先知所命令的。[41] 我们要热心对待善事[42],躲避那些引诱他人犯罪的人[43]、假弟兄,以及那些虚伪地带有主的名字[44]并且使愚昧人失迷的人。

第七章

1 凡"不承认耶稣基督是成了肉身来的,就是敌基督者"[45]。凡不承认十字架的见证,"就是属魔鬼的"[46]。凡歪曲主的话语来满足自己的欲望,并且声称没有复活与审判的事,那人就是撒但的长子。2 因此,

---

[37] 参《箴言》3:4;《哥林多后书》8:21。
[38] "罪的债户",或译"欠下了罪债"。
[39] "因为主……眼底",直译作"因为我们都在主和上帝的眼前"。
[40] 参《罗马书》14:10,12;《哥林多后书》5:10。
[41] 参《使徒行传》7:52。
[42] 参《彼得前书》3:13;《提多书》2:14。
[43] 参《提摩太后书》3:5—6。
[44] "带有主的名字"指基督徒的身份。
[45] 参《约翰一书》4:2—3。
[46] 参《约翰一书》3:8。

我们要摒弃群众无价值的猜测和他们虚假的教导，回到从起初就传给我们的道；我们要在祷告的事上自制㊼，禁食要坚持不懈，恳切祈求那洞察一切的上帝“不叫我们陷入试探”㊽，因为主说过：“你们心灵固然愿意，肉体却软弱了。”㊾

第八章

1 因此，我们不要停止，要坚定不移地持守我们的盼望和公义的抵押，就是基督耶稣，“他被挂在木头上，亲身担当了我们的罪”，而且“他并没有犯罪，口里也没有诡诈”㊿，相反地，他为我们的缘故凡事忍耐，好使我们可以活在他里面。2 因此，我们要效法他的恒久忍耐。若是我们必须为他名的缘故而受苦，我们就要荣耀他。这就是他亲自给我们留下的榜样(51)，也是我们所相信的。

第九章

1 因此，我恳求你们众人，要顺从公义的教导(52)，并且操练(53)无限的忍耐，就像你们不仅仅在蒙福的伊格纳修（Ignatius）、佐息末（Zosimus）和鲁孚（Rufus）身上，还有你们当中的其他会众、保罗本人和其他使徒身上亲眼看见的。2 要确信所有这些人都“没有白跑”(54)，他们是跑在信心和公义的道路上，并且如今正在他们应得的地方，与主同在，他们也曾经与他同受患难。因为他们没有“贪爱现今的世界”(55)，

㊼ 参《彼得前书》4:7。

㊽ 《马太福音》6:13。

㊾ 《马太福音》26:41。

㊿ 《彼得前书》2:22，24。

(51) 参《彼得前书》2:21。

(52) 参《希伯来书》5:13。

(53) “操练”，有抄本作“坚定持守”。

(54) 《腓立比书》2:16。

(55) 参《提摩太后书》4:10。

却是爱慕那替我们死，且为了我们，蒙上帝叫他从死里复活的那一位。

第十章 ⑤⑥

1 因此，你们要在这些事上站立稳当，并且效法主的榜样，信心坚固、不动摇 ⑤⑦，爱弟兄姊妹 ⑤⑧，彼此珍惜 ⑤⑨，在真理中联合，以主的温柔彼此推让 ⑥⓪，不鄙视任何人。2 你们能够行善的时候，不可推延 ⑥①，因为"仁爱救拔我们脱离死亡" ⑥②。你们众人要彼此顺服 ⑥③，并在外邦人中维持无可指责的行为标准 ⑥④，使你们可以因为好行为而受到表扬 ⑥⑤，主也不会因为你们受亵渎。3 但那让主的名受亵渎的人有祸了。⑥⑥ 因此，你们要把自己生活上的自制教导众人。

第十一章

1 我为曾经在你们当中做过长老的瓦伦斯（Valens）深切哀痛，因为他如此不了解那托付给他的职分。因此，我警戒你们：要避免贪爱金钱，要纯全和诚实。"要逃避各样恶事。" ⑥⑦ 2 人若不能在这些事情上约束自己，怎能向别人传讲自制的道理呢？⑥⑧ 人若不逃避贪爱金钱，就会因拜偶像而败坏，并且被裁定为外邦人的一分子，外邦人对主的审判一

---

⑤⑥ 第 10 至第 12 章只有拉丁语译本抄本存留。
⑤⑦ 参《哥林多前书》15∶58。
⑤⑧ "弟兄姊妹"，直译作"弟兄们"；参《彼得前书》2∶17。
⑤⑨ 参《罗马书》12∶10。
⑥⓪ 参《罗马书》12∶10，《哥林多后书》10∶1。
⑥① 参《箴言》3∶28。
⑥② 《多比传》4 章 10 节。
⑥③ 参《以弗所书》5∶21，《彼得前书》5∶5。
⑥④ 本句或译"并在外邦人中你们的言谈要保持无可指责"。
⑥⑤ 参《彼得前书》2∶12；和合本修订版作"你们在外邦人中要品行端正，好让那些人，虽然毁谤你们是作恶的，会因看见你们的好行为而在鉴察的日子归荣耀给上帝"。
⑥⑥ 参《以赛亚书》52∶5；《致他拉勒人书》8 章 2 节。
⑥⑦ 参《帖撒罗尼迦前书》5∶22。
⑥⑧ 参《提摩太前书》3∶5。

无所知。⁶⁹ 正如保罗的教导说："我们岂不知道圣徒要审判世界吗？" ⁷⁰ 3 但是，在你们当中我没有察觉或听说这样的事情，蒙福的保罗曾经在你们中间劳苦做工，而你们起初就是他的推荐信。⁷¹ 他在所有的教会中夸奖你们——仅仅是那些已经开始认识主⁷²的教会，因为当时我们还没开始认识他。4 弟兄们，我为瓦伦斯和他妻子深切哀痛；愿主赐予他们诚心的悔改。至于你们，你们必须要合理处理这事情，"不要把"这样的人"当仇人"⁷³，却要看他们为有病和失落的肢体，要挽回他们，以至于能保守你们的身体得以完整。你们如此行，就是彼此建立。

第十二章

1 我确信你们众人对神圣的经卷都训练有素，而且没有事情是向你们隐藏的（那是我没有的恩赐）。只是，正如这些经卷所说的："生气也不要犯罪"⁷⁴，还有，"不可含怒到日落"⁷⁵。记住这话语的人有福了，我相信你们正是这样有福的人。

2 在此，愿我们主耶稣基督的天父上帝⁷⁶，和永恒的大祭司，就是上帝的儿子耶稣基督，亲自在信心和真理上造就你们，使你们凡事温柔，脱离一切愤怒，凡事宽容、信心⁷⁷稳固，并且恒久忍耐、心地⁷⁸纯洁；也愿他在众圣徒中让你们有份、赐你们一块疆土，并且让我们与你

---

⁶⁹ 参《耶利米书》5:4。
⁷⁰ 参《哥林多前书》6:2。和合本修订版"我们"译作"你们"。
⁷¹ 拉丁语：*qui estis in principio epistulae eius*，参《哥林多后书》3:2；《腓立比书》4:15，或译"在他的信的开头就受到表扬"，可参看：M. W. Holmes, "A Note on the Text of Polycarp Philippians 11.3," *Vigiliae Christianae* 51 (1997): 207—210。
⁷² "主"，有拉丁语抄本作"上帝"。
⁷³ 《帖撒罗尼迦后书》3:15。
⁷⁴ 《以弗所书》4:26；引用《诗篇》4:5。
⁷⁵ 《以弗所书》4:26。
⁷⁶ "愿我们主耶稣基督的天父上帝"，直译作"愿上帝和我们主耶稣基督的天父"。
⁷⁷ 原文无"信心"。
⁷⁸ 原文无"心地"。

们一起，也让普天下还未相信我们主和上帝⑦——耶稣基督——和使他从死人中复活的天父⑧的人，与你们在一起。3 为众圣徒祈求㊁，也为君王、掌权者、统治者，和那些迫害、憎恨你们的人㊂，以及十字架的仇敌祈求㊃，这样，你们的果子就可以显明于众人当中，你们就可以在主里面得以完全。

第十三章

1 你们和伊格纳修都曾写信告诉我，若有人要前往叙利亚，他应当也把你们的信带上。若有合宜的机会，我一定会这样做，无论我自己带去，还是差派人代表你们，也代表我们，把书信带去。2 照着你们所要求的，我们正在把伊格纳修寄给我们的书信，连同我们拥有的其他书信送给你们。那些书信已附在这封信上。你们必会从这些书信中收获莫大的益处，因为信中谈论了与我们主有关的信心和恒久忍耐，以及各种的属灵成长。㊄ 至于伊格纳修本人和那些与他同在的信徒，如果你们知道任何更确切的情况，请告诉我们。

第十四章

我是请革勒士（Crescens）代笔，给你们写下这些话的；最近我向你们称赞过他，如今我再次称赞他，因为他在我们当中的行为是无可指责的，相信他在你们当中也将如此。而且，革勒士的姊妹来到你们那里的时候，你们也会认为她是值得称赞的。在主耶稣基督里，在恩典中，我向你们和所有跟你们在一起的信徒就此告别！阿们！

---

⑦ 许多抄本省略了"和上帝"这几个字。
⑧ 参《加拉太书》1:1。
㊁ 参《以弗所书》6:18。
㊂ 参《马太福音》5:44；《路加福音》6:27。
㊃ 参《腓立比书》3:18。
㊄ 从这里到本书结尾，只有拉丁语译本抄本存留。

波利卡普殉道记

导　读

　　本书是新约之外有关基督徒殉道最古老的记载。这信件是由士每拿教会寄给罗马弗吕家省（Phrygia）一个小镇菲洛美里乌姆（Philomelium）的教会，这城镇位于彼西底安提阿东北约十五里之外的地方。此信亦是写给"寄居在各地所有神圣的、属基督的大公教会（ἄγια καὶ katholikê）"。有关殉道的记载，在此之前，旧约次经《马加比二书》6—7章记载了犹太人为其信仰殉道，在新约《使徒行传》7章有记载司提反英勇殉道的事迹。

　　此书现有七份希腊文的抄本，都是来自10—13世纪的，优西比乌曾节录当中一大段（《教会史》4.15，引1.1上，8.1—19.1上，并撮要2.2—7.3），现存有一拉丁语版本，其余亚美尼亚语、叙利亚语和科普特语版本的书信均已失传，这些都是来自优西比乌的文本。最可靠的希腊语抄本是所谓的莫斯科抄本（Moscow MS），其中几个附注说明了这书的流传；一位称为该犹（Gaius）的，从波利卡普的门徒爱任纽的一些文件中，将这书抄录过来，后来由一位称为皮俄尼乌斯（Pionius；不肯定是否那位3世纪中叶在士每拿的殉道士）的人，得到"蒙福的波利卡普"（22.1）的启示，找到一份古旧将残的伊索克拉底（Isocrates）的版本，将之抄录。另一处则将此殉道记看为是爱任纽所写，并以很长的篇幅强调爱任纽与波利卡普之间的关系（内中记载当波利卡普在士每拿殉道那一刻，身在罗马的爱任纽听到有声音说："波利卡普已殉道了！"）这说法似乎是要强化统绪的传承。

作 者

作者极可能是亲身见证波利卡普殉道的信徒，在第15章第1节用第一人称复数"我们"表示见证此事的信徒不只一人，然而作者是否超过一人则未能确定。在第20章第1至第2节指出，一位名叫马西昂努斯（Marcianus，在拉丁语版和莫斯科抄本称之为马吉安）的人写下此事的撮要，而执笔写此信的是埃伐勒司都（Evarestus）。这可能指马氏是写信的人，埃氏是抄写的文书；也可代表马氏是那忠心的见证人，埃氏是本书的作者。我们对这两人的身份一无所知。

有学者认为第20至第21章和第22章是后来分别加插进去的；支持第21章为后来加插的学者，同时否定波利卡普是死于155—160年间。第22章是由一位名叫苏格拉底（Socrates）的人加插进去的，他提及一位称为该犹（Gaius）的，该犹从波利卡普门生爱任纽（Irenaeus）获得有关波利卡普殉道经过的记录。

写作时间及写作目的

本书第21章记载波利卡普是在总督斯塔提乌·夸德拉图斯（Statius Quadratus）的治下（154—156）被处死的，并记载了殉道的月份、日期和时期：2月22日，3月之前7天（2月23日？），在安息日下午约2时左右殉道；此外，第12章记载负责行刑的是亚细亚省长腓力（Philip the Asiarch），他管治的时期为2世纪50年代。按此推算，波利卡普殉道的日期可能是155年2月23日或156年2月22日。然而，根据优西比乌的记载（*Chronicon*），波利卡普死于166/167年，当时的罗马皇帝是马可·奥勒留（Marcus Aurelius）。在他统治年间（161—180），容许各处的基督徒受迫害，但优西比乌记载的可靠性成疑。 本书的作者极可能亲眼目睹波利卡普的殉道（15.1），并且在此事发生不久后将它记录下来

(18.1)，因此可能在 156—160 年间。本书写于士每拿。

此书毫无疑问是要向殉道的士每拿主教波利卡普表示敬意，亦借此安慰那些落在逼迫苦难中的信徒，要坚毅忍耐，至死忠心。这反映出 2 世纪中叶开始，基督教在罗马帝国境内发展迅速。然而，基督教并非合法的宗教，加上犹太教对它的敌视，使基督徒在各处都面对地方势力的骚扰。在一个充满迫害和恐惧的环境之下，这书强调未来的盼望，并波利卡普忠心到底的信心，他的殉道成为信徒的榜样，但他却指出信徒不应主动寻求殉道，这反而是与福音基本教导不相符的。与福音相合的殉道有三大原则（Holmes）：一是出于上帝的呼召而不是人的自动请缨；二是关系到别人的救恩或福祉；三是在受苦中显出坚忍。作者以书信形式写给菲洛美里乌姆的教会，显示当地的信徒，正可能面临迫害的威胁。

内容概要

第 1 章是有关"与福音吻合的殉道"之引言，说明波利卡普的殉道是与上帝的旨意，并与福音吻合的（见 1.1，19.1）。第 2 至第 4 章记载在波利卡普之前那些殉道者，包括杰曼尼库斯（Germanicus）在斗兽场中，面对野兽仍显出的那种爱上帝和敬畏上帝的忠勇（第 3 章）。然而弗吕家人昆都（Quintus），他自告奋勇地寻求殉道，但在面对野兽时，则变得懦弱，最后求饶，并向罗马君主献祭，这证明自愿献身成为殉道者，并非福音所教导的（4 章）。

第 5 至第 18 章详细叙述波利卡普殉道的经过，第 5 至第 8 章是他被捉拿的经过，第 9 至第 11 章是他在总督面前受审，第 12 至第 18 章是他殉道的过程，内中包括群众的反应（12—13 章），波利卡普的感恩祷告（14 章），他被烧（15—16 章），及如何处理他的尸骸（17—18 章）。波利卡普虽在被追捕时，曾由城镇避至远离城市的农庄，但在三天祷告后，见枕头着火，得悉自己将会被烧死殉难。波利卡普被他自己家中的一个成员出卖，好像耶稣一样，缉捕他的警察总长名叫希律，在波利卡普家的年轻奴隶的带领下（因他受不了严刑迫供），在星期五的黄昏时分，将波利卡普捉拿，虽然那时他有机会逃亡，但他拒绝了，就好像耶稣一样，他说："愿上帝的旨意成全。"他们容许波利卡普在那里做了长时间的祷告 (7.3)，在安息日的时候，他骑着驴返回城镇 (8.1)。因为他年纪老迈，警察总长希律及其父亲尼塞特(Nicetes) 劝他只要宣称凯撒是主，并向他烧香，便得免死，但为波利卡普坚定地拒绝 (8.2)。他们将他带到竞技场，当时的地方总督再试图游说他，向凯撒宣誓，并宣告自己不再做"无神论者"（因基督徒不拜偶像，所以被误认为无神论），波利卡普却说："这八十六年以来，我一直做基督的仆人，他没有亏待过我。我怎么能够亵渎那拯救我的大君王呢？"(9.3)。波利卡普承认自己是基督徒，拒绝否认自己的信仰，在各种酷刑的威胁下，仍然坚持到底(11章)。外邦人和士每拿犹太人，要求亚细亚首领腓力将他处死，他们一致要求将波利卡普活活烧死，这就应验了波利卡普所见的枕头着火的异象。

接着作者详细地记载了整个过程，包括士每拿的犹太人不顾违反安息日 (12.2，13.1，17.2，18.1)，挑动整件事；波利卡普最后的祷告 (14章)；他死时所发生的神迹 (15.1—16.1)。波利卡普和其他的殉难者一样，是效法基督的死 (17.3)，在波利卡普殉道的整个叙述中，作者刻意勾画两者相似之处，并在第14章第1节描述波利卡普就好像一头被绑往献祭的山羊羔一样。波利卡普并非当天唯一殉道的，同时殉难的有11位来自非拉铁非的信徒，但他是最值得记念的一位(19.1)。波利卡普死后，他的尸体已毁坏，他的骸骨由基督徒带到适当的地方 (17.1—18.1)，他们在那里庆祝"他殉道的生日"(18.3)，这里反映出日后教会传统，珍重圣徒的骸骨，并且将殉道看作是一个新的开始。

第19至第20章是总结。第19章第1节赞扬波利卡普不只是一位非凡卓越的教师，亦是出类拔萃的殉道者，值得信徒效法。他的殉难，合乎基督的福音，他必能承受不朽的冠冕 (19.2)。有关第20章引起作者问题的讨论,见上文。在第21章第1节至第22章第3节的附篇中,注明了波利卡普殉道的年日和时间,当时的总督和首领的名字。但并没有列出当时罗马皇帝之名,反而以"愿荣耀归于主耶稣基督、圣父和圣灵,直到永永远远!阿们!"作结(22.3),充分表达出作为主宰的,是基督而非凯撒。

补充参考

W. R. Schoedel, *Polycarp*, *Martyrdom of Polycarp*, *Fragments of Papias*. Vol. 5 of *Apostolic Fathers*, ed. R. M. Grant. Camden: 1967,同上作者 *ABD* 5:392—395。

正　文

祝　辞

寄居在士每拿的上帝的教会，写信给寄居在菲洛美里乌姆（Philomelium）的上帝的教会，以及寄居在各地所有神圣的、属基督的大公教会。愿从天父上帝和我们主耶稣基督而来的怜悯、平安和慈爱加倍增长。

第一章

1 弟兄们，如今我们写给你们有关为主殉道的人的事迹，尤其是蒙福的波利卡普。波利卡普以殉道结束了迫害，仿佛要借着殉道在这场迫害上烙下印记；因为之前发生的所有事件，几乎都是为了让主再次① 向我们展现一件与福音吻合的殉道事迹。2 因为波利卡普像主一样，等候被出卖，好叫我们也效法他的榜样，"不是单顾我们自己的事，也顾邻舍的事。"② 因为来自真实、坚定的爱的是不仅仅渴望自己得救，而且也盼望所有弟兄得救。

---

① "再次"，或译"从天上"。
② 参《腓立比书》2:4。和合本修订版作"各人不要单顾自己的事，也要顾别人的事"。

第二章

1 因此，凡按照上帝的旨意而发生的所有殉道事迹，都是蒙福且高尚的（因为我们必须存着敬畏的心，把掌管万有的权能归属于上帝）。2 因为有谁能够不钦佩他们的高贵品格、恒久忍耐和他们对主的忠诚呢？因为即使他们受鞭打，以致他们肉身的内部结构都显露出来，甚至深处的静脉和动脉都可看见，他们仍是那么坚韧地忍受着痛苦，就连旁观的人也流下同情泪。然而，他们自己却达到如此英勇的地步，没有一人曾经发出哭喊或呻吟的声音；他们向我们所有人表明了，就在基督的殉道者③受折磨的时刻，他们超脱了肉体，或更确切地说，那时，主站在他们身边，与他们交谈。3 他们把心思意念转向基督的恩典，就轻看这个世界的折磨，以一小时受折磨④的代价来抵消永恒的刑罚。⑤那些无人性⑥的施刑者的火对他们来说是冰凉的，因为他们把逃脱那永不熄灭的火的目标⑦摆在自己眼前，同时，他们以心灵的眼睛注视着为恒久忍耐的人存留的美好事物，就是那些"眼睛未曾看见，耳朵未曾听见，人心也未曾想到的"⑧，但是主把这些向他们显明，因为他们不再是人，已经是天使了。4 同样地，那些被判丢给野兽的人也忍受了可怕的刑罚；他们被迫躺卧在尖锐的碎壳上，并且受尽其他各种形式的酷刑，以致他⑨，如有可能，可以借着无休止的刑罚，强迫他们否认自己的信仰；因为魔鬼已经尝试用许多手段来迫害他们。

---

③ "殉道者"有抄本作"至高尚的殉道者"。
④ 原文无"受折磨"。
⑤ "抵消永恒的刑罚"，有抄本作"永恒的生命"。
⑥ "冷酷无情"，有抄本作"残酷的"。
⑦ 原文无"的目标"。
⑧ 《哥林多前书》2:9。"人心也未曾想到的"，直译作"从未进入过人心"。
⑨ "他"指魔鬼（见下文），有抄本作"暴君"。

第三章

1 然而，感谢上帝，因为他没有战胜他们中的任何一位。⑩ 因为，尽管他们惧怕，但极尊贵的杰曼尼库斯（Germanicus）却以自己的恒久忍耐鼓励了他们；他也是以出类拔萃的方式与野兽决斗的。当总督想要说服他，叫他顾念自己年纪尚轻的时候，他却猛力把野兽拽向自己，以期尽快脱离他们不义和不法的生活。2 就这样，所有群众都为这爱慕上帝、敬畏上帝的基督徒一族的英勇行为感到惊奇，便呼喊说："除掉无神论者！搜出波利卡普！"

第四章

[那时候，有一个人名叫昆都（Quintus），是新近从弗吕家来的弗吕家人，他一见到野兽就怯懦了。那强迫自己和其他一些人主动挺身而出的正是这个人。总督经过几轮请求之后，最终说服他宣誓并且献祭。所以，弟兄们，我们为此不会称赞那些交出自己的人，⑪ 因为福音里并没有这样的教导。]

第五章

1 最可敬佩的波利卡普起初听到这消息的时候并没有受到烦扰。事实上，他本想留在城里，但是多数人都劝他离开。因此，他悄悄地退隐到离城不远的一家农场，在那里与一些同伴住在一起，昼夜都不做其他事情，单单为众人以及普世的教会祷告，因为那是他恒常的习惯。2 波

---

⑩ "他没有战胜他们中的任何一位"这是主要抄本（和大多数译者）所选取的版本，把"他"理解为魔鬼。然而，有学者认为这与第 4 章第 1 节有矛盾，因此将"没有"（希腊语 οὐκ）改为"的确"（希腊语 οὖν），使"上帝"成为句子的主语，而不是"魔鬼"["他的确战胜了他们全体（或译：所有鬼魔）。"]。然而，第 4 章第 1 节很可能只是给第 3 章第 1 节加以说明和限定，而不是与之矛盾；参《使徒行传》4:32, 5:1。

⑪ "交出自己的人"，有抄本作"自己挺身而出"。

利卡普被捕三天前,正在祷告的时候,他魂游象外,看见自己的枕头被火烧掉了。于是,他转过头来对那些与他在一起的人说:"我必定要被活活烧死。"

第六章

1 由于寻索他的人穷追不舍,他就搬到另一家农场去了。不久,那些追捕他的人就到达了。⑫他们没有找到他,就逮住两个男童仆,其中一人在严刑拷问之下,就坦白供出来了。2 波利卡普确实不可能一直藏匿,因为出卖他的正是他自己家里的人。那位警官,恰巧取名"希律",与希律王同名,他迫切地想把波利卡普带到竞技场,好让波利卡普可以成全上帝委派他的使命,与基督一同受苦,但愿那些出卖波利卡普的人则受到与犹大本人一样的惩罚。

第七章

1 就这样,星期五⑬接近晚饭的时候,追捕骑警和轻骑兵便带着那个男童仆出发,还配备他们常用的武器,仿佛要追捕一名武装的造反者。⑭夜晚时分,他们逼近波利卡普,在一间小村舍楼上的房间找到他,发现他正躺在床上。尽管波利卡普仍然可以从那里逃往另一个地方,但是他拒绝了,说:"愿上帝的旨意成全。"⑮2 于是,当他听到他们已经来到,便过去与他们交谈,而那些在场的人都为他的年纪和他的镇静感到惊讶,他们稀奇为何要这么迫切地追捕像他那样的老人。接着,波利卡普马上吩咐人摆好桌子,让他们在那时刻⑯尽情吃喝,然后

---

⑫ 即到了第一家农场。
⑬ "星期五",直译作"预备日"。
⑭ 参《马太福音》26:55。
⑮ 参《使徒行传》21:14;《马太福音》6:10。
⑯ "那时刻",或译"那一小时"。

请求他们给他一小时，让他可以祷告而不受干扰。3 他们同意了，他便站着祷告⑰。他充满了上帝的恩典，以至于一连两个小时都无法停止说话。那些听到他说话的人都很惊讶，而且许多人后悔来追捕这么虔诚的老人。

第八章

1 最后，波利卡普祷告完了；他记念了所有与他来往过的人——卑微的和伟大的，知名的和无名的，以及遍布各地的普世教会。离开的时刻到了，于是，他们让他坐在一头驴子上，在大安息日当天把他带进城里。⑱2 警官希律，和他的父亲尼塞特（Nicetes），出来迎接他。他们把他转送到自己的马车上，坐在他旁边，试图劝他，说："称'凯撒是主'，并供奉香品，"（又说了其他带有这个意思的话）"从而救活自己，又有什么害处呢？"一开始波利卡普没有给他们任何回答。然而，他们却继续坚持，他便回答说："我绝不会照你们建议我的去做。"3 他们无法说服他，便开始对他口吐威吓的话，又令他匆匆下车，以致他从车厢下来的时候擦伤了胫骨。但是，波利卡普甚至没有转身，便急切、快速地一直往前走，好像没有任何事情发生在他身上一样。他被带进竞技场的时候，场内一片骚乱，谁的声音也不能被听见。

第九章

1 然而，波利卡普进入竞技场的时候，天上传来了一个声音，说："波利卡普，你要刚强，要做大丈夫。"没有人看见说话的那位，但在场那些属于我们的人都听到了那声音。然后，他被解着往前走，群众一听到波利卡普已经被捕，就大声喧哗。2 因此，他被押到总督面前的时

---

⑰ 有抄本加上"面朝东边"。
⑱ 参《约翰福音》19:31。

候，总督就问他是不是波利卡普。⑲他既承认了，总督便试图劝他宣布放弃信仰，说："你要考虑自己的年龄"，又说了另一些他们惯常说的套话："你要对着凯撒的气运⑳起誓，悔改，说：'除掉无神论者！'"于是，波利卡普严肃地看着竞技场里那群无法无天的异教徒，向他们做了个手势，然后举目望天，痛苦叹息说："除掉无神论者！"3 然而，当长官坚持说："你要宣誓，然后我就释放你。辱骂基督吧！"波利卡普回答说："这八十六年以来，我一直做他的仆人，他没有亏待过我。我怎么能够亵渎那拯救我的大君王呢？"

第十章

1 然而，那官长继续坚持说："你要对着凯撒的气运宣誓。"波利卡普便回答说："你若徒然以为我会按你的要求，对着凯撒的气运宣誓，并假装不知道我是谁，那就留心听着：我是基督徒。你若要学习基督教的教义，请指定一个日子，然后听取我的话。"2 总督说："你去劝服这些人吧。"但波利卡普回答说："对于你，我认为可能还配听取我的答辩，因为我们知道㉑，只要不对我们造成伤害，我们就要适当地尊重上帝所立的执政者和掌权者；然而，对于这些群众，我不认为他们配听取我在他们面前为自己抗辩。"

第十一章

1 总督说："我有一群野兽。我要把你扔进兽群里，除非你改变心意。"但波利卡普说："叫它们来吧！对我们来说，弃善从恶的改变㉒是不可能的；然而，从邪恶中转向公义，却是高尚的行为。"2 然后总督又

---

⑲ 有抄本省略了"波利卡普"，译作"……问他是不是那人"。
⑳ 原文 τὴν Καίσαρος τύχην，τύχη 可能指守护神。
㉑ "知道"，直译作"受教导"。
㉒ "改变"，直译作"悔改"。

对他说："你既鄙视野兽，我就用火来烧你，除非你改变心意。"波利卡普却说："你用来威胁我的只是短暂燃烧的一团火，过一会儿就会熄灭；你对那代表即将来临的审判及永刑的烈火却一无所知，那火是为不虔敬的人存留的。你为什么还拖延呢？来吧，你想怎么做就怎么做。"

第十二章

1 波利卡普说这些话和许多别的话的时候，充满勇气与喜乐，他的脸也满有恩典。因此，他不但没有因所听到的话而受惊仆倒，相反地，总督却感到惊讶，于是差派自己的传令官到竞技场中央，宣告三遍，说："波利卡普已经承认他是基督徒。" 2 传令官宣告完毕，全场聚集的群众，居住在士每拿的外邦人和犹太人，都怒不可遏，大声喊叫说："这是亚细亚的教师，是基督徒的教父，是摧毁我们众神的那人，他教唆许多人不去献祭和敬拜㉓。"说了这些话，他们就大声呼喊，请求亚细亚省长腓力（Philip the Asiarch）向波利卡普放出一头狮子。但腓力说那样做是不合法的，因为他已经结束了猎兽的活动。3 接着，他们突然一致高声喊叫，要把波利卡普活活烧死。这是因为波利卡普所领受到有关枕头的异象必须应验：当时他正在祷告，看见枕头着起火来，于是就转过头来，向与他在一起的信徒发预言说："我必定要被活活烧死。"

第十三章

1 接着，这些事情火速发生，快得难以用言语说清。聚集的群众迅速地从工场和澡堂里收集木柴和火种；犹太人在这事上特别热心地给予协助，正如他们一贯的习惯。2 柴堆㉔预备好以后，波利卡普就脱掉所有的衣服，解下腰带；他还尝试脱下鞋子，尽管他以前并没有这样的习

㉓ 有抄本加"诸神"。
㉔ "柴堆"，有抄本作"火"。

惯，因为信众总是渴望做第一个触摸他的肌肤的人。他一直因圣洁的生活而备受尊敬，即使在他年老发白㉕之前。3 接着，柴堆的材料都堆放在他的周围。他们准备钉他的时候，他说："由着我吧！那赐我能力去忍受火焰的，也必赐力量使我在柴堆上毫不动摇，即使没有你们从钉子获得的稳固。"

第十四章

1 因此，他们没有用钉子钉牢他，而是把他捆绑起来。这样，波利卡普双手放在背后被缚住，好像一只从大群羊中挑选出来、用作祭牲的极好公绵羊，是早已预备、蒙上帝悦纳的燔祭。他举目望天，说："全能的主上帝啊，你是蒙福爱子耶稣基督的父，我们通过他领受了关于你的知识；你是众天使及掌权者的上帝，是整个造物界及活在你面前的公义族类的上帝。2 我称颂你，因为你认为我配得这个日子和这个时辰，让我可以在殉道者当中领受一席之地，在你基督的杯中有分，在不能败坏的圣灵里，灵魂与肉身复活得永生。愿我今天在你面前像众殉道者一样被接纳，作为一份丰富㉖且蒙悦纳的祭物，正如你预先准备好，又预先启示出来，如今已经成就的，你是那位真实无伪的上帝。3 因为这个缘故，确实是为了一切的事情，我赞美你，称颂你，荣耀你，借着永恒、属天的大祭司耶稣基督，你的爱子，愿荣耀通过他归与你——他和圣灵也与你一起，从今时直到将来的世世代代。阿们！"

第十五章

1 波利卡普献上"阿们"，完成了他的祷告以后，负责点火的人就把火点燃起来了。一团大火熊熊燃烧起来的时候，我们——就是蒙恩能看

㉕ "年老发白"，有抄本作"殉道"。
㉖ "丰富"，直译作"肥胖"。

见神迹的人——看见了一幕神迹，而我们被存留下来，是为了要把所发生的事告诉其他人。2 当时，火焰弯成拱形，像船帆被风鼓起的样子，完全环绕了殉道者的身体；他身在中间，并不像烧着的肉体，却像烤焙的饼，或是如同在炉子里面炼净的金银一样。我们也闻到一股极其馨香的气味，仿佛香品或是其他贵重香料的芳香。

第十六章

1 那些不法之人终于意识到大火不能吞噬波利卡普的身体的时候，就命令行刑的人上到他那里，用匕首刺他。他就照做了，便有大量鲜血流出，把火浇灭了。全体群众都诧异，非信徒与选民之间竟然有如此大的区别。2 在选民当中肯定包括这人，就是最了不起的㉗波利卡普，事实证明他在我们这个时代是使徒和先知般的教师，是士每拿圣㉘教会的主教。因为凡从他口中所出的每一句话都已经成全，或在将来成全。

第十七章

1 但是，那嫉恨、妒忌的恶者，公义族类的仇敌，看到波利卡普伟大的殉道，和他由始至终无可指责的生活，如今又领受到不朽冠冕的加冕，并且赢得了无可置疑的赏赐；于是，那恶者竭力阻挠，连他可怜的躯体也不让我们带走，尽管许多人都渴望这样做，也渴望触摸一下㉙他圣洁的肉身。2 因此，那恶者怂恿尼塞特，就是希律的父亲，亚勒格（Alce）的兄弟，去请求官长不要交出波利卡普的躯体，他说："恐怕他们会离弃那被钉十字架的，转去敬拜这个人。"——他们说㉚这一切都是因为犹太人的煽动和坚决要求。我们正准备把那躯体从火中取出来的

㉗ 有抄本加"殉道者"。
㉘ "圣"，有抄本作"大公"。
㉙ "触摸一下"，直译作"与……相交"（κοινωνῆσαι），也可译作"领受……的一部分"，即"作为遗物"。
㉚ 原文无"他们说"。

时候，他们甚至在旁观看。他们并不晓得，我们永远不可能离弃那位为拯救所有得救的人㉛而受苦的基督，那位代表罪人的无可责备者；也不可能敬拜任何其他的人。3 因为我们敬拜的这位，他是上帝的儿子；至于殉道者，我们把他们看为主的门徒和效法者而敬爱他们，因为他们是配得的，他们对自己伟大的君王和老师做出了无可比拟的奉献。愿我们也成为他们的伙伴和同做门徒的人！

第十八章

1 因此，百夫长鉴于犹太人挑起的争辩，便按照他们的习俗，把波利卡普的躯体放到会场正中，把它焚烧了。2 后来我们收拾了他的残骨——那些残骨比宝石还珍贵，比精金还美好——然后安放在一个合适的地方。3 在情况容许之下，我们在那里欢欣喜悦地聚集在一起，主也必允许我们庆祝波利卡普的殉道的生日，以此纪念那些已经完成争战的，也为了训练和预备那将要殉道的。

第十九章

1 以上就是蒙福的波利卡普的殉道事迹。虽然他在士每拿与另外十一位从非拉铁非来的圣徒一起殉道，但唯独他特别被所有人记念，以至于他的事迹到处被谈论，就连异教徒也谈论他。事实证明，他不仅仅是一位非凡卓越的教师，而且也是一位出类拔萃的殉道者，人人都想仿效他的殉道，因为那与基督福音的样式一致。2 因着他的忍耐，他胜过了那不义的官长，因而领受到不朽的冠冕。如今他与众使徒和所有义人一同欢喜，赞美全能的天父上帝，称颂我们的主耶稣基督，就是我们灵魂的救主、身体的舵手，以及普天下属基督的大公教会的大牧人。

㉛ "所有得救的人"，直译作 "那些得救的人的全部整体"（τοῦ παντὸς κόσμου τῶν σῳζομένων）。

第二十章

1 你们确实曾要求我们详细地给你们报告所发生的事,然而,通过弟兄马西昂努斯(Marcianus)㉜,我们暂时,可以说,已经写下了一个概要。你们知道了这些事以后,请把这信寄给远方的弟兄,让他们也可以赞美那位在自己仆人当中做拣选的主。2 愿荣耀、尊贵、权能和威严,永远归于他!他借着自己的独生子耶稣基督,凭着他的恩典和奖赏,能够把我们所有人领进他的属天㉝国度!我们向众圣徒问安。与我们同在的向你们问安,执笔写此信的埃瓦里斯图斯(Evarestus)和他全家也问你们安。

第二十一章

蒙福的波利卡普的殉道日期是参提古月(Xanthicus)上旬的第二天,就是罗马公历三月初一七天前,那天是大安息日,时间大概是下午两点㉞。他被希律逮捕,那时他拉勒的腓力(Philip of Tralles)在斯塔提乌·夸德拉图斯(Statius Quadratus)任总督的时期做大祭司,而耶稣基督㉟则永远做王统治。愿荣耀、尊贵、威严和永存的宝座归于他,直到世世代代!阿们!

第二十二章

1 弟兄们,我们向你们辞别了,你们是遵照耶稣基督的话语生活的,那话语与福音一致。因着蒙拣选的圣徒的救恩,愿荣耀归于上

㉜ "马西昂努斯",有抄本作"马西昂"(Μαρκιωνος);也有作"马可"(Μαρκου)。
㉝ "属天",有抄本作"永恒"。
㉞ "下午两点",直译作"第八点钟"。
㉟ "耶稣基督",有抄本作"我们的主耶稣基督"。

帝㊱和耶稣基督！正如蒙福的波利卡普已经殉道，愿我们跟随他的脚步，也能到达耶稣基督的国度里。㊲

2 以上记述是该犹（Gaius）从波利卡普门徒爱任纽（Irenaeus）的文件抄录过来的。该犹也曾与爱任纽同住。而我，苏格拉底（Socrates），在哥林多从该犹的抄本中把这个事迹写了下来。愿恩惠伴随所有人！

3 而我，皮俄尼乌斯（Pionius），是在寻找前面提到的苏格拉底的㊳抄本之后，从这抄本再次抄写下来的（因为蒙福的波利卡普在启示中向我展示这个抄本，我将会在下面解释这一点）。在那个抄本几乎因岁月而磨损的时候，我把它收集起来；但愿主耶稣基督也会把我与他的选民一起收聚到他的天国里。愿荣耀归于主耶稣基督、圣父和圣灵，直到永永远远！阿们！

前面两个段落在以"m"为代号的《莫斯科抄本》㊴中记述如下：

2 以上记述是该犹从爱任纽的文件抄录过来的，他也曾经与爱任纽同住。爱任纽是圣洁的波利卡普的门徒。主教波利卡普殉道的时候，这位爱任纽身在罗马，他教导了许多人，而且他许多极为优秀及正统的著作都在流传着。他在著作中提到波利卡普，说自己曾经受教于他。他也出色地驳斥了各种异端，又照着从圣徒波利卡普㊵所领受的，把教会典章和公教法规传下去。他也提到以下的事实：马西昂（Marcion）（跟随他的人称为马西昂派）有一次遇到圣洁的波利卡普，对他说："认一认我们吧，波利卡普。"波利卡普回答马西昂说："我认得；我认得你就是撒但的长子！"以下陈述也记载在爱任纽的著作中：正当波利卡普在士每拿殉道的那一天和那个时辰，身在罗马城的爱任纽听到如同吹号的声音，说："波利卡普已经殉道了。"后来，正如前面已经说过，该犹从爱任纽

㊱ 有抄本加上"圣父和圣灵"。
㊲ 有抄本省去了第 22 章第 1 节的整个段落。
㊳ 原文无"苏格拉底的"。
㊴ 以"m"为代号的《莫斯科抄本》（The "Moscow MS"）是一部希腊语抄本，完成于 10—13 世纪。
㊵ 原文无"波利卡普"。

的这些文件抄录了一个副本,而伊索克拉底(Isocrates)在哥林多又照该犹的抄本抄录了另外一个副本。

3 而我,皮俄尼乌斯(Pionius),遵照圣洁的波利卡普的启示,寻找伊索克拉底的抄本,在它几乎因岁月而磨损的时候把这抄本收集起来之后,便再次抄写下来。但愿主耶稣基督也会把我与他的选民一起收聚到他的天国里。愿荣耀归于圣父、圣子和圣灵,直到永永远远!阿们!

十二使徒遗训

导　读

《十二使徒遗训》(*The Teaching of the [Twelve] Apostles*，以下简称《遗训》) 又称《教导》(*Didache*)，古时全名作：《主借十二使徒对外邦人的教训》。《十二使徒遗训》这书名在教会的古籍中，可以见到(如优西比乌：《教会史》3.25.4)，但此文献完整的抄本到1873年才由大主教拜安尼斯 (Bryennes) 在君士坦丁堡耶路撒冷主教的图书馆中发现 [赫若苏里觅坦尼司抄本 (Codex Hierosolymitanus)]，于1883年将全文出版，后被纳入使徒教父的著作。 在发现这著作后，拜安尼斯便注意到《遗训》的大致内容（经修订），可见于4世纪《埃及使徒宪章》(*Egyptian Apostolic Constitutions*) 的卷七之中。这文献的希腊文版本，部分可见于《俄西林古蒲草纸1782》(1.3a—4b；4.7b—13.2a，*Oxyrhynchus Papyrus*)，此外还有科普特语部分的版本 (10.3下—12.2)、埃塞俄比亚语部分的版本 (11.3—13.7；8.1—2)，另有一份完整的格鲁吉亚语版本 (Georgian version)。《遗训》中"两条路"这主题的部分，除了见于《巴拿巴书信》18—20章外，亦见于一份4世纪拉丁语的《使徒教会秩序》(*Apostolic Church Order*，又称为《使徒教义》*Doctrina apostolorum*) 中，以及另外三份4世纪或之后的教会守则中。

我们不能确定君士坦丁抄本中的文本是否最原始的《遗训》版本，事实上我们所见的不同版本，是经过不同时代和途径的流传而出现的，甚难确定哪一份是较原始的版本；各版本彼此之间的关系仍需更深入的研究。此书与《巴拿巴书信》有部分相似的内容，特别是它们都使用"两条路"的传统，可能取材于同一份资料。同时《遗训》与拉比的著作及死海文献中的《群体规章》(*Rule of the Community*) 的相同之处，引起学者不少的兴趣。另一引发讨论的问题，是《遗训》使用了不少耶稣的传统，以及这些传统与《马太福音》的关系，有的学者否认《遗训》取材于《马太福音》（如 Koester），晚近也有持完全不同看法的（如 Draper）。我们对此书基本的资料，认识甚少，无论是作者、写于何处、何时写成，都未能确定。

作　者

作者可能不只一人，此书大量使用犹太传统资料和旧约教导，表明此书作者可能是犹太裔基督徒，然而我们无法确定作者或编者是谁。

写作时间及地点

我们现有的《遗训》可能是经过一段时期收集和通过不同人编修而成的，因此甚难确定写于何时何地，书中似乎有引用《马太福音》或与《马太福音》相通的传统，但没有如伊格纳修所载清楚的教制，只有类似主教及执事的二级制，同时文中仍记有到各处自由布道的使徒和先知，这都显示出较早期的教会环境，因此，此书写作时期最早可能是公元 80 年，最晚不迟于 2 世纪中叶。写作地点亦难以断定，可能在叙利亚（支持的学者如 J-P. Audet，R. A. Kraft），那里曾有犹太信徒群体。虽有学者建议此书原出自巴勒斯坦，认为此书与《马太福音》有相似之处，如第 9 章第 4 节提及在山上收拾饼，都指向巴勒斯坦，然而理据甚弱，不少学者就认为《马太福音》不是写于巴勒斯坦。晚近学者杰福（Jefford）对此书出自叙利亚的说法，提供了新的假说，认为此书成形于叙利亚的安提阿，安提阿是一个多元社群的城市，汇聚了犹太和希腊的思想，原先安提阿的犹太信徒群体不断吸纳外邦信徒，外邦信徒在安提阿的教会中逐渐成为多数，这可以解释为何《遗训》一方面有很强的犹太基督徒思想，另一方面又好像是写给初信主的外邦信徒。若《马太福音》是在安提阿成书，则可解释此书与《马太福音》的相似之处。我们只得承认对本书无论是作者、写书日期及地点的问题，暂时都没有确实的答案。

写作目的

此书在初期教会中，相信是用作教导初入教的信徒，基于紧接首6章的教导，是有关洗礼应如何施行，因此有认为这是供将接受洗礼的信徒学习之用，亦可能是一份教会信徒的生活守则。

内容概要

本书的篇幅与《加拉太书》相近。首6章犹如群体的规章，作者以基督的双重命令（爱神和爱人），并引用"两条路"(Two Ways)的传统，说明基督徒信仰生活的基础。有别于《巴拿巴书信》在结尾时才使用"两条路"，本书一开始已引用，它们之间的类似的地方，大概不是谁抄袭谁，而是它们都参照类同的资料。本书关于"生命之路"的论述见于第1章第2节至第4章第14节，"死亡之路"的论述见于第5章第1至第2节，第6章第1至第3节是全段的总结。 在"生命之路"一段中，第1章第3节下至第2章第1节是耶稣的言论，此段言论与《马太福音》和《路加福音》中耶稣的言词有相似的地方，因此有学者认为，这是基于一份耶稣言论的资料(或称Q，即《马太福音》和《路加福音》共有的耶稣言论)，这段并不见于《巴拿巴书信》和《使徒教义》之中。与《马太福音》的登山宝训(5—7章)相似，《遗训》将两条路的传统，① 与双重爱的命令，② 及

---

① 《马太福音》7:13—27。
② 《马太福音》5:21—48，6:19—24。

"金科玉律"③放在一起。这里"金科玉律"是以消极的方式表达:"你们不愿意他人怎样待你,也不要这样对待他人"(1.2下)。第2章第2至第7节同样基于旧约十诫后五诫的不可做什么,说明爱邻舍的意义(2.1)。

不少学者将第3至第5章与拉比要为律法设定界限相提并论(密什拿,《先贤集》1.1),目的是以更具体的条文,确立第2章第2至第7节的教导。第3章第1至第6节是以"我的孩子"作为呼吁的对象,第3章第7至第10节内容反映出犹太传统中所谓"贫穷人的言词"(*anawim*),第4章第1至第11节说明在社会中如何自处,第4章第12至第14节可以说是这段"生命之路"的总结。第5章第1至第2节的"死亡之路",列出一连串的恶行来说明哪些是邪恶和可咒诅的行径。《遗训》与新约伦理要求的着重点不同,《遗训》较注重罪行本身,而不是犯罪背后的动机和态度。第6章第1至第2节总结说若实行以上所有的吩咐,便是负"主的轭",得以完全;若是不能者,则应尽其所能而为之。

第7至第15章内容似乎是向教会中的领袖说明教会中的礼仪,包括洗礼(7.1—4)、禁食和祷告(8章)、圣餐(9—10章),应如何进行;并论到教会的教制和纪律的执行(11—15章)。第7章第1至第4节清楚说明上文是为那些预备洗礼的人而写的,当他们省察了这一切的事后,便可奉父、子和圣灵的名,为他们施洗。④施洗首选用流水,若没有流水则可使用其他的,要将水三次浇在受洗者的头上。在洗礼之前一两天,受洗者和施洗者都应禁食。第8章开始讲述应如何禁食和祷告,禁食不应如伪善者(可能是指信奉犹太教的人),在礼拜一和四禁食,倒要在礼拜三和五禁食。第8章第2节以主在福音书中所教导的"主祷文"作为信徒祷告的典范。注意《马太福音》6:13下说,"因为国度、权柄、荣耀,全是你的,直到永远,阿们",在古抄本中是没有的,很可能是后

---

③ 《马太福音》7:12。

④ 参《马太福音》28:19—20。

来加上去的。然而《遗训》的主祷文版，有"因为权柄和荣耀，都是你的，直到永远"(8.2，参9.2，4)，可见这公式或近似的公式，在古教会中已建立。第9章第1至第10节记载了圣餐中三个感恩的祷告，一个为杯，一个为擘开的饼，最后是用过杯和饼后的感恩祷告。这些祷告反映出传统古老的教会祷文，与犹太人谢饭的祷文，有相似的地方，同时其内容亦反映出巴勒斯坦基督教原始的基督论，在为杯的祷告中，称耶稣为"你仆人大卫的圣葡萄树"(9.2)，强调了耶稣作为弥赛亚的角色，及他是真葡萄树（约15:1)。

第11至第15章处理一些与教会教制及纪律有关的事宜。第11章第1节至第12章第5节是关于如何根据"福音的规定"，试验真假巡回的使徒和先知。第13章教导读者应如何供养那些真正配得支持的先知。第14章第1至第3节是有关主日崇拜聚集、擘饼和谢恩、悔罪和献祭。第15章第1至第2节是关于如何选立主教和执事，以及他们应具备哪些素质，信徒应如何尊重他们。第15章第3至第4节是一些关于信徒生活的一般性的教导。

第16章是有关末世的教导。有认为原本的《遗训》，只有第1至第6章和第16章与"两条路"在资料上有相似之处，都是取材于耶稣言训。此段特别与《马太福音》24章有不少相似的教导。第16章第1至第2节劝勉信徒要预备主再来，第16章第3至第8节以天启的方式，说明主复临的征兆，第16章第3至第4节记载有关假先知和敌基督的出现，迷惑众人；这考验分出了两种人，一种背道以致灭亡，另一种忍耐以致得救(16.5)。接着天上有三个征兆，天开了、天上有响声如号筒和死人复活(16.6)，之后便是基督驾着天上的云降临 (16.7—8)。

《遗训》前半部分（1—6章）与犹太教的教导有不少相似的地方，反映出撰写或编辑的人，有很强的犹太背景，这部分可能是用作教导外邦初信者的。然而第7—第15章，则大部分是与犹太教不同的基督教内容，第8章第1节指犹太教人士为伪善者，就强调了他们的分别。因此有学者认为这种结合，反映出这文献使用的两个阶段，第一个阶段是以犹太基督徒的角度，向外邦信徒的教导，下一个阶段，则是以外邦基督徒的角度，强调与犹太教的分别。

补充参考

Jean-Paul Audet, *La Didachè : Instructions des apôtres* (Gabalda, 1958); J. S. Kloppenborg, 'Didache 16:6-8 and Special Matthean Tradition' *ZNW* 69-70 (1978—1979), 54-67; R. A. Kraft, *Barnabas and the Didache*. Vol. 3 of *The Apostolic Fathers*, ed. R. M. Grant (1965); 同上作者, *ABD* 2:187-198; C. N. Jefford, *The Sayings of Jesus in the Teaching of the Twelve Apostles* (SVC 9, 1989); 同上作者, ed. *The* Didache *in Context: Essays on its Text, History & Transmission* (SupNovT 77, 1995); J. A. Draper, ed., *The* Didache *in Modern Research* (AGAJDU 37, 1996); K. Niederwimmer, *The Didache*, tr. (Hermeneia, 1998)。

正 文

主借十二使徒对外邦人的教训。

第一章

1 道路有两条：一条是生命之路，一条是死亡之路；两条路极为不同。

2 生命之路是这样的：首先，"当爱那创造你的上帝"；其次，"要爱邻如己"；⑤ "你不愿他人怎样待你，也不要这样对待他人"⑥。

3 这些话语的教训是："要祝福诅咒你们的人"⑦，"为你们的仇敌祷告"，"为那逼迫你们的禁食"。"因为若爱那些爱你们的人，你们有什么值得称赞的呢？就是外邦人不也是这样行吗？"但"你们要爱那些恨恶你们的人"⑧，这样，你们就不会有仇敌。4 要禁戒肉体和外在的情欲。⑨ "有人在你的右脸打了一耳光，连另一边也转过来由他打"⑩，这样，你们就完全了。⑪ 有人"强迫你走一里路，你就跟他走

---

⑤ 参《马太福音》22:37, 39；《路加福音》10:27；《申命记》6:5；《利未记》19:18。

⑥ 参《马太福音》7:12；《路加福音》6:31。原文直译有"无论何事"（ὅσα ἐάν）。

⑦ 《路加福音》6:28。

⑧ 参《马太福音》5:44—47；《路加福音》6:27—28, 32—33, 35。

⑨ 参《彼得前书》2:11。

⑩ 参《马太福音》5:39。

⑪ 参《马太福音》5:48。

二里"；⑫ "有人拿你的外衣，连内衣都给他"；⑬ "有人从你身上拿走你的东西，不要讨回来"⑭，因你不能这样做。5 "凡求你的，就给他，不要求他归还"⑮，因为天父希望我们将他所赐的⑯分给众人。那遵照命令而施予的人有福了，因为这样的人是无罪⑰。但那没有需要而⑱接受的人有祸了：当然，那有需要而接受施予的人就无罪；但那没有需要而接受的人必须说明接受的因由，为什么接受，目的何在，他要入狱受审，要查究他所行的，若不还清最后一分钱，绝不能获得释放。⑲ 6 但关乎以下的事，也有话说："让你要施舍的礼物在你手中冒汗⑳，直到你知道应该给谁。"㉑

第二章

1 教训的第二条诫命是：2 "不可杀人，不可奸淫"，不可变男童，不可淫乱，"不可偷盗"，不可行邪术，不可施巫术，不可堕胎或杀害婴孩，"不可贪恋邻舍的财物，3 不可起假誓，不可作假见证"；㉒不可口出恶言；不可心存怨恨。4 不可三心二意，不可一口两舌，因为一口两舌是致命的网罗。5 你不可说虚假且无意义的话，总要用行为来证明。6 不可贪婪或贪得无厌，不可假冒伪善或怀恨在心或傲慢。不可设奸计陷害邻舍。7 不可恨恶他人，但有些人你要责备，有些人你要为他祷

---

⑫ 参《马太福音》5:41。
⑬ 参《路加福音》6:29，《马太福音》5:40。
⑭ 参《路加福音》6:30。
⑮ 参《路加福音》6:30。
⑯ 希：ἐκ τῶν ἰδίων χαρισμάτων。
⑰ "无罪的"，原文为 ἀθῷος。
⑱ 原文无"没有需要而"。
⑲ 参《马太福音》5:26；《路加福音》12:59。
⑳ "在你手中冒汗"，意思是：不要随便施舍。
㉑ "直到你知道应该给谁"，意思是：要深思熟虑才好向人施予，来源不详，参《德训篇》12 章第 1 至第 7 节。
㉒ 参《出埃及记》20:13—17（LXX）；《马太福音》5:3, 19:18。

告，有些人你应当爱他胜过爱自己的性命。

第三章

1 我的孩子啊，你要逃避各种邪恶及类似的事物。2 不可发怒，因为怒气导致杀戮。也不可妒忌，不要好争吵，不要暴躁，因为凶杀都是由此而生。3 我的孩子啊，不要好色，因为好色导致淫乱；不可说污秽的话，也不可以眼传情，因为奸淫的事都是由此而生。4 我的孩子啊，不要做占卜师㉓，因为这会导致偶像崇拜。你也不可行巫术或占星相，也不可做术士，不要乐意去看㉔这些事，因为拜偶像都是由此而生。5 我的孩子啊，你不可撒谎，因为撒谎导致偷盗的事。不可贪爱钱财或自负，因为偷窃行为都是由此而生。6 我的孩子啊，不可发怨言，因为怨言导致亵渎。不可傲慢或心生恶念，因为亵渎都是由此而生。

7 相反地，你要谦和，"因为谦和的人必承受土地"㉕。8 你要忍耐，要有怜悯，心思单纯，要安静、良善，总要遵行所听见的这些话。9 你不可自高，不可任由你心狂傲。不要与高傲的人相交，却要和义人及谦卑的人同住。10 临到你身上的际遇（译注：或事情），都要以为美而接受，要知道，离了上帝，任何事情都不可能发生。

第四章

1 我的孩子啊，你要昼夜记念那传上帝的道给你们的人㉖，要尊敬他如同尊敬主。因为哪里有传讲上主本性的事情，主就在那里。2 另外，你要天天寻求众圣徒的面，从他们的话语中得扶持。3 你不要纷争结党，却要使争吵的人彼此和睦。你要按公义判断；不可以偏见定人的

㉓ 占卜师，原文 οἰωνοσκόπος，指借观察飞禽走兽的行为或脏腑来预言未来的人。
㉔ 有抄本在此加"或听"。
㉕ 参《马太福音》5:5。
㉖ 参《希伯来书》13:7。

罪。4 你在作决定时不可犹豫不定。㉗

5 不要在领受时伸出双手，却在施舍时缩回手来。6 你若双手劳作而有所获，就当将所得的给人一份，好赎你的罪㉘。7 施舍不可迟疑，也不可发怨言，因为你终将知道谁是那良善的发报酬的人。8 你不要拒绝有缺乏的人，要与弟兄共享一切，不要声称任何东西是属于你的。㉙ 你既然有分于那不朽坏的，更何况这能朽坏的呢！

9 你不要收回你在儿女身上的手㉚，要从小教导他们敬畏上帝。10 你不要在怒气中命令（与你仰望同一位上帝的）奴隶或婢女，免得他们不敬畏那在你们双方之上的上帝。因为他来不是按声望呼召人，乃是呼召圣灵所预备的人。11 你们做奴仆的，应存着尊重和敬畏的心顺服你们的主人，以他们为上帝的标志。

12 你要恨恶一切假冒伪善，和一切不讨主喜悦的事。13 不可摒弃主的诫命，却要持守你所领受的，不可加添，也不可删减。㉛ 14 要在教会中承认你的过犯，你不可存有愧的良心前去祷告。这就是生命之路。

第五章

1 死亡之路却是如此：首先，它是邪恶的，是彻底被咒诅的；是凶杀，淫乱，放纵情欲，奸淫，偷盗，拜偶像，行邪术，施巫术，抢劫，作假见证，假冒伪善，表里不一，欺诈，狂傲，邪恶，顽固，贪婪，污言秽语，妒忌，胆大妄为，傲慢，自夸。2 这路属于迫害善良、恨恶真理、喜爱谎言、不知道公义的赏赐、不遵循良善或公平审判的人；他们时刻警戒不为行善，乃为作恶；他们远离温柔与忍耐，喜爱无价值之

㉗ "作决定时……犹豫不定"，这句话意思不明确，字面意思是"心存正反两种想法"。
㉘ "好赎你的罪"，直译作"就当为你的罪付一份赎金"。
㉙ 参《使徒行传》4:32。
㉚ "收回……手"，意思是忽略你的责任。
㉛ 参《申命记》4:2；12:32（LXX 13:1）。

事，寻求回报，不怜恤穷人，不为受压迫者的益处着想，不认识那造他们的主；他们杀戮孩童，毁坏上帝的创造物，厌恶需要帮助的人，欺压痛苦的人；他们为富足的人辩护，不法地审判穷人，完全陷在罪中。孩子们啊，愿你们能从这些事中得解救！

第六章

1 当留心，免得有人使你偏离这生命之路的教训[32]，因为此等人的教导忽视上帝。2 你若能完全负起主的轭，你就完全了。若是不能，也当尽力去行。

3 论到食物，你就按着你所能接受的去接受，但无论如何，绝对不可吃那祭偶像的肉，因为此肉用以祭拜无生命的神。

第七章

1 论到洗礼，你要按照下述方法施洗：既事先省察[33]上述所有的事，便要"奉父、子、圣灵的名"[34]在流动的[35]水里施洗；2 倘若没有流动的水，也可以用别的水施洗；若不能用冷水施洗，也可以用温水。[36] 3 若是没有足够的[37]冷水和温水，可以"奉父、子、圣灵的名"在头上浇水三次。[38] 4 洗礼之前，施洗者与受洗者和其他做得到的人都要禁食。你要嘱咐受洗的人，在受洗前应禁食一至两天。

---

[32] 希腊文 ταύτης τῆς ὁδοῦ τῆς διδαχῆς，亦可译作：这教训的道路。
[33] 指在那些将要受洗的人身上"省察"。
[34] 《马太福音》28:19。
[35] "流动"，字面意思是"活"；下同。
[36] 参德尔图良在《论洗礼》第四章说："无论在海里或池塘，在溪流或水泉，湖里或在水槽里洗礼，均没有区别。"
[37] 原文无此词。
[38] 这似乎是最早提到的浸礼以外的一种基督教洗礼形式。

第八章

1 但你们不可与假冒伪善的人同时禁食,他们在礼拜一和礼拜四禁食,你们便要在礼拜三和礼拜五禁食。2 你们祷告不要像那假冒伪善的人,而要照着主在他的福音书中所吩咐的"这样祷告":

我们在天上的父,

愿人都尊你的名为圣,

愿你的国降临,

愿你的旨意行在地上如同行在天上。

我们日用的饮食今日赐给我们,

免我们的债,如同我们免了人的债,

不叫我们遇见试探,但救我们脱离恶者。[39]

因为权柄、荣耀都是你的,直到永远。[40]

3 应当一天三次这样祷告。

第九章

1 关于圣餐[41],要这样祝谢:

2 首先,为杯祝谢说[42]:

我们的父,

为着你仆人大卫的圣葡萄树,我们感谢你,

你已借着你仆人耶稣将它表明出来;

---

[39] "恶者",或译"邪恶"。

[40] 参《马太福音》6:9—13。

[41] 圣餐,就是"感谢祭",εὐχαριστία一词在新约中通常的意思是"感谢"或"感恩"(参《使徒行传》24:3;《腓立比书》4:6;《帖撒罗尼迦前书》3:9),这词不久便成为用以表达"感恩"的主要行动,即主的晚餐的专门用语(参伊格纳修的《致士每拿人书》6.2;殉道者查士丁的《护教文前篇》65章(Justin Martyr, 1 *Apology* 65)。莱特富特显然要涵盖这两层含义,将这词译为"圣餐感恩祭"(eucharistic thanksgiving)。

[42] 原文无"祝谢说"。

愿荣耀归于你,直到永远。

3 接着,为擘开的饼祝谢说[43]:

我们的父,

为着生命和知识,我们感谢你,

你已借着你仆人耶稣表明出来;

愿荣耀归于你,直到永远。

4 正如这擘开的饼,

曾经散布山冈[44],而后聚合成为一体,

愿你的教会也从地极聚集,进入你的国度,

因为荣耀、权柄都借着耶稣基督归于你,直到永远。

5 除了奉主的名受过洗的人之外,任何人都不得吃喝圣餐,因为对此,主也曾说:"不要把圣物给狗。"[45]

第十章

1 你们吃饱之后,要这样感谢,说:

2 "圣父啊,我们感谢你,

因你赐下你的圣名住在我们心中,

也因你借着你仆人耶稣使我们明白知识,信心与永生;

愿荣耀归于你,直到永远。

3 全能的主宰啊,为了你圣名的缘故,你创造了万物,

赐饮食给世人享受,因此他们感谢你,

但对于我们,你却借着你的仆人,[46]

恩赐属灵的饮食和永恒的生命。

---

[43] 原文无"祝谢说"。
[44] "散布山冈的饼",可能指五饼二鱼神迹中的饼。——译者注
[45] 《马太福音》7:6。
[46] "仆人",有抄本在此加"耶稣"。

4 我们尤其要感谢你，因你满有权能。

愿荣耀归于你，直到永远。

5 主啊，请记念你的教会，

救它脱离一切凶恶，

在你的爱中使它完全，

将这已成圣的教会，从四方的风中聚集在一起，

进入你为它所预备的国度。

因为权柄、荣耀都是你的，直到永远。

6 愿恩典降下，并愿这个世界消逝。

和散那归给大卫的上帝。

凡圣洁的人，让他来！

不圣洁的人，要让他悔改。㊼

主啊，愿你来！㊽ 阿们。

7 你们应让众先知照他们所愿的感恩。㊾

第十一章

1 若有人要来将上述的教训教导你们，你们要接待他。2 但若有教师自己走迷，又将别的教训教导你们，破坏以上的教训，你们不要听他。然而，如果他的教导有助于公义和主的知识，你们要接待他如同接待主。

3 关于使徒和先知，你们应按福音的规定对待他们。4 凡使徒到你们那里，要接待他如同接待主。5 但他只能在你们那里住一天，如有需要，可以住两天；若是住上三天，他便是假先知了。6 使徒离开时，除

㊼ "悔改"，或作"归信"。

㊽ "Maranatha" 即 Μαραναθα，意思是"我们的主啊，愿你来"；参《哥林多前书》16：22。

㊾ 有抄本在此插入一段，内容如下"论到膏油，当这样祝谢：父啊，因你借着你仆人耶稣而显明的香膏，我们感谢你；愿荣耀归于你，直到永远。阿们"。参卡来夫特（Kraft）的《巴拿巴与十二使徒遗训》（Barnabas and the Didache），第 167—169 页，以供讨论。

了够他食用到当晚投宿别处的食物之外，不可带走任何东西；若是索要金钱，他便是假先知。

7 不可试探或评价任何借着圣灵说话的先知，因为一切的罪都可得赦免，唯有这罪不得赦免。㊿ 8 然而，不是所有借着灵说话的都是先知，唯有遵主的道而行的才是先知。所以，你们从他的行为就可以分辨是真或假的先知。9 此外，凡先知借着灵吩咐你们摆设筵席，他必不吃，他若吃，就是假先知。10 凡先知教导真理，却不照所教的去行，他就是假先知。11 凡已被证明是真先知的，他为了表现教会的象征意义而用属世的方式来行一些事㉛（只要他没有教导人照他所行去行），你们不可论断他，因为自有上帝来审断。而且，古时的先知也是如此行事。12 但如有任何人借着灵说"给我金钱"，或别的东西，你们不要听从他；但他若是为他人的需要而叫你们施舍，你们就不应论断他。

第十二章

1 凡是"奉主名而来"的人，你们都要接待；但随后要考验他，你们必能看出真假，因为你们会有这洞察力。㋅2 若来的只是旅客，当尽你所能去帮助他，但他最多只能逗留两天，如有必要，可以住三天。3 倘若他想在你们那里长住，且是个手艺人，就让他自食其力。4 他若不是手艺人，你们就按照自己的判断来决定，他作为一个基督徒，当如何与你们同住，但不可游手好闲。5 他若不愿意这样做，就是利用基督了。你们当防备这种人。

㊿ 参《马太福音》12:31。

㉛ "他为了表现……行一些事"，直译作"他的行为着眼于教会的属世奥秘"。这个短语或译作：他用属世的方式把教会的象征意义表达出来。这短语一直没有满意的解释。它可能指为了传达属灵真理而做出一些象征性的行为，类似某些旧约先知所行的（如：何西阿娶歌篾），但教会团体中某些成员会质疑这行为是否恰当。

㋅ "看出真假……洞察力"，直译作"因为你们会知道左右"。

第十三章

1 凡愿意在你们中间住下来的真先知，都“配得你们供给他食物”。2 真教师也一样，他就如“工人得饮食是应当的”(53)。3 所以，你们要取酒醡、禾场，和牛羊的初熟产物，供给先知，因为他们是你们的大祭司。4 倘若你们那里没有先知，就当施舍给穷人。5 若是做饼，当照着规例，将第一个施舍给人。6 同样地，当你们打开一坛酒或油，要将第一份给予先知。7 至于金钱、衣物，以及其他财产，当将那似乎属于你的“初熟的果子”按照诫命施舍给人。

第十四章

1 在主自己的日子，你们要聚集在一起，首先承认你们的过犯，然后擘饼祝谢，这样，你们的祭物才得洁净。2 凡与弟兄(54)结怨的，若没有和好，就要禁止他们参与，免得玷污你们的祭物。3 因为主曾论到这祭物，说：“无论何时何地，要献洁净的祭物给我，因为我是大君王，主说，我的名在外邦中是奇妙的。”(55)

第十五章

1 所以，你们当为自己委任(56)配得起主的人为主教和执事，就是那谦卑、不贪财、诚实和被认可的男人，因为他们也要为你们担当先知和教师的职责。2 因此，你们不可轻视他们，因为他们和先知及教师一道，都是你们尊敬的人。

3 此外，你们要彼此纠正，但不是在怒气中，乃是在和睦中，就如

(53) 《马太福音》10:10。
(54) “弟兄”，直译作“同伴”。
(55) 参《玛拉基书》1:11，14。
(56) “委任”，或译作“选出”。

你们从福音书中所学到的。若有人得罪邻舍，任何人都不要与他交谈，也不要让他听见你们的话，直到他悔改为止。4 你们的祷告和周济，以及一切行为，都要遵照我们主的福音书中所写的去做。

第十六章

1 当为你的生命“警醒”：不要让你们的灯熄灭，不可放松，要常做准备，因为你们不知道我们的主几时来到。(57)2 要常常聚会，追求有益于你们灵魂的事物，因为末日时，你们若还未完全，则你们信主的时间有多长都无济于事。(58)3 在末后的日子，假先知与败坏者将会增多，绵羊将变为豺狼，爱将变成恨恶；4 因为当不法之事增多，人便会彼此憎恨，互相逼迫和彼此陷害。(59)然后这世界的欺诈者必将冒充上帝的儿子而出现，并“要行神迹奇事”(60)，全地要交在他手里，他要行从来没有过的可憎之事。5 那时，所有人类必将进入火的试炼，有“许多的人跌倒”并灭亡，但那因信而“心存忍耐”的人，必借着被咒诅者自己(61)而得救。(62)6 那时，真理的“记号要显现”(63)：第一个记号是天开了，第二个记号是号筒吹响，(64)第三个是死人复活；7 但并不是所有死人都复活，却如经上所说：“主必降临，所有的圣徒也与他一同来临。”(65)8 然后世人“将看见主驾着天上的云降临”(66)。

---

(57) 参《马太福音》24:42；《马可福音》13:35，37；《路加福音》12:35，40。

(58) 参《巴拿巴书信》4 章 9 节。

(59) 参《马太福音》24:10—12。

(60) 参《马可福音》13:22。

(61) “借着被咒诅者自己”，或译“借着那被咒诅的人”（参《加拉太书》3:13，两种译法都是指基督）；或译作“因咒诅本身”。Audet（*Didache*，469，472－473）赞同《格鲁吉亚译本》的翻译：“从咒诅”，他理解其所指为“坟墓”。

(62) 参《马太福音》24:10，13。

(63) 参《马太福音》24:30。

(64) 参《马太福音》24:31；《哥林多前书》15:52；《帖撒罗尼迦前书》4:16。

(65) 《撒迦利亚书》14:5；参《帖撒罗尼迦前书》3:13。

(66) 参《马太福音》24:30。

巴拿巴书信

导　读

本书信反映出初期教会信徒所面对的一个重要问题，就是基督徒应如何理解旧约，以及基督教与犹太教的关系，这亦是后来伊便尼派（Ebionites）所关注的。本书以寓意解释旧约见称。

优西比乌（《教会史》6.13.6；14.1）认为此书的权威富有争议性，然而此书见于《赫若苏里觅坦尼司抄本》（4世纪），表明它受到教会的重视，甚至有近乎正典的地位。此书亦见于君士坦丁抄本（见《克莱门一书》），还有一组九份较后期的希腊抄本，《巴拿巴书信》由第5章第8节起直接连于《波利卡普致腓立比人书》的第9章第2节，此外还有一份蒲草纸的残页，只有第9章第1至第6节，和一份拉丁文的译本（只有1—17章）。《西奈抄本》将本书置于启示录和《黑马牧人书》之间。亚历山大的克莱门在他的著作《杂记》中至少引用此书信七次。

作　者

我们无从确定本书信的作者是谁，在本书信某些抄本中，有两处出现"巴拿巴"这名字，第一次出现于卷首，然而学者大多相信这是后期加上去的，因为当时没有将标题放于卷首的做法；第二次出现于卷末的总结，这比较符合当时的习惯，然而这巴拿巴是否《使徒行传》（12—13章，参《加拉太书》2：13）所载的那位，则不能就此确定。哲罗姆、亚历山大的克莱门（见如《杂记》2.31.2）、埃及主教塞拉皮翁（Serapion）和奥利金（《驳塞尔修斯》1.63）都认为是保罗宣教的伙伴使徒巴拿巴所写的。优西比乌（《教会史》3.25.4）将这书与《保罗行传》等列为"非真迹"，表明他不相信是巴拿巴所写。

本书的写作对象是非犹太裔的基督徒，他们是从黑暗和偶像敬拜中被拯救出来的一群（14.5—8；16.7），作者虽是一名教师，但声称是读者的一分子（1.8，4.6，9；9.9），他不像《使徒行传》中所说的出身于塞浦路斯的犹太基督徒，而是善于使用寓意释经的非犹太裔信徒。

写作时间及地点

主要有三种不同的看法，有人认为它写于公元70—79年间，作者是使徒巴拿巴；有认为它写于公元96—100年间，在罗马皇帝涅尔瓦（Nerva；公元96—98）或图拉真（Trajan；公元98—117）统治年间，主要因为内容没有涉及政权对基督徒的逼害；有认为它写于公元132—135年间，因本书第16章第4节曾引喻圣殿的被毁及重建，这正是犹太人第二次叛变时巴柯巴（Bar Kokhba）对犹太人的号召。然而自第二圣殿被毁于公元70年，在犹太人中间不时有这呼声，并非巴柯巴时才出现。我们亦不能从书中所引的新约经文来确定其写作日期。只可估计写于公元70（圣殿被毁）至135年（巴柯巴叛变）之间。

由于此书曾使用寓意释经（allegorical interpretation），这种方法并非局限于亚历山大，但在亚历山大的教会中极其盛行，在1世纪使用这种释经方法的犹太学者中，斐洛（Philo）是佼佼者。加上已知最早引用《巴拿巴书信》的作者是亚历山大的克莱门，他还称此书作者为"那使徒"或"先知巴拿巴"，就是与圣保罗一起传道的那位（《杂记》2.6、7、15、18、20，5.10，6.8），因此本书很可能是写于亚历山大。

写作目的

本书反省基督教与犹太教之间的关系，可能反映基督教会与犹太会堂之间冲突已相当白热化，然而难以确定本书是针对一个特定的历史情况，还是一般性的议论，越来越多的学者认为本书并非与犹太教人士争论，而是为着教会内部的自我理解而写的。首 17 章记载作者对旧约经文的正解，按他的理解，整个旧约都是说明基督的来临及带来救赎的恩典，以色列因犯罪而放弃了与上帝之间的圣约，基督徒是上帝的约真正的继承者（4.8，6.19，13.6，14.4—5）。第 18 至第 20 章则以"两条路"（Two Ways）的传统，教导信徒应有的生活。这种编排说明伦理生活是建基于教义。作者是要读者得到"完全的知识"（1.5），这包括正确地理解旧约，以及在末世的年代如何生活。

内容概要

第 1 章第 1 节至第 2 章第 3 节的引言，开宗明义地说明此书讨论三个教义或观念：（1）基于信心而有盼望的生命；（2）基于审判的公义；（3）爱的喜乐作为义行的见证，这是首 17 章的概要。第 18 至第 20 章对比光明和黑暗的路，第 21 章则以警告和祝福作结。

作者声言自己并非以教师的身份教导读者，而是将自己看为他们中间的一分子（1.8），主曾借众先知向他们显明过去和现在的事，并使他们预尝将来的事，正如主所预言的（1.7），他们在现今邪恶的日子中要谨守，行主所要求的义（2.1）。由第 2 章第 4 节至第 3 章第 6 节作者说明先知所要求的，不是献祭或禁食等礼仪，而是破碎的心，并行公义和好怜悯。这大概就是他所说的过去和现在的事。第 4 章第 1 至第 14 节是作者所说的将临的事，读者要谨守警醒，他在第 4 章第 4 节引用《但以理书》7：24 和 7：7—8，说他们理应明白，并在第 4 章第 7 节引用《出埃及记》34：28（31：18），在第 4 章第 8 节引用《出埃及记》32：7（《申命记》9：12），解释那些在旧约之下生活的犹太人违背了摩西的约，摩西将约版打碎，以致他们不配领受印在人心中的耶稣之约

(4.6—8，参14.1—4)。信徒要在末世这无法无天的日子，逃避虚荣，恨恶恶行；要聚集在一起，勉励行善，成为上帝完美的殿，遵守上帝的律法。

第5章第1节至第8章第7节，作者以寓意方式解释旧约的经文，说明主耶稣各方面的工作。如第6章第8至第19节详细解释《创世记》1：26，28和《出埃及记》33：1，3，所应许的是给予那些主约的继承人，叫他们得以完全 (6.19)；又在第7章第3至第11节和第8章第1至第7节，分别解释赎罪日的礼仪和红母牛的礼仪（《民数记》19：1—10），并且在第9章第1节至第10章第12节，提供犹太制度中割礼和摩西有关食物条例的"属灵"解释，将这些礼仪性律例，化为伦理道德的勉励。这种做法并非本书作者的发明，在第二圣殿时期如斐洛及《亚里斯蒂亚书信》(*Letter of Aristeas*)，都使用过这种解经的方法。在第11章第1节至第12章第1节，作者说明两个基督教独特的教训，有关水洗和十字架在旧约中的预表，约书亚这希伯来名字，在希腊文的译法就是耶稣，因此旧约嫩的儿子约书亚，是耶稣的预表。巴拿巴这种表达的方式，在以后教父查士丁的作品中，有更详细的演绎。

《巴拿巴书信》的重点，在于对比旧约和新约，并且断言上帝真正的约是与基督徒，而非与犹太人建立的 (13.1—14.9)。作者以利百加生孪生子 (13.2—3) 及雅各为以法莲和玛拿西祝福为例 (13.4—5)，说明在前的反而在后，在后的反而在前，后来者才是立约的真正继承人。同时亚伯拉罕是在未受割礼时，得称为义的 (13.7)。犹太人失去了他们的地位，是因为他们违背了摩西在主手中所领受的诫命，摩西将手上主立约的法版摔碎，表明以色列人不配承受子民的身份(14.1—4)。基督徒得以成为上帝的子民，是因为主将自己的生命为我们献上，为我们受苦 (14.5—9)。顺理成章地，旧约的安息日不再有效，取而代之的是"第八天"，是另一世界的开始，是信徒庆祝耶稣从死里复活的日子 (15

章)。圣殿也被取代,新约上帝的子民成为上帝居住的所在 (16.8),是属灵的殿 (16 章)。第 17 章是上文的总结语,以上所说的,皆是与救恩有关,是足够的了。至于有关更多现在或将来的事,因为是以比喻的方式表达,他们不会明白。拉丁文的译本就在此章终结,并加上:"再且你们得着有关基督尊贵的体悟,万物如何在他里面和借着他而存在,愿荣耀、权能和光华都归给他,从今时直到永远。《巴拿巴书信》在此结束。"

希腊文的抄本却开始一个新的段落:"让我们继续谈论另一个功课,另一个教训"(18.1)。第 18 至第 20 章与《十二使徒遗训》第 1 章第 1 节至第 6 章第 2 节类似,都是所谓"两条路"的传统教导,两者都使用这传统教导,但它们之间的关系,却是千丝万缕,难以理清。有认为是《巴拿巴书信》抄袭《遗训》(如 F. X. Funk),亦有持相反意见者(如早期 A. von Harnack、J. A. Robinson),现大部分学者都接受它们所取材的一份原始资料,但究竟是单一份资料,还是两份类似的资料,则难以确定(参 J. S. Kloppenborg)。

《巴拿巴书信》的"两条路"的传统教导,几乎没有任何独特的基督教元素。在一份如此针对犹太教的文献中,几乎全是使用出自犹太教传统的资料,是有些不寻常的。可能作者来自一个非犹太裔的基督徒群体,他们当中有初入教的,不只需要那些独特地属于基督教的教导,如水礼和十字架,在日常的道德生活中,也需要一些普遍性的原则,这些原则可从基督教所承接的犹太教中得到。初信者需要教导他们爱上帝,就是那位创造主,要敬畏他,不可拜偶像、行邪术,要爱邻舍,不可杀人、不可奸淫、不可贪心、不可偏心、不可虚假、要施舍等基本的教训,这些都是非犹太裔信徒需要学习的。作者最后以第 21 章总结"两条路"的教导,勉励读者不只要学习,也要实践。作者相信终有一天,一切东西连同邪恶都要被消灭,主基督要带来最终的赏赐。信徒是活在这末世之下,最终的审判成为信徒行善的动力。

补充参考

von Harnack, A. *Das Schreiben der römischen Kirche an die korinthische aus der Zeit Domitians*. Leipzig: Hinrichs, 1929. J. A. Robinson, *Barnabas, Hermas and the Didache: Donnellan Lectures at the University of Dublin* (London: SPCK; New York: Macmillan, 1920); R. A. Kraft, *Barnabas and the Didache*. Vol. 3 of *The Apostolic Fathers*, ed. R. M. Grant (1965); J. C. Treat, *ABD* 1:611—614; C. N. Jefford, ed. *The Didache in Context: Essays on its Text, History & Transmission* (SupNovT 77, 1995).

正 文

第一章

1 儿女们，奉爱我们的主之名，祝你们平安！2 看到上帝对你们的公义行为如此伟大和丰富，我为你们蒙福和荣耀的心灵而大大欢喜，喜乐满溢；因你们领受属灵礼物的恩典已经深深地扎根！3 所以我这同样盼望得救的人更加庆幸，因为我在你们中间真正见到，从主的泉源丰盛处有圣灵浇灌在你们身上。我因长久期望要见你们，而为你们所折服。4 所以，深信着这事，并意识到我曾在你们中间讲过许多事的事实，我知道主与我同行于公义之路，首要的①是，我不得不爱你们胜过爱我自己的灵魂，你们因盼望他的生命，就有极大的信心和爱居住在你们里面。5 于是，我认为只要多关心你们，将所领受的分享给你们，我必会因服侍你们这样的心灵而得奖赏。既有这样的想法，我便赶紧给你们寄来一封短笺，使你们有了信心，还得着完全的知识。

6 主的基本教义有三：生命的盼望是我们信心的开始和结尾；公义是审判的开始和结尾；欢喜快乐的爱是公义行为的见证。7 因为主借着众先知，将过去和现在的事向我们显明，又使我们预尝将来的事。因

---

① "我曾在你们中间……首要的"，或译作"因我曾在你们中间说，我明白许多事，因为上主……公义之路，首要的"。

而，我们看见这些事情一件接一件照着他所预言地发生，就应当因敬畏他而献上更丰富、更崇高的祭。②8 但我要作为你们的一员，而非教师的身份指明一些事，这些事将使你们在现今的环境中振作起来。

第二章

1 鉴于那日子是邪恶的，而那工人③本身掌管权势，我们应当持守自己，寻求主公义的要求。2 敬畏和耐心是我们信心的帮助者，忍耐和节制是我们的盟友。3 这些与主有关的事情是坚守圣洁，在智慧、理解、见识和知识上和他们一起喜乐。4 因此他已借着所有先知使我们明白，他既不需要祭物，也不需要供献全燔祭，经上有一处说：5 "'你们所献的许多祭物，对我有什么作用呢？'主说，'全燔祭，我已经够了，我不要羔羊的脂油或公牛山羊的血，即使你们来到我面前，我也不要。谁向你们讨这些呢？你们不要再践踏我的院宇。你们献上好面粉是徒劳的。所献的香是我所憎恶的。你们的月朔和安息日我也不能容忍。'"④ 6 那么，他废除了这些事物，好叫我们的主耶稣基督那毫无强迫之轭的新律法，可以得着那不是人手所做的祭。7 他又对他们说："你们的列祖从埃及地出来时，我岂曾吩咐他们献全燔祭和别的祭呢？⑤8 正相反，我吩咐他们的是：'你们谁也不可对邻舍心怀怨恨，不可喜爱起假誓。'"⑥9 我们应当了解（因为我们不是没有聪明）我们父亲仁慈的意念，他对我们说，他希望我们寻求如何靠近他，而不是像他们一样走迷。10 所以，他这样对我们说："献给上帝⑦的祭物是一颗破碎的

---

② "因敬畏他"，直译作"惧怕他"。
③ "工人"，即"邪恶的"。
④ 参《以赛亚书》1：11—13（LXX）。
⑤ 参《耶利米书》7：22—23（LXX）。
⑥ 参《撒迦利亚书》8：17（LXX）。
⑦ "上帝"，有抄本作"上主"。

心⑧，讨主喜悦的香气是荣耀他的创造者的心。"⑨ 所以，弟兄们，我们应当十分关注我们的救恩，免得那恶者将错误的想法塞入我们中间，进而抛弃生命。

第三章

1 所以，他又告诉他们这些事："主说：'你们为何为我禁食，以致今日号啕大哭呢？这不是我所拣选的禁食，'主说，'不是一个人使自己的心蒙羞；2 不是垂头成圆圈，不是穿着麻衣躺在灰尘中，这不是你们称为蒙悦纳的禁食。'"⑩ 3 但他对我们说："'看啊，我所拣选的禁食，'主说，'是松开所有不公正的绳索，解开强迫人同意的结，使被压迫的得自由，解除一切不公道的约束。把你们的饼分给饥饿的人，见到有人赤身就给他衣服遮体，将无家可归的人接到你们家里，见到地位卑微的不要轻视他，你家中的人也不要如此。4 这样你们的光必在清晨发出，你们必速速得医治⑪，公义必行在你前面，上帝的荣耀必围绕你。5 那时你要求告，上帝必垂听；你们若从你们当中除去压迫和轻蔑的举动以及发怨言的事，从心里施舍粮食给饥饿的人，怜悯被压制的心灵。当你还在呼求时，他必说：'我在这里。'"⑫ 6 为此，弟兄们，他是完全忍耐，当预先看到他在所爱的人里预备的子民将如何相信全然洁净，就事先将万事启示给我们，为的是我们可以不像过去一样"皈依"他们的律法而沉沦。

第四章

1 因此，我们应当非常仔细地查看如今的情势，查明那些能救我们

---

⑧ 参《诗篇》51:17（LXX 50:19）。
⑨ 来源不详。根据 C 抄本的注，这来自失传的《亚当启示录》(Apocalypse of Adam)。
⑩ 参《以赛亚书》58:4—5（LXX）。
⑪ "医治"，原文为 ἰάματα，有抄本作"外套"（ἱμάτια）。
⑫ 参《以赛亚书》58:6—10（LXX）。

的事。我们要彻底回避一切非法的行为，免得非法的行为征服我们，我们当厌恶如今这时代的诡诈，好在将来的时代成为蒙爱的人。2 我们不可放任自己的灵魂，以致它与罪人和恶人联合，免得我们变得像他们一样。3 那最后的绊脚石已在手中，就是圣经所说，以诺书里记着的。主之所以缩短时日，是为了叫他所爱的能快快进入他的基业。4 先知也这样说："十个王国将统治世界，在他们之后⑬将有一个小王兴起，他一下子就制伏其中三个王。"⑭ 5 对此，但以理也说："我见了第四兽，又邪恶又强壮，比世上⑮一切兽更危险，它头上突然长出十个角，其中又长起一个小支角，它一下子就制伏了大角中的三个角。"⑯ 6 所以，你们应当了解。此外，作为你们当中的一员和一个以特殊的方式爱你们所有人胜过爱我自己的灵魂的人，我请求你们：你们现在要警惕，不要像某些人，在宣讲你们的约是不可撤销的约时，继续堆积自己的罪孽，因为摩西刚刚领受这约，这些人实际上⑰就以下面的方式完全失去了这约。7 因为经上说"摩西在山上禁食四十昼夜，从主领受了约，是主的手指写在石版上的。"⑱ 8 但是他们转向偶像而丧失了它。因而主说："摩西，摩西，赶快下去，因为你的百姓，就是你从埃及领出来的，已经违背了律法。"⑲摩西明白，把手中的两块版摔出去，他们的约就成了碎片，为叫所爱的耶稣的约能借着信他而得的盼望，印在我们的心中。9（尽管我想再多写一些，不是作为教师，而是以合适的身份，不愿漏掉我们所拥有的任何东西的人，不过，我急于继续写——誓忠于你的仆人）。

---

⑬ "他们之后"，有抄本作"此后"。
⑭ 参《但以理书》7:24。
⑮ "世上"，有抄本作"海"。
⑯ 参《但以理书》7:7—8。
⑰ "你们的约……实际上"，此处文本很不肯定，本文英译本随 C 抄本，其他许多译本则采纳抄本 L 的意思："这约既是他们的，也是我们的，它是我们的，但……"有学者提议将文本改为："我们的约，也为他们存留，它是我们的，但……"
⑱ 参《出埃及记》34:28, 31:18。
⑲ 参《出埃及记》32:7；《申命记》9:12。

因此，在末日我们要警醒，因信仰⑳的时间多久对我们没有益处，除非我们在如今这个不法的时代，抗拒那来到的绊脚石，做上帝合宜的孩子，免得那黑暗者有机可乘。10 我们要㉑避开各种虚浮，要彻底地厌恶邪恶道路的作为。你们不可独自走开，且单独居处，好像你已成为义的，而是要聚集一起，寻求共同的益处。11 因为经上说："祸哉，那些自以为有智慧，自看为聪明的人。"㉒我们要成为属灵的，要成为上帝完美的殿。我们要尽自己所能地培养对上帝的敬畏，力求持守他的诫命，好叫我们因他的典章而欢喜。12 主审判世界没有偏见。各人要按照他所行的受报：人若是善良，他的公义会引领他，若是邪恶，行恶的工价必来到他面前。13 我们永远不可沉睡于罪中，仿佛已经"被召"是可以休息的借口，免得邪恶的掌权者凌驾于我们之上，把我们从主的国里抛掷出去。14 我的弟兄们，你们还应考虑到，你们看见如此非凡的征兆和奇事行在以色列以后，他们依然被弃绝了，我们要当心，免得我们被发现是像经上所写的"被召的人多，选上的人少"㉓。

第五章

1 正因为此，主容忍将他的肉身交给朽坏，好叫我们因他所洒的血㉔，罪得赦免而洁净。2 经上关于他的事，一部分和以色列有关，一部分和我们有关，它这样说："他为我们的过犯受伤，为我们的罪孽受折磨，因他受的伤我们得医治。他像绵羊被牵去宰杀，又像羊羔在剪毛的人面前无声。"㉕3 所以，我们非常感谢主，因他使我们知道关于过去的知识，赐给我们现今处境的智慧，也叫我们明白关于未来的事。4 如今

㉑ "信仰"，有抄本作"生命"，也有作"生命和信仰"。参《十二使徒遗训》16:2。
㉑ "孩子，免得……我们要"，有抄本作"孩子，因此，免得……要"。
㉒ 参《以赛亚书》5:21（LXX）。
㉓ 参《马太福音》22:14。
㉔ "他所洒的血"，有抄本作"借着他的血洒出"。
㉕ 参《以赛亚书》53:5，7。

经上说:"铺张网罗以捕鸟,并非不义。"㉖ 意思是:人若是知道公义的道路,却使自己陷于黑暗之路,他就应当灭亡。5 还有,我的弟兄们,主曾为了我们的灵魂而忍受苦难,即使他是全世界的主,上帝在创立世界的根基时曾对他说:"我们要照着我们的样式和形像造人"㉗,那么,他是怎样在人的手中忍受苦痛呢?要效法! 6 从他领受过恩典的先知们,曾说过关于他的预言,他顺服是为了摧毁死亡,并表明死人复活的真实,所以他必须在肉身显现。㉘ 7 他顺服也是为了弥补并证实对列祖的应许(在为自己预备新民族时),趁他在世之时,在他使死人复活之后,他要施行审判。8 此外,借着教导以色列人和施行超凡的奇事神迹,他向他们讲道且热烈地爱过他们;9 当他选立自己的使徒,就是命定要去传他的福音的人时(那些犯过大罪的人,表明"他来不是召义人,乃是召罪人"),他显明了自己是上帝的儿子。10 假如他不曾以肉身来到,世人就没有办法因见他而蒙拯救㉙。㉚ 因为当他们仅仅注目于太阳,就没办法定睛于它的光芒,虽然太阳是他手所做的工,且终将不复存在。11 上帝的儿子为此以肉身来到,好完成那些迫害他众先知至死的人所犯下的全部罪孽。12 他为此而忍受了一切。因为上帝说他肉体所受的伤是从他们来的:"当他们击打自己的牧人时,羊群必被毁灭。"㉛ 13 他自己甘愿以这种方式受苦,因为他必须在木头上受难。有先知论到他:"愿我的灵魂从剑下逃生"㉜,"把我的肉身钉住,因为恶人的集会㉝起来反对我。"㉞ 14 他又说:"看哪,我任人打我的背,捆我的面

㉖ 参《箴言》1:17(LXX)。

㉗ 《创世记》1:26。

㉘ 参《马太福音》9:13。

㉙ "因见他而蒙拯救",或译"一见到就得以存活"。

㉚ "世人就没有办法因见他而蒙拯救",有抄本作"世人如何因见他而蒙拯救?"

㉛ 参《撒迦利亚书》13:7;《马太福音》26:31。

㉜ 参《诗篇》22:20(LXX 21:21)。

㉝ "集会",或许是"会堂"。

㉞ 参《诗篇》119:120(LXX 118:120,本文引自LXX),22:16(LXX 21:17)。

颊，我硬着脸面好似坚石。"㉟

第六章

1 那么，他赐诫命时，说什么呢？"谁是那定我罪的人？由他反驳我吧。谁是那与我作对以证明自己无辜的人？由他就近主的仆人吧。2 你们有祸了，因为你们将像衣服渐渐旧了，被蛀虫吞吃。"㊱ 先知书也说，他像巨大的石头被安置，要压碎人，"看哪，我在锡安的根基放一块贵重的石头，是特别拣选的宝贵的房角石。"3 之后他又说什么呢？"凡寄希望于㊲他的人将永远活着。"㊳ 那么，我们的盼望是基于一块岩石吗？绝对不是！他这样说，是因为主已经将他的肉身安置得稳固。因他说："他安置我如同一块坚固的岩石。"㊴ 4 先知书也说："建造者所弃的石头已成了房角石"㊵，他又说，"这是主所定的伟大而奇妙的日子"㊶。5 我非常简单地写信给你们，好叫你们明白，我，是忠实爱你们的仆人。6 那么，先知书又说什么呢？"成群的恶人包围了我，他们群集围绕我，如同蜜蜂围绕蜂房"㊷，"他们为我的衣服拈阄"㊸。7 因此，他既然命定要在肉身显现且受苦，他的受难是早已揭示了的。因先知书论到以色列，说："他们的灵魂有祸了，因为他们设恶计谋害自己，说：'我们要把那义人绑起来，因他是我们所讨厌的。'"㊹ 8 另一先知摩西又对他们说什么呢？"看哪，主上帝这样说：'你们要进入主曾起誓应

㉟ 参《以赛亚书》50:6—7（LXX）。
㊱ 参《以赛亚书》50:8—9（LXX）。
㊲ "寄希望于"，有抄本作"相信"（参 LXX）。
㊳ 参《以赛亚书》28:16。
㊴ 参《以赛亚书》50:7。
㊵ 参《诗篇》118:22（LXX 117:22），参《彼得前书》2:7。
㊶ 参《诗篇》118:24（LXX 117:24）。
㊷ 参《诗篇》22:16（LXX 21:17），118:12（LXX 117:12）。
㊸ 参《诗篇》22:18（LXX 21:19）。
㊹ 参《以赛亚书》3:9—10（LXX）。

许亚伯拉罕、以撒和雅各的流奶与蜜的美地，将它作为产业。'"㊺9 但现在我们要来了解知识所说的，要寄希望于㊻那以肉身向你们显现的耶稣。对人来说世上的苦难，对亚当而言是从地表产生的。10 那么，"进入那流奶与蜜的美地"是什么意思呢？弟兄们哪，我们的主是应当称颂的，他曾将他奥秘的智慧和知识赋予我们。因为先知书提到关于主的一个比喻："除了那有智能，有学识，且爱他主的人之外，谁能明白呢？"11 所以，他赦免我们的罪以更新我们，就使我们成为另一种类型的人，使我们有了孩童的灵魂，好像他又重新创造了我们。12 经上记着他对圣子说的话，是关于我们的："我们要按照我们的形像和样式造人，使他们管理地上的牲畜，空中的鸟和海里的鱼。"主看我们被造是好的，便说，"要生养众多，遍满地面"㊼；这些话是他对圣子说的。13 我也要向你们表明主㊽对我们是怎样说的。他在末日第二次创造；主说："看哪，我使在后的事，成为首先的。"㊾先知所宣告的"要进入那流奶与蜜之地，加以统治"㊿，就是指的这事。14 可见，我们已重新被造了，正如他借着另一位先知又一次说，"'看啊，'主说，'我要从他们（即那些为主的灵事先所认识的人）当中除掉石心，装上肉心。'"(51)因为他要在肉身显现，住在我们中间。15 我的弟兄们，我们心中的居所就是献给主的圣殿。16 主又说："我将从何出现在主我的上帝面前而得荣耀呢？我(52)要在我弟兄的集会中承认你，要在众圣徒的集会中歌颂你。"(53)因此，我们就是他已领到美地的人。17 那么，他为何提及"奶与蜜"呢？

㊺ 参《出埃及记》33:1，3。
㊻ "希望"，有抄本与亚历山大的克莱门的作品作"希望，经上说"。
㊼ 《创世记》1:26，28。
㊽ "主"，有抄本作"他"。
㊾ 来源不详。
㊿ 参《出埃及记》33:3。
(51) 参《以西结书》11:19。
(52) "得荣耀呢？我"，有抄本作"得荣耀呢？他说：'我'"。
(53) 参《诗篇》42:2（LXX 41:3），22:22（LXX 21:23）。

因为婴孩最初是用蜜来喂养，然后是用奶。所以我们也是以类似的方式，以应许的信心和道来喂养，得以生存并管理大地。18 上面曾说，“他们要生养众多，管理鱼类。”(54)然而，如今谁能够管理牲畜、鱼类，或天空的鸟呢？我们应当明白“管理”指的是有权柄，这样，发布命令的人是真正的指挥。19 然而，现在并非如此，他已告诉我们它将出现的时间，就是：当我们自己造成了完全，成为主约言中的后嗣。

第七章

1 所以，喜乐的孩子们哪，要明白善良的主早已将一切事预先向我们显明了，好叫我们明白为各样的事应当向谁感恩和赞美。2 若是上帝的儿子受苦，就是那命定要审判活人和死人的主，因他的创伤我们可以得生命，我们要相信，上帝的儿子若不是为了我们的缘故，完全不必受苦。

3 但是，当他被钉十架时，人还给他醋和胆汁喝。听啊，圣殿的祭司们如何预先讲明这事：诫命中曾记“凡不禁食的必定死”(55)，主这样命令，是因他自己打算为我们的罪，将自己灵的器皿献作祭物，好叫那献上圣坛的以撒所立之模式可以成全。4 那么，他在先知书中说什么呢？“他们要吃在禁食时为一切罪过而献上的羊羔。”请留意！“所有祭司（只是他们）要吃那未用醋洗过的内脏。”(56)5 为什么？“因为，当我为我的新民的罪要献上肉身时，你们还给我喝醋和胆汁，所以，当百姓禁食，穿麻衣在灰尘中哀哭，你要独自吃。”以此表明他在他们手中受苦。6 请注意他的诫命：“取两只同样美好的公山羊来献祭，祭司取一只为罪献作全燔祭”。(57)7 拿另一只做什么呢？他说：“另一只是受咒诅

(54) 参本文 6 章 12 节。
(55) 参《利未记》23:29。
(56) 来源不详，参《利未记》16 章。
(57) 参《利未记》16:7，9。

的。”(58)请注意耶稣的模范是如何显示的！8“你们向它吐口水，刺它，用朱红的毛绳束着它的头，将它赶逐到旷野上去。”(59)做了这些事之后，那负责将山羊带到旷野去的人，要取下毛绳，放在一棵叫做 rachia(60)的灌木上（我们在郊外见到这类灌木时，通常取了它的芽来吃；rachia 的果实是甘甜的）。(61)9 这意味着什么呢？请留意：“一只山羊用于献祭，另一只是受咒诅的。”然而我们要注意这被咒诅的却得了冠冕。在那时，他们要看见他，身穿朱红色的长袍，他们将说：“这不就是我们曾钉于十字架，吐口水羞辱的(62)人吗？确实是他，人们论到他是上帝的儿子！”10 如今他怎么好比山羊呢？“两只公山羊必是同样的，上好的，一对一对的”，好叫人们看见他降临，惊奇于他好像山羊。所以，要明白耶稣的模范，是注定受难。11 那么，将毛绳放在荆棘当中是什么意思呢？这象征耶稣安放在教会之中，为了凡愿取掉朱红羊毛的人必须受极大的苦，因为荆棘是可怕的，他只能借着痛苦而得着它。同样，他说：“凡希望看见我而到我的国度来的人，必须借着痛苦牺牲而接受我。”(63)

第八章

1 他命令以色列中完全有罪的人，要献一头母牛，宰杀并焚烧它，孩童们要取它的灰放进容器中，拿朱红羊毛绳绑在树上（又看到十字架和朱红毛的象征）和牛膝草上，然后，孩童们将水洒在一个一个的人身上，好叫他们的罪都洗净了，你们认为这是象征什么呢？2 要理解他如何清楚地告诉你们：那牛就是耶稣；献牛的罪人们就是将他带去宰杀的

(58) 参《利未记》16:8。
(59) 来源不详。
(60) “rachia 的”原文是 ῥαχῆ，中译名不确定。
(61) 外表类似某种黑莓树。
(62) “钉于十字架，吐口水羞辱的”，有抄本作“钉于十字架、被羞辱、被刺和吐口水”。
(63) 来源不详，参《使徒行传》14:22。

人。于是不再有这些人，不再有罪人们的荣耀了。(64)3 洒水的儿童就是那些向我们宣讲关于罪得赦免和洁净心这好消息的人，他赐给了这些人有权柄传福音；(65)他们中有十二位是对各支派作见证的，因为以色列有十二支派。4 为什么有三个洒水的儿童呢？那是对亚伯拉罕、以撒和雅各作见证的，因为上帝看他们都是伟大的。5 至于羊毛放在树上：这表明耶稣的王国是在木头上(66)，那些仰望他的人必将永远活着。6 为什么羊毛和牛膝草并在一起呢？因为在他的国里将有黑暗邪恶的日子，那时我们将得救，那在肉身受苦的人，借牛膝草的黑汁而得了医治。7 这样，为此缘故而做的这些事向我们是显明的，但对他们来说是十分晦暗的，因为他们不曾听见主的声音。

第九章

1 此外，关于耳朵，他描绘了他如何给我们的心行割礼。(67)主在先知书里说："他们一听见，就顺从我。"(68)他又说："那些远方的人要侧耳听，他们必要明白我所行的。"(69)主又说："当为你们的心行割礼。"(70)2 他又说："听啊，以色列，这就是你们的主上帝说的。"(71)主的灵又预言(72)："谁是要永远存活的人呢？叫他侧耳听我仆人的声音吧。"(73)3 他又说："天哪，要听，地啊，侧耳而听，因为主讲说这些事作为见

(64) "于是不再有这些人，不再有罪人们的荣耀了"，原文意思很不确定。有学者认为文本在此有误。
(65) "传福音"，直译作"福音的（权柄），他们必须传这（福音）"。
(66) "木头"，即十字架。
(67) 参下文 9 章 4 节。
(68) 参《诗篇》18:44（LXX 17:45）。
(69) 参《以赛亚书》33:13。
(70) 参《耶利米书》4:4。
(71) 参《耶利米书》7:2—3。
(72) 哈默认为有抄本省略"主的灵又预言"。
(73) 参《诗篇》34:12（LXX 33:13）；赛 50:10；出 15:26。

证。”(74)他又说：“你们这百姓的官长啊，要听主的话。”(75)他又说：“孩子们啊，要听旷野里的喊声。”(76)4 简而言之，他给我们的耳朵行割礼，好叫我们听见这话而相信它。

但他们所信靠的割礼已被废止，因为他宣称过，割礼不属于肉身，然而他们受一个恶天使的“启迪”而违背这话。5 他对他们说：“主你们的上帝这样说（我在此发现一条诫命）：‘不要撒种在荆棘中，要行割礼归向你们的主。’”(77)他说的是什么呢？“要给你们的硬心肠行割礼，不要再顽固。”(78)又请听(79)：“主说，看哪，列国人都没有受肉体的割礼，但这民的心没有受割礼。”(80)

6 但你们会说：“这民已确实受了割礼为印记！”(81)然而所有叙利亚人和阿拉伯人，以及拜偶像的祭司们，也行过割礼；难道这就意味着他们也在以色列人的约之内吗？嗨，甚至埃及人也受割礼！

7 所以，亲爱的孩子们哪，要充分学习所有的事：那首先受割礼的亚伯拉罕，这样行是迫切希望在灵里见到耶稣，因而领受了三个字母的教导。8 因为经上说：“亚伯拉罕给他家里十八又三百人都行了割礼。”(82)那么，他所得了的知识是什么呢？注意这里是先说“十八”，稍有停顿之后再说“三百”。关于“十八”，“I”是十，“H”是八；(83)就是“耶稣”一词。(84)十字架和形状像“T”，这就注定是传递恩典的，这就

(74) 参《以赛亚书》1:2。

(75) 参《以赛亚书》1:10。

(76) 参《以赛亚书》40:3。

(77) 《耶利米书》4:3—4。

(78) 《申命记》10:16。

(79) “又请听”，有抄本作“又”，也有作“并且他又说”。

(80) 《耶利米书》9:26（LXX 9:25）。

(81) “印记”，即约的印记。

(82) 参《创世记》14:14，17:23。

(83) 希腊文字母表可表示数值（Α=1，Β=2，Γ=3，等等），本书作者明显是参考七十士译本，此处Η=8，Ι=10，而Τ=300。

(84) 也就是说，“IH”是希腊文“耶稣”（ΙΗΣΟΥΣ）的头两个字母，作者认为这两个字母代表着全名。

是“三百”（τριακοσίους）。这样，他以两个字母指明耶稣，以另一字母指明十字架。9 那把他约(85)的礼物安放在我们里面的，也知道这一点。没有人从我听过比此更可靠的话，但我知道你们是配得听这话的。

第十章

1 如今，当摩西说“你们不可吃猪，或鹫，或鹰，或鸦，或无鳞的任何鱼类”(86)，按照正确的理解，他承受了三条戒律。2 此外，他在《申命记》里对他们说：“我要和这个民族设定诫命为约。”(87)所以，上帝的律例并不是对食物的禁令，乃是摩西所讲的是关于灵性的。3 他们提到“猪”，指的是你们不可跟那像猪一样的人交往。他们顺利时就忘记主，但到有需要时才承认主，正如猪有得吃的时候不顾其主人，到了饥饿时，它便开始叫喊，一旦得了食物就才安静下来。4“你们既不可吃鹫或鹰，也不可吃鸢，或鸦。”他的意思是，你们不可与这样的人交往，甚至不要像他们一样，这些人不知道如何凭着劳力流汗而得食，却非法地掠夺他人的财物；虽然他们四处行走，看起来无辜，事实上，他们是仔细窥探，为要贪心抢劫，正如这些鸟不为自已准备食物，却坐视不动，寻求如何吃别个的肉，没有比他们的罪更可憎的了。5 他说：“你们不可吃鳗鱼，或章鱼，或墨鱼。”(88)他的意思是，你们不要像(89)那些全然邪恶已判定死罪的人，正如那些鱼类是受咒诅而溺于深水之中，不是像别的鱼类游泳，而是生活在海底深处的泥浆中。6 此外，“你们也不可吃野兔”，(90)为什么？他的意思是(91)，你们不可成为败坏的男子，甚至不可以

(85) “约”，有抄本作“教导”。
(86) 参《利未记》11:7—15；《申命记》14:8—14。
(87) 参《申命记》4:10，13。
(88) 来源不详。
(89) 有抄本在此加了“因与（那些人）为伴”。
(90) 参《利未记》11:5。
(91) 哈默认为有抄本省略“他的意思是”。

像这一类的人。野兔每年生长，因而身上的孔洞和它的年岁一样多。7 "你们也不可吃土狼"⑫，他的意思是，你们不可成为通奸或诱奸的人，甚至不要像这样的人。为什么？因为这动物年年变性，今年变雄，明年变雌。8 摩西也有很好的理由憎恶鼬鼠。他的意思是，你们不可像那些用嘴做那被禁止的不义之事的男人，也不可跟这样的女人交往。因为这动物从嘴怀胎。

9 那么，摩西接受了三条关于食物的律例，用来指说属灵的意义，但这民因着肉体的欲望，当真以为是指实物而接受。10 大卫也有接受同样三条律例的认识，说："不随从恶人的计谋"，就像那鱼类沉于暗黑的深处；"不站罪人的道路"，如同那些假装惧怕主，却如猪一般犯罪的人；"不坐致死之人的座位"⑬，如那些鸟类坐等掠夺——这样的人有福了。你们现在完全明白这关于食物的律例了。

11 摩西又说："凡蹄分两瓣而倒嚼的，你们都可以吃。"⑭ 他为什么说这呢？因为这些动物在领受食物时，知道谁在饲养着它，于是信靠他而显出欢喜。⑮ 摩西已将这当作诫命来说。那么，他指的是什么呢？你们当同这样的人交往，就是那些敬畏主的，心中默想所受之道的特殊意义的人，那些宣讲及遵守主诫命的人，那些明白默想是喜乐的劳动，而反省主的话语的人。但他为什么提到"分蹄"呢？因为义人不仅生活在这个世界，也切望神圣时代的到来。你们要明白摩西是个多么明智的立法者啊。12 可是这民要如何领悟或明白这些事情呢？无论如何，我们对这些诫命有正确的理解，并照主的意图解释。他给我们的耳朵和心行割礼，好叫我们能理解这些事情。

---

⑫ 来源不详。

⑬ 参《诗篇》1:1。

⑭ 参《利未记》11:3；《申命记》14:6。

⑮ "因为这些动物在……显出欢喜"：或有可能作"那领受食物的人，知道是谁给他食物，恢复精神后，就表现出他（心）里的欢乐"。

第十一章

1 让我们来查究主曾否预示水和十字架。论到水，经上的记载提到以色列人永远不会接受那使罪得赦免的洗礼，却要为自己创作一个代替品。2 因为先知说："天啊，要惊奇，地要因此大大颤抖，因为这百姓做了两件恶事：他们离弃我这生命的泉源，又为自己凿出死亡的坑。"⑯ 3 "难道我的西奈圣山是沙漠的岩石吗？你们要像小鸟刚学飞那样，离开鸟巢就拍翅而飞。"⑰ 4 先知又说："我必在你前面行，修平山岗，我必打破铜门，砍碎铁闩，我要将暗中隐密不见的财宝赐给你，使他们知道我是主上帝。"⑱ "你必住在磐石高处的洞穴中。" 5 "他的水永不失效，你必看见荣耀的王，你的灵魂必默想对主的畏惧。"⑲ 6 他又在另一本先知书里说："做这些事的人必要像栽在溪水旁的树，按时节结果子，叶子必不枯干，凡他所做的尽都兴旺。7 不敬畏上帝的人不是这样，真的不是；他们却像尘埃被风从地面吹散。因此不敬畏上帝的人在审判中必站立不住，罪人在义人的会中也是如此，因为主知道义人的道路，不敬畏上帝之人的道路却必灭亡。"⑳ 8 当留意他如何把水和十字架相提并论。他的意思是：那些寄希望于十字架而下入水中的人是有福的，因为他说"按时节"得奖赏；他是说，在那时，我将还报。但对于如今，他说什么呢？他说"叶子必不枯干"，所指的是，凡借信心和爱心从你们的口说出来的每一个字，必将使许多人归信，并且得着希望。9 他在另一本先知书上说："雅各之地被赞美超乎一切土地。"㉑ 意思是他要使他灵的器皿得着荣耀。10 接着他又说什么呢？"有一条河从右边流出，美丽

---

⑯ 参《耶利米书》2:12—13
⑰ 参《以赛亚书》16:1—2。
⑱ 参《以赛亚书》45:2—3。
⑲ 参《以赛亚书》33:16—18。
⑳ 参《诗篇》1:3—6（LXX）。
㉑ 参《西番雅书》3:19（？）。

的树木由此生长，凡吃这树果子的人要永远活着。"⑩ 11 他的意思是，我们充满罪恶污秽下入水中，上来的时候却在内心结出果子，灵里带着对耶稣的敬畏和盼望。"凡吃这些果子的人要永远活着。"他的意思是：凡听见和相信这些事情的人必将永远存活。

第十二章

1 同样，他在另一先知书上再次解释了十字架，先知说："这些事情要在何时完成呢？主说，'在树木落而复生，在鲜血从树上滴下之时。'"⑩ 此处再一次提到十字架及命定被钉十字架的那一位。 2 外邦向以色列人开战时，为了提醒受攻击的人，他们是因为自己的罪而被交于死亡，他再次向摩西说话；⑩ 圣灵对摩西的心说话，要他作一个十字架的象征，也象征那命定要受苦难的，因为他说，他们应寄希望于他，否则他们将永远处于战争之中。所以摩西在战争之中将盾牌一一叠起，高高地站在他们以上，伸出双手，于是以色列又得胜；每当摩西的手下垂，他们就被杀害。⑩ 3 为什么呢？为要他们明白，只有寄希望于他才可以得救。4 他又在另一先知书上说："我整天向反对我的义路、悖逆我的百姓伸出双手。"⑩ 5 以色列人堕落的时候，摩西又作一个标记，那是耶稣的象征，表明他必须受苦，表明他们认为自己已经毁灭的这位，将要赐下生命。因为主使各类毒蛇咬伤他们，好叫他们确信，他们是由于自己的罪愆而被交于死亡；于是他们快将灭亡（自从夏娃助长那大蛇令人类堕落⑩之后）。6 虽然这位摩西曾命令他们说，"你们不可为你们的上帝铸造或雕

---

⑩ 来源不详，参《以西结书》47:1—12。
⑩ 参《以斯拉四书》(4 Ezra，又称厄斯德拉二书，2 Esd.) 4章33节，5章5节。
⑩ "向摩西"，有抄本作"在摩西（的书）里"，即在摩西五经中。
⑩ 参《出埃及记》17:8—13。
⑩ 参《以赛亚书》65:2。作者认为，伸出来的手预示着钉十字架。
⑩ "堕落"，直译"犯罪"。

刻任何偶像"⁽¹⁰⁸⁾，可是，他自己却造了一个标志，向他们展示耶稣的象征。因此，摩西制造一条铜蛇，竖立在明显的位置，公告百姓让他们聚集起来。7 他们聚在一起，就求摩西为他们祷告，好得医治。但摩西对他们说："无论何时，凡被咬的人，让他来到那挂在木杆⁽¹⁰⁹⁾上的铜蛇这里，他必须有盼望，并且相信，铜蛇虽是死的，却能赐生命，这样，他就立刻得救。"于是他们照着去做。⁽¹¹⁰⁾ 你们在这事上又可见到耶稣的荣耀，因为万有都是在他里面，也是为他而有的。

8 再者，当摩西称呼嫩的儿子为"耶稣"⁽¹¹¹⁾，他向他说什么呢？因为他（摩西）是先知，他给予这名字⁽¹¹²⁾的唯一目的是让所有百姓能听到⁽¹¹³⁾，圣父正在把关于他儿子耶稣的一切都启示出来。9 摩西派嫩的儿子去窥探那地时，给他取名叫"耶稣"，对他说："你手中要拿一本书，写上主所说的，在末日，上帝的儿子将要根除亚玛力全族。"⁽¹¹⁴⁾ 10 请再看，这是耶稣，不是人的儿子，乃是上帝的儿子，显在肉身的样式。

然而，由于他们说弥赛亚是大卫的儿子，大卫因畏惧和明白罪人的过错，便预言说："耶和华对我主说，'你坐在我的右边，等我使你仇敌作你的脚凳。'"⁽¹¹⁵⁾ 11 以赛亚也这样说："主对我主弥赛亚说，我扶持他的右手，列国都要顺从他，我也要粉碎列王的力量。"⁽¹¹⁶⁾ 你们要看明，大卫是称他为"主"，不是称他为"子"。

⁽¹⁰⁸⁾ 参《利未记》26：1；《申命记》27：15。
⁽¹⁰⁹⁾ "木杆"，直译作"木"，即十字架的另一个象征。
⁽¹¹⁰⁾ 参《民数记》21：4—9；《约翰福音》3：14—15。
⁽¹¹¹⁾ "约书亚"的希腊文形式即"耶稣"。
⁽¹¹²⁾ 原文无"给予这名字"。
⁽¹¹³⁾ "唯一目的是让所有百姓能听到"，或作"好叫所有百姓单单听从他，因为"。
⁽¹¹⁴⁾ 参《出埃及记》17：14。
⁽¹¹⁵⁾ 《诗篇》110：1（LXX 109：1）。
⁽¹¹⁶⁾ 参《以赛亚书》45：1。

第十三章

1 现在我们来看看这民族或之前的民族是否后嗣，以及这约是给我们的，还是给他们的。2 请听，经上这样讲论"这百姓"说："以撒因妻子利百加不能生育，为她祈求，她就怀了孕。利百加去求问主，主对她说：'两国在你腹中，两个民族在你肚里；一族必统治另一族，大的将要服侍小的。'" [117] 3 你们应当懂得以撒代表谁，利百加代表谁，他所指出的这族强于另一族，又是关于谁的。4 在另一预言中，雅各更清楚地对儿子约瑟说："看哪，主没有使我看不见你；将你的儿子领到我这里来，我好为他们祝福。" [118] 5 于是约瑟领了以法莲和玛拿西来。因为玛拿西是长子，约瑟希望他得到祝福，所以将他带到父亲雅各的右手边。但雅各在灵里看见了将来那个民族的象征。他说什么呢？"雅各交叉双手，把右手按在次子兼幼子以法莲的头上，祝福了他。约瑟对雅各说：'请将右手挪到玛拿西头上，因为他是我的长子。'但雅各对约瑟说：'我知道，我儿，我知道；但大的必要服侍小的。然而，这个也要得到祝福。'" [119] 6 请留意他怎样借此按立这一族为首，成为约的后嗣。

7 除此以外，他也借着亚伯拉罕指明这事，我们由此得了完全的知识。那么，既然唯独亚伯拉罕有信心，得以在公义中被建立，他又对亚伯拉罕说什么呢？"看哪，亚伯拉罕，我已立了你为列国的父；列国就是那不用受割礼而相信上帝的民。" [120]

第十四章

1 的确如此。但是，我们来看看他是否真的把对列祖起誓所立的约

---

[117] 参《创世记》25:21 — 23。
[118] 参《创世记》48:11, 9。
[119] 参《创世记》48:14, 18, 19。
[120] 参《创世记》15:6, 17:5；《罗马书》4:11, 17。

交给这百姓。⑫ 他确实给了,但他们因自己的罪不配领受它。2 先知书上说:"摩西在西奈山上禁食四十昼夜,为要领受主和这百姓所立的约。摩西从主接受了两块版,版上有主在灵中用手指写的字。"⑫ 摩西领受了法版,就带下山去准备颁布给百姓。3 主对摩西说:"摩西,摩西,快快下去,因为你的百姓,就是你从埃及地领出来的,已经违背了律法。"摩西看见他们又一次为自己铸造了偶像,便使劲把手中的法版一扔,主立约的法版就破碎了。⑫ 4 如此,摩西领受了主的约⑭,但他们不配得。但我们是如何领受这约的呢?你们要记住!摩西是以仆人的身份领受这约,但主却借着为我们受苦而亲自将约赐给我们,好叫我们能成为承受基业的民。5 他显现为要使他们罪恶满盈,我们则借着继承这约的主耶稣领受圣约,上帝预备他就是为此目的。我们的心本已交给死亡和罪恶过犯,但他借着肉身的显现,把我们从黑暗中救赎出来,借着他的道与我们立一个约。6 经上写着圣父如何吩咐他来救赎我们脱离黑暗,为他自己预备一个圣洁的民族。7 所以先知书上说:"我,主你的上帝,以公义呼召你,我要抓住你的手,赐力量给你。我已将你赐给百姓作为一个约,你要作列国的光,开瞎子的眼,打开受束缚的人的枷锁,把坐在黑暗牢狱中的人释放出来。"⑮ 所以,我们知道自己是从什么境况被救赎出来的。8 先知书上又说:"看哪,我已立你作列国的光,叫你成为救恩的工具,直至地极;救赎你的主上帝如此说。"⑯ 9 先知书上又说:"主的灵在我身上,因为他用膏膏我,叫我传恩典的好信息给谦卑的人⑰,他差遣我医好伤心的人,宣告被囚的得自由,瞎眼的重见光明,

---

⑫ 有抄本在此加"我们要求问"。
⑫ 参《出埃及记》24:18,31:18。
⑫ 参《出埃及记》32:7—8,19。
⑭ "受了主的约",直译作"领受了它"。
⑮ 参《以赛亚书》42:6—7。
⑯ 参《以赛亚书》49:6—7。
⑰ "给谦卑的人",有抄本作"给贫穷的人",也有作"给男人",还有抄本在此漏了几个词。哈默修订文本为"给谦卑的人"。

宣布主的禧年和报偿的日子，安慰一切忧伤的人。"⁽¹²⁸⁾

第十五章

1 此外，经上也记载了关于安息日的事，他在西奈山上面对面吩咐摩西的"十诫"中说："当手洁心清守主的安息日为圣。"⁽¹²⁹⁾ 2 他又在另一处说："如果我的众子谨慎遵守安息日，我便要向他们施怜悯。"⁽¹³⁰⁾ 3 在创造之初，他论到安息日说："上帝用了六日亲手创造万物，到第七日完成，就歇了工，定这日为圣。"⁽¹³¹⁾ 4 孩子们，要注意"他在六天里完成"是什么意思。意思是：主要在六千年内使万物归于终结，因为对他来说，一日表示一千年。他说："看哪，主的日子仿似一千年。"⁽¹³²⁾ 这就是他为我作的见证。所以，孩子们，在六天内，就是六千年内，万物都要结束。5 "他在第七天歇息了"。意思是：他的儿子来到时，他将毁灭不法的时代⁽¹³³⁾，审判不敬畏上帝的人，改变日月星宿，那时他将真正在第七日安息。6 此外，他又说："你当手洁心清守这日为圣。"所以，若有人现在就能借着洁净内心，使上帝定为圣的日子成为圣洁，我们是在各方面都被欺骗了。7 事实若非如此，那么，⁽¹³⁴⁾ 只有当我们能够这样做，我们才能真正安息，使这日成圣，就是在我们被称为义和承受应许之后；当不法的事不复存在，一切事物得到主的更新，然后我们才能守这日为圣，因我们自己要先被成圣。8 最后，他对他们说："我不能忍受

⁽¹²⁸⁾ 参《以赛亚书》61:1—2。
⁽¹²⁹⁾ 参《出埃及记》20:8；《申命记》5:12；《诗篇》24:4（LXX 23:4）。
⁽¹³⁰⁾ 参《出埃及记》31:13—17；《耶利米书》17:24；《以赛亚书》56:2—12。
⁽¹³¹⁾ 参《创世记》2:2—3。
⁽¹³²⁾ 参《彼得后书》3:8。
⁽¹³³⁾ "不法的时代"，或作"不法"。
⁽¹³⁴⁾ 原文此处严重错误。有抄本作"倘若在这一切之后，而不是直到那时"；许多学者采纳芬克—毕尔麦尔（Funk-Bihlmeyer）的文本，作"那就观察，正如所显现的……"要了解更多细节，参卡来夫特（Kraft）的《巴拿巴与十二使徒遗训》（*Barnabas and the Didache*），第129页。

你们的月朔和安息日。"⑬ 你们要明白他的意思是：我所接受的，不是现今的安息日，而是我所定的那个安息日；在那个安息日，我使万物安息之后，我要创造一个第八日，那是另一个世界的开始。9 因此第八日是我们的庆祝日，这日耶稣再次显现之后，从死里复活，也升到天上去。

第十六章

1 最后，我也要告诉你关于圣殿的事，以及那些恶劣的人怎样走上歧途，把希望放在圣殿，而不在创造他们的上帝之上，仿佛那座建筑物是上帝的居所。2 他们几乎和异教徒一样，用殿宇来尊他为圣。主是怎样论到废弃这圣殿的呢？你们要记住！"谁用手的跨度来丈量天空，或用手掌来测量大地呢？主说，岂不是我吗？天是我的宝座，地是我的脚凳，你们要为我建什么样的殿宇，哪里是我的安息之所呢？"⑯ 现在你们知道，他们的希望是徒然的。3 此外，他又说："看啊，那些拆毁这殿的人必要建造这殿。"⑰ 4 这事正在发生。他们出去争战，那殿被仇敌拆毁了，但如今，正是仇敌的仆人要将它重建起来。5 还有，有启示表明，以色列的城、圣殿和百姓，都预定要被交出。因为经上说："这在末日要发生，主要将牧场的羊、羊圈和他们的守望塔交出，让它们遭毁灭。"⑱ 事情就照着主所说的成就了。6 但我们应查问上帝的殿是否确实存在。它确实存在，就在他说他正在建造和即将建成的地方。因为经上说："在七日的结束时，上帝的殿要奉主的名荣耀地建造起来。这事将要应验。" ⑲ 7 所以，我发现圣殿是确实存在的。

---

⑬ 参《以赛亚书》1:13。

⑯ 参《以赛亚书》40:12；66:1。

⑰ 来源不确定，参《以赛亚书》49:17。

⑱ 来源不确定，参《以诺一书》89 章 56—66 节。

⑲ 来源不详，参《但以理书》9:24。

那么，它是如何奉主的名建成的呢？你们要学习！在信靠上帝以前，我们内心的居所是腐朽而脆弱的，真是一座由人手所建造的殿，因为它充满了偶像崇拜，是魔鬼的居所，我们所行的尽都违背上帝。8 "然而，它将要奉主的名建立起来。" 所以，你们当留心，好叫主的殿荣耀地建立起来。怎样建造⁽¹⁴⁰⁾？要记住！借着接受罪的赦免，并把盼望寄托在主的名，我们便成为了新人，从起初再造。因此，上帝真正住在我们的居所，就是在我们里面。⁽¹⁴¹⁾ 9 怎样住在我们里面？⁽¹⁴²⁾ 他信实的话语，应许的呼召，公义法度的智慧，教训人的诫命，他亲自在我们里面发预言，他亲自住在我们里面；他向我们这曾是死亡之囚的人敞开圣殿的门，殿门就是开口，他赐我们悔改的心，引领我们进入那不朽的圣殿。10 盼望得救的人不是指望人⁽¹⁴³⁾，而是指望住在他里头，在他里面说话的那一位，他会感到惊讶，因为他不曾从说话者口中听过这样的话，也不曾希望听到这些话。这就是为主而建造的属灵殿宇。

第十七章

1 我尽可能清楚地向你们解释这些事，希望照着我的心愿，没有漏掉当中任何与救恩有关的事。⁽¹⁴⁴⁾ 2 假如我要把现今或未来的事写给你们，你们永远不会明白，因为那些事隐藏在比喻之中。那么，这些事就到此为止。⁽¹⁴⁵⁾

⁽¹⁴⁰⁾ 原文无"建造"。
⁽¹⁴¹⁾ "上帝真正住在……里面"直译作"在我们的居所中，上帝真正住在我们里面"。
⁽¹⁴²⁾ 原文无"住在我们里面"。
⁽¹⁴³⁾ "人"，即传救恩信息给他的那一位。
⁽¹⁴⁴⁾ "希望照着……与救恩有关的事"，直译作"我的灵魂希望……"有抄本作"我希望我没有漏掉任何事"。
⁽¹⁴⁵⁾ 拉丁译本在此有："你们又看见基督的威严，万物如何在他里面也借着他发生，尊贵、权柄和荣耀归于他，从今时直到永远。"至此，巴拿巴书信完结。

第十八章

1 让我们继续谈论另一个功课⑭,另一个教训。有教训和能力两条路,一是光明之路,一是黑暗之路。这两条路极不相同。因为一条路驻扎着上帝赐光明的天使,另一条路则是撒但的使者。2 前者是从永远到永远的主,而后者是现今这个不法世代的掌权者。

第十九章

1 所以,光明之路是这样的:人若希望前往指定的地方,他便要勤恳工作。上帝⑭赐给我们的知识,让我们可以行在这条路上,那知识如下:2 你要爱那造你的;敬畏那创造你的;要归荣耀给那从死亡中拯救你的。你应当内心真诚,灵里富足。你不可与那行在死亡之路的人联合;你要恨恶一切不讨上帝喜悦的事;你要厌恶一切假冒伪善;你不可违背主的诫命。3 你不可抬高自己,却要在每个方面心存谦卑;你不可自己求取荣耀。你不可设阴谋陷害邻舍。你不可容许自己的心灵狂妄自大。⑭4 你不可淫乱,"你不可犯奸淫";⑭你不可娈男童。在不洁净的人当中,你不可宣布上帝的话。为过犯责备人的时候,你不可有偏袒。要谦卑,要安静,要敬畏你所听到的话语。你不可怨恨弟兄。5 做决定时切勿犹豫不定。⑮"你不可妄称主的名"。⑮你要爱邻舍过于爱自己的生命。 你不可堕胎,也不可杀害婴儿。 不可从儿女身上缩回你的手⑯,却要从小教导他们敬畏上帝。6 你不可贪图邻舍的物件;不可贪

---

⑭ "另一个功课",或许是"另一种知识"。
⑭ 原文无"上帝"。
⑭ 有抄本将此句放在上文"每个方面"后面。
⑭ 参《出埃及记》20:14。
⑮ 此句意思不明确,直译作"(你不要)存或是或否的两种想法"。
⑮ 有抄本将此句放在上文"所听到的话语"之后。关于诫命,参《出埃及记》20:7。
⑯ "从……缩回你的手",即"忽略你……的责任"。

心。也不可与高傲的人亲密往来,却要和谦卑的人和义人同住。凡临到你的,都要视为美事,因为知道离了上帝,任何事情都不可能发生。7 你不可三心二意或一口两舌。 ⑬要顺服你的主人,尊重和敬畏他们,视他们如同上帝的代表。对于和你仰望同一位上帝的奴仆或婢女,你不可在发怒时给他们下命令,恐怕他们不再敬畏那在你们双方之上的上帝;因为他来不是按声望呼召人,而是呼召圣灵所预备的人。8 你要与邻舍分享一切,不可把任何东西据为己有。因为你们若能分享那不朽坏的东西,更何况这些能朽坏的呢!你不可急于发言,因为嘴是致命的网罗。你要尽你所能,保持自己灵魂洁净。9 不要只知伸手去领受,施舍时却把手缩回来。凡对你讲说主话语的人,你都要爱护,如同爱护你眼中的瞳人。10 你要昼夜牢记审判的日子,要天天寻求众圣徒的面⑭,要辛勤学习(上帝的)话语,然后出去勉励人,努力用这话语拯救灵魂,或亲手做工,为自己的罪作赎价。11 施舍⑮不可迟疑,也不可发怨言,但你会知道谁是那良善的酬劳者。你要看守所领受的,不可加添,也不可删减。你要全然憎恨那恶者。⑯你要按公义判断。12 你不要纷争结党,却要在纷争的人中间调停,使他们彼此和睦。你要承认自己的罪,不可存有愧的良心前去祷告。这就是光明的路。

第二十章

1 但黑暗的路是弯曲和彻底被咒诅的。因为那是一条永远死亡和刑罚的路,其中充满毁灭人灵魂的东西:崇拜偶像、厚颜无耻、高举权力、假冒伪善、表里不一、奸淫、谋杀、抢劫、傲慢、违法、欺骗、恶毒、顽固、巫术、魔法、贪婪、不敬畏上帝。2 那是迫害善良者⑰之

---

⑬ 有抄本在此加了"因为一口两舌是死的网罗",参《十二使徒遗训》2章4节。
⑭ 有抄本省略"众圣徒的面"。
⑮ 有抄本在此加"凡求你的,就给他"(与《十二使徒遗训》1章5节相同)。
⑯ "那恶者",或作"恶"。
⑰ "善良者",直译作"善良"。

路，是恨恶真理之人的路，这些人喜爱谎言，不知道公义的赏赐，不遵循良善或公义的审判，不顾念孤儿寡妇，他们时刻警戒，不是由于敬畏上帝，而是为了恶事，他们远离温柔与忍耐，喜爱没有价值的事物，一味追求回报，不怜恤穷人，不为受压迫者的益处着想，鲁莽地诽谤人，不认识创造他们的主，杀戮孩童，败坏上帝的创造物，厌恶需要帮助的人，欺压受苦的人，为富足的人辩护，却胡乱审判贫穷的人，他们完全陷于罪中。

第二十一章

1 所以，你们要学习这里所记载的主的所有诫命，然后切实遵行，这是美善的。行这些事的人将在上帝的国里得荣耀；人若选择与此相反的行为，就必与自己所行的事一同毁灭。正因如此我们有复活，正因如此我们有报应。

2 我劝在高位的人，你们若愿意接受我善意的忠告：你们中间可以善待的人，你们务必要善待他们。3 日子近了，万物将要与那恶者一起灭亡。"主和他的报应近了。"㊟4 我一再敦促你们：要彼此做良善的立法者，要一直互为信实的谋士，在你们当中除掉一切假冒伪善。5 愿统管全世界的上帝赐给你们智慧、见识、判断力、对他的诫命的知识，以及忍耐。6 要听从上帝的教导，寻找主要求你们去做的事，然后照着去行，好叫你们在审判的日子得到判决。㊟7 你们若想起任何美善的事，请在默念这些事情时也记得我，好叫我的愿望和警惕带来一些良好的结果；我求你们给我这个特权。8 只要那"良好的器皿"㊟仍在你们那里，就不要停止不做这里任何一件事，而是要不断寻找这些事，遵行每一条命令，因为这些都是值得去做的。9 为此，我竭尽全力来写信给你们，好叫你们振作起来。再会了，在爱和平安里的孩子！愿荣耀和一切恩典的主与你们的灵同在。

㊟ 参《以赛亚书》40:10；《启示录》22:12。
㊟ 原文无"判决"；有抄本作"蒙拯救"，也有作"发觉"。
㊟ "良好的器皿"，即身体。

黑马牧人书

导　读

　　《黑马牧人书》是使徒教父著作中最长的一卷，全书由三部分组成，依次为《异象篇》、《命令篇》和《比喻篇》。"黑马"并非牧人，这书名的意思应是"黑马的牧人"，黑马和牧人是两个不同的人物。从《异象篇》第五卷开始，一位天使以牧人的形象出现，指导黑马关于他所见到的异象的意义，黑马要将这些教导传递给教会，差不多整个《命令篇》及大部分的《比喻篇》，都是牧人向黑马所传递的教导。这牧人被称为"悔改的天使"（《异象篇》5.7　[25.7]；《命令篇》12.6.1 [49.1]），其公职是监管整个人悔改的过程。最后他被委派作为黑马家庭的守护天使（《比喻篇》10.24.4　[114.4]）。

　　本书在2—3世纪基督教圈子中，备受欢迎。亚历山大的克莱门是首位提及此书的人，并且曾多次引用此书，将之看为是基于启示而来的经书，与保罗书信平等并列。克莱门的学生奥利金（约185—254）虽对此书的权威较有保留，也曾三次引用此书（《源起》1.3.3，4.1.1—12及《〈约翰福音〉注释》），视之为具权威的经书。根据优西比乌的记载（《教会史》5.8.7），里昂主教爱任纽（约140—200）也视《黑马牧人书》为经书，但他似乎从来没有引用过这书。3世纪希腊的神学家多接受它为正典。西奈抄本（4世纪）则将《巴拿巴书信》和《黑马牧人书》列为新约的最后两卷，然而有学者认为西奈抄本只是将此两卷书看为附页，并非经目的一部分。此外6世纪的《清山抄本》（*Codex Claromontanus*）

也将此书与《巴拿巴书信》、《保罗行传》、《彼得启示录》一同纳入新约经目之中。唯在4世纪时,优西比乌是第一位主要的学者(《教会史》3.3),不将它放在正典经目之列,优西比乌认为有一些权威(没有说明是哪些)不接受此书为正典,但他仍视之为一本在教导上很有帮助的书。《穆拉多利正典》(Muratorian Canon)将此书排除在正典之外,因为它缺乏使徒性(apostolicity),非来自使徒的统绪,同时认为此书是较后期写成,虽然如此,《穆拉多利正典》的作者仍认为此书有阅读的价值,但不值得公开在教会的敬拜中诵读。德尔图良虽曾一度接受这书为经书,但在加入了孟他努派系之后,认为此书对悔改的看法过于宽松,称之为"犯奸淫者的牧人"。

此书见于三份希腊抄本:西奈抄本,只由《异象篇》1.1.1 [1.1] 至《命令篇》4.3.6 [31.6];《雅富士抄本》(Codex Athous,14—15世纪,以《比喻篇》9.30.2 [107.2] 作结);和《密歇根纸草卷》129 (Michigan Papyrus;3世纪),有《比喻篇》2.8—9.5.1 [51.1—82.1]。此外还有一些希腊的残篇、两份完整的拉丁版本(《武加大译本》和《巴列丁版本》)、一份埃塞俄比亚版本(4世纪),以及少量科普特和中波斯版本。这表示《比喻篇》9.30.3 至 10.4.5 [107.3—114.5] 主要依赖拉丁版本。

本书有两种分章节的方法,旧的方式分段以《异象篇》、《命令篇》和《比喻篇》作大题,然后分章节,新的方式则只有章节。

作　者

根据《黑马牧人书》作者的自述,他原是罗马一位称为罗大(Rhoda)的女士的奴隶(《异象篇》1.1.1—2 [1.1—2])。大概后来罗大还了黑马的自由身,自此他便经营某种事业,但却没有说明是什么,可能是工匠、卖酒商人(Jeffers)或是务农(J. C. Wilson),但他坦言他在其中并不诚实(《异象篇》2.3.1 [7.1];《命令篇》3.3 [28.3]),收入可观(《异象篇》3.6.7 [14.7])。奥利金在他的《〈罗马书〉注释》中,将本书的作者与《罗马书》16:14 中的黑米,看为是同一人,但除了名字相似外,没有任何其他证明。

有学者(如 Dibelius)认为本书作者的自述,全是虚构的,只是寓意。《穆拉多利残篇》指本书的作者是新近罗马主教庇护(Pius)的兄弟黑马所写(140 年),然而本书应是写于更早时期。若本书作者是自述中的黑马,他大概没有受过正式的教育,在文学和神学上,都没有很杰出的表现,然而他能读能写,因为他并非文人或贵族出身,所以更能反映出当时一般平民百姓的心态。

另一假说是基于本书各部分用字的不同,及神学观念上的不统一,认为此书是经过不同阶段,由不同作者所写成,最后由一位作为编辑,将之结集成书(S. Giet)。另一种可能就是内中有不同的传统,由一位作者集其大成。米歇尔斯(Michaels)就指出本书曾使用犹太裔基督徒的传统,根据 3 世纪罗马主教希坡律陀(Hippolytus)的记述,一位名为爱尔克赛(Elkesai,时约 100 年)的犹太裔基督徒(伊便尼派人士),曾宣告罗马皇帝图拉真(53—117)在位第三年,为圣徒悔改的限期,这期限的说法,亦见于《黑马牧人书》《异象篇》2.2.4—5 [6.4—5]),但这只是对这段话一个可能的解释。

亦有认为本书用字的不同是因为作者使用不同的文体,处理不同的主题,书中亦有很多统一的思想,而且没有证据显示有编辑者试图协调其中的矛盾(Wilson)。我们只可以说《黑马牧人书》中有不同的传统,包括犹太、希罗及基督教著作的传统(Osiek),难以确定本书是出自一人的手笔,有待更多的研究。

写作时间及地点

这书极可能是写于罗马城,因为其内容反映出罗马教会的生活,特别是书中提及从政权而来的迫害（7:4 [《异象篇》2.3.4]；50.6、98.3、105.2—6、114.3 [《比喻篇》1.6、9.21.3、9.28.2—6、10.4.3]）。若本书是一人写成，则可能写于尼禄王时期（公元54—68），当时罗马基督教会曾面对逼迫，保罗亦在尼禄在位期间被处死（公元64—68）。若本书是经过不同的阶段编辑成书，有一说法认为本书第1至第24章（《异象篇》1—4 [1—24]）反映出在尼禄王和图密善（公元81—96）治下教会受逼迫的情况，第25至第114章可能是2世纪中叶的作品，其中第78至第114章（78—114 [《比喻篇》9—10]）可能是后加的。有认为8.3 [《异象篇》2.4.3]′中提及有一位叫克莱门的，他以将某些著作传达到各处为己任，若这是罗马主教克莱门，此书便是1世纪末之后的作品。但不确定这人是否罗马的主教，故甚难以此断定。本书所描述的罗马教会，是集体长老管理的制度而非独一主教制（8.3 [《异象篇》2.4.3]；参6.6、17.7—8 [2.2.6、3.9.7—8]），反映出较早期罗马教会的情况。并且书中似乎有针对诺斯替主义的言论（60.1、4 [《比喻篇》5.7.1、4]），但它却没有任何涉及孟他努主义的言论，孟他努主义约在135年左右影响到罗马，因此，此书很可能最终完成于此时期（Jeffers）。

写作目的

整卷书都强调基督徒的道德操守，特别是应如何处理受洗之后再次堕入罪中的问题。当时有一种说法，认为若一个人在受洗之后，又重新堕入犯罪的生活，便会丧失救恩，不可重新懊悔（参来6:4—6），然而本书则认为第二次悔改是可能的，但只有多一次的机会，若不掌握这机会，便再没有任何盼望可言。这第二次的悔改，叫人得以免去那末日天启审判所带来的痛苦。本书鼓励那些在逼迫和试炼中的信徒，借着圣灵忠心忍耐，过圣洁的生活，与别人建立忠诚的关系，抗拒异端的诱惑；教会里有忠心（公义）的信徒，亦有不那么忠心(犯罪）的信徒，最后主必审判。

体裁及内容概要

本书声称其内容不论是《异象篇》（1—25 章）、《命令篇》（26—49 章）还是《比喻篇》（50—114 章），都源自黑马从天上而得的启示。这三部分的关系并不紧密，主题却不时重复。主要的启示者是牧人，此外还有来自其他天使，及一名象征教会的老妇人的教导，黑马只是一个记叙和传言的人。这种以第一人称透过天使的启示得见天界境象的叙述，显明本书属于天启文学。其中《比喻篇》实非真正的比喻，有点像《以诺的比喻》(Similitude of Enoch)，都是黑马在异象中牧人向他展现带有象征性意义的境象。

《异象篇》记载黑马所见的五个异象（1—4，5—8，9—21，22—24，25），在首四个异象中，他所遇见的老妇人、少妇、年轻人和新妇，都是教会的象征，到第五个异象，牧人便出现，他是叫人悔改的天使，他吩咐黑马要留下来，他要传授黑马命令和比喻，黑马要将这些都写下来。第五个异象便成为《命令篇》和《比喻篇》的引言。这亦反映于科普特版本和蒲草卷 129 及其他教父的引述，它们都是以第五个异象作为开始。

这些比喻在天启文献中可以说是相当独特的，因为作者并没有托其他上古有名伟人的名字写下这些异象，而是以自己的名义将之记下。开始时他以自述的方式，介绍自己曾在罗马当奴隶，他的前主人是一位名叫罗大的女性，黑马表达了对她的倾慕。然而罗大在异象中责备他不应存这非分之想，警告他要悔改（1.1—9 [《异象篇》1.1.1—9]）。接着的三个异象，有一位象征教会的老妇人出现，她向沮丧的黑马保证她的罪尚未有真正的实现，然而她要悔改，不只她自己，就是她的家人，也要为罪悔过（2.1—4.3 [1.2.1—1.4.3]）。在第二个异象中，那老妇人向黑马说明那些犯罪的基督徒，可以在一定的时限之内悔改，在此之前他们的罪可得赦免，不然便会失去救恩(6:5 [2.2.5])。在第三个异象中，黑马看见有七位青年（象征天使），在水中（象征水礼）兴建一座塔，就好像那老妇人一样，这塔代表教会，那些用作建造塔的石头代表各式各样的基督徒，然而有些是合用的，有些则不中用，以致被丢弃，象征着忠心的信徒和不法之子。那些没有被丢得太远的石头，代表那些犯罪的信徒，他们若悔改，必被挽回，再被使用。围绕着那塔有七个妇人，代表七个品德：信心、节制、真诚、知识、纯真、敬畏和爱，这些都是属于那些属这塔的人。在第四个异象中，黑马看见一只巨兽，它的头有四种颜色(黑、火与血的颜色、金、白)，这兽代表将临的迫害，唯有忠心、不心怀二意的人才能胜过。黑马在第五个异象中遇见牧人，牧人会向黑马展示和解释命令和比喻。这牧人虽然执行一些类似基督所做的工作，但他并非基督，这牧人是叫人悔改的天使（如25.7 [《异象篇》5.7]，47.7 [《命令篇》12.4.7]）。

《命令篇》的十二段（26，27，28，29—32，33—34，35—36，37，38，39，40—42，43，44.1—46.1）阐释一连串的德行：信上帝、真诚及清白、爱慕真实、纯洁、在苦难中的忍耐、信心、敬畏、自制。并且要防避怀疑与心怀二意、忧愁、假先知和邪恶的欲望。其中处理的课题包括离婚、第二次的婚姻、考验假教师。并且使用了好像《巴拿巴书信》和《十二使徒遗训》中"两条路"的传统，并且使用接近死海文献的《群体守则》(1QS) 两个灵的传统，有两个天使／灵在人生命中的工作，一个为善，一个为恶（36.2，43.11 [《命令篇》6.2，11.11]）。目的是要帮助信徒知道两者的分别，及如何择善固执。

《比喻篇》的十个比喻是牧人指示黑马，如何理解《异象篇》和《命令篇》的教导。这九个比喻分别为两个城市（有关基督徒作为天上的公民；50章）、葡萄树和榆树（有关贫富之间的关系；51章）、冬天的树（52章）和夏天的树（这两个比喻对比义人和罪人，在来世的"夏天"，一切便会显露；53章）、葡萄园的工人（基督徒作为所赐予的灵之管家的职分；54—60章)、两个牧人(奢侈和欺骗的结果是严厉的惩罚；61—65章)、柳树(各式各样不同的信徒，他们之间的分别在于如何使用他们的恩赐，并他们如何悔改；67—77章)以及众山和塔(教会并其中的信徒；78—110章)。最后第十个比喻是总结性的指导(111—114章)。

补充参考

James S. Jeffers, *Conflict at Rome: Social Order and Hierarchy in Early Christianity.* Minneapolis: Fortress, 1991. M. Dibelius, *Der Hirt des Hermas* (*HNT* 20, 1923); G. F. Synder, *The Shepherd of Hermas.* (The Apostolic Fathers 6, 1968); 同上作者, *ABD* 3: 148; E. M. Humphrey, *The Ladies and the Cities* (JSPSup 17, 1995); J. C. Wilson, *Five Problems in the Interpretation of the Shepherd of Hermas* (MBPS 34, 1996); S. Giet, *Hermas et les Pasteurs: Les trios auteurs du Pasteur d'Hermas.* Paris: Presses Universitaires de France, 1963; C. Osiek, *The Shepherd of Hermas* (Hermeneia, 1999)。

正 文

第一章

第一异象

一

1 那养育我的把我卖给了一位在罗马叫罗大的妇人。多年以后，我再次与她重逢，并爱她如同姊妹。2 不久，我见到她在台伯河沐浴，我就伸手扶她从河里上来。见其身段之美，我不禁暗自思忖："倘若我有如此美丽、贤德的妻子，该是何等幸福呢！"这是我当时的唯一念头，此外并无他想。3 此后不久，我前往库买（Cumae），赞美上帝造物的伟大、庄严与大能。走在途中，我却睡着了。忽有一灵来攫住我，带我越过一片毫无路径，无人能过的地域——因为那地方险峻，且被众水侵蚀。过了河，我来到一片平地，于是跪下，开始向上主祷告，坦承己罪。4 正当我祷告时，天开了，我看见那位我喜爱的妇人从天上向我问安，说："黑马，你好！"5 我看见了她，就对她说："夫人，您在这里做什么呢？"她答说："我被提，是为了在上主面前定你的罪。"6 我对她说："您现在是在控告我吗？""不，"她说，"但请听我要对你说的话。"上帝——就是住在天上，从无中造出万有，且为着他圣教会的缘故，使万有繁衍加增的那位，因你得罪了我，他的怒气向你发作。7 我答复她说:"我得罪了你?在什么方面?①或者我何时曾对你说过不当之言?我不是一直尊你如同女神吗?我不是一直敬你如同姊妹吗?夫人啊,你为何要这样不当地控告我这些邪恶和污秽的事情呢?"8 她嘲笑我,说:"你心中起了邪恶的欲念。难道你不认为:对于一位义人而言,心中起了邪念,就是一桩恶事吗?这当然是罪,何况那是大罪。"她又说:"因为义人只追求公义之事。如此,只要他所追求的是公义的,他在天上的名誉就稳固②,并且他将发现:在他一切所行的事上,都蒙上主喜悦。但那些心中追求恶事的人是自取灭亡和囚役,尤其是那些紧抓着这个世界、以自己的财富为傲,而不牢牢抓住将来美事的人。9 他们的灵魂将为此而懊悔,因为他们没有盼望;相反,他们丢弃了自己以及他们的生命。然而至于你,你要向上帝祷告,他会医治你的罪,也医治你全家以及所有圣徒的罪。

第二章

二

1 她一说完这些话,天就合了起来,我极度战兢与沮丧。我心想:"倘若即便这样的罪也被记录在案,那我还怎能够得救?我又如何能够为那些自知的罪与上帝和解?我还可用什么话来求告上主,使他对我施恩呢?"2 我心中还在思忖辩论这些事时,在我前面我看见一张用雪白羊毛织成的大白椅,然后走来一位衣着华丽的老妇人,手里握着一本书。她独自坐下,向我问好:"黑马,你好!"那时,我神情沮丧,抽泣不止,回答说:"夫人,您好。"3 她问我:"黑马,你为何这般阴郁呢?你向来耐心宽容、生性温厚,也总是喜笑,如今为何这样沮丧和不快呢?"我对她说:"因有位非常良善的妇人说,我得罪了她。"4 她说:"这样的事

---

① "在什么方面",有抄本作"我哪里得罪了你"。
② "稳固",或译"就成为完整"。

情绝不应该发生在上帝的仆人身上的！然而，你心中的确对她起了那样的念头。对于上帝的仆人，这样的想法招致罪——因为作为一个广受尊崇③且经过考验而被认可的灵魂，要是起了做恶的欲望，那将是邪恶且震惊的决定。尤其是对于黑马而言更是如此——因他向来自制，远避一切邪念，满了真诚，十分纯真。"

第三章

三

1 "然而，上帝向你发怒不是为了这个原因，而是为了使你将你的家人转向上主，因他们得罪了上主，也得罪了你——他们的父母。但你疼爱你的孩子，没有及时纠正你的家人，反而任凭他们十分败坏。这才是上主向你发怒的原因。然而，他将医治你过去一切的恶行，就是你家人所犯的恶行；因着他们的罪和过犯，你被今世生活的忧虑腐蚀了。2 但上主极大的仁慈仍对你和你家存有恩慈，他必将在他的荣耀中赐你力量，并坚立你。只是不可再掉以轻心，却要勇敢，坚固你的家。正如铁匠需要借着反复捶打来完成他想要做的工作，同样，日常的公义之言能克制一切恶行。因此，不要停止训诲你的孩子，因我知道，如果他们全心悔改，他们的名字必与众圣徒一起记录在生命册上。" 3 她说完这些话，问我："你想听我宣读吗？"我说："是的，夫人。"她对我说："当留心听，聆听上帝的荣耀。"我用心聆听，心中诧异，听到的东西却无力记住，因为所有的话语都十分吓人，是人类所不能承受的。然而，我记住了最后一句话，因这话对我们有益，且能安慰人：4 "看哪，万军之上帝，用不可见的大能大力和大智慧创造了世界，并依其荣耀的旨意为他所创造的披上华美，他用大能的言语固定天，将大地的根基立在众水之上；并且，依其智慧和眷顾，他创造了蒙他祝福的圣教会。看哪，他

---

③ "广受尊崇"，或译"十分敬虔"。

在移动诸天、大山、小山和洋海,对于他的选民,这一切都变为平坦,好使他能持守自己的应许,就是他在极大的荣耀和喜悦中应许给他们的——只要他们持守上帝的诫命,就是他们在伟大的信心中所领受的诫命。"

第四章

四

1 她念完就从椅子上起来,四个年轻人来搬走椅子,朝东方离去。2 然后,她把我叫到她跟前,按手在我胸口,对我说:"你喜悦我的宣读吗?"我对她说:"夫人,我喜欢最后的话,但前面的话却晦涩难明。"她回答我说:"最后的话是对义人发的,但前面的话却是针对异教徒和背叛者说的。" 3 她与我说话期间,有两位年轻人出现,搀扶着她的手臂,朝着东方离去了,就是椅子消失的那方向。她笑着离开,边走边对我说:"黑马,拿出男子汉的气概来吧!"

第五章

第二异象

一

1 一年后,大约在与前一年的同一时期,我又前往库买。我边走边想起去年见到的异象,再次,有灵来攫住我,带我到去年到过的同一地方。2 到了那地,我双膝跪下,开始向上主祷告,尊荣他的圣名,因他以我为配得,使我知道自己先前的罪。3 从祷告中起来后,我再次看见去年见过的那位老妇人,她边走边读一本小书卷。她对我说:"你能向上帝的选民宣告这些事情吗?"我回答她说:"夫人啊,我记不住这许多东西,不如给我这个小书卷,我可以都抄写下来。""拿去吧,"她说道,"之后要还给我。" 4 我就取了那书,走到乡下的某处,把整本书抄下来,一个字母一个字母地抄,因为我不能辨认其中的音节。我抄完这本书的所有字母后，突然书从我手中不翼而飞。是谁拿走的我却没有看见。

第六章

二

1 我禁食并恳切祈求上主，过了十五日，书中的意思向我开启。书中的内容如下：2 "黑马，你的孩子们已经离弃了上帝，亵渎了上主；因着大恶，他们已背叛父母，被称为父母的悖逆者，然而，他们的悖逆却没有带给他们任何益处。尽管如此，他们在自己的罪上又加上放荡不羁和纵情邪恶，他们的罪孽已经满盈了。3 要将这些话传达给你所有的孩子，还有你的妻子，她将变得如同你的姊妹一般。她因为没有控制自己的舌头，做了恶事。但她听到这些话，便会控制舌头，并重获怜悯。4 在你向他们言明这一切话之后，就是主人命令我向你启示的，他们先前所犯的一切罪都将得着赦免。诚然，到今日为止，所有犯罪的圣徒都能得着赦免——只要他们全心悔改，并从心中驱除心怀二意的念头。5 论到主人的选民，他曾指着自己的荣耀起誓：今日既被定为最后的大限，他们依然继续犯罪，必得不着救恩，因为义人的悔改已到了尽头；虽然对于异教徒，直到末日仍存有悔改的机会，但为圣民存留的悔改日子已经完结了。6 因此，要向教会的领袖传讲，好叫他们在义中指引他们的道路④，好叫他们带着荣耀、全然领受应许。7 因此，在义行上的工夫你们必须坚定不移，不可心怀二意，这样你们便能够与圣天使一同进入天国⑤。你们那些耐心忍受那要来的大患难、并不弃绝他们生命的人有福了！8 因上主曾以他儿子的名义起誓：那些否认他们的主⑥的人——就是那些在往后日子中将会否认他的人——已被他们的生命弃

---

④ "指引他们的道路"，或译"指引他们所带领的道路"。
⑤ 原文无"天国"。
⑥ "主"，有抄本作"基督"，也有作"儿子"。

绝。但那些先前否认过他的人，因着他的大怜悯，已得蒙了怜恤。"

第七章
三

1 "然而，你呀，黑马，不要再对你的孩子心怀怨恨，也不要容忍你那位姊妹继续偏行己路，好叫他们能从先前的罪中得以洁净。因为如果你不再对他们心怀怨恨，他们将会从公义的管教中领受管教。心怀怨恨却生出死来。但是你呀，黑马，因为你没有照顾好家人，你因家人的过犯，自己已承受极大的患难。你竟然疏忽了他们，并纠缠在自己的邪恶过犯中。2 但是，你没有离开永生的上帝，你的真诚，加上极大的自制，拯救了你。是这些拯救了你，只要你继续坚定到底。这些同样也会拯救一切如此行、并在纯真和真诚中行走的人。这些人胜过一切邪恶，必将忍耐到永生。3 秉行公义的人是有福的；他们必永不至毁坏。4 但要对马克西姆（Maximus）说：'看哪，患难正临到；倘若你以为好，就再次否认吧。''上主要亲近转向他的人，就是那些在旷野向人们发预言的人'，正如在《伊利达和摩达》（the book of Eldad and Modat）中所记那样。"

第八章
四

1 弟兄们，正当我沉睡时，有位非常英俊的年轻人带给我一个启示。他对我说："你认为给你那本小书的老妇人是谁呢？"我说："是西卜（Sibyl）。""你错了，"他回答说，"她不是。""那她到底是谁呢？"我说。他回答："是教会。"我问他："但是，她为什么是年老的呢？"他说："在万有之先她已被创立，所以是年老的，世界被造也是为了她的缘故。"2 之后我在自己的房子里见到了一个异象。那位老妇人来问我，是否已经把小书卷给了众长老。我说还没有给。"你做得好，"她说，"因为我还有话要补充。在我全部讲完之后，通过你，这些话将传达给所有选民。3 因此，你要写两本小书卷，一本送给克莱门，另一本给格莱普特(Grapte)。之后，克莱门将会把书送到国外的各城市，因为那是他的工作。格莱普特却将教导孤儿寡妇。至于你，你将与管理教会的众长老一道，向这个城市宣读书中内容。"

第九章

第三异象

一

1 弟兄们，我所见到的第三个异象如下：2 我时常禁食，并乞求上主显明他的启示，就是透过老妇人应许要给我的启示。就在那晚，老妇人向我显现，说："既然你受教如此有限，又渴慕知道一切事情，你去到自己耕种的⑦田间，大约早上十一点我会向你显现，指示你所当明白的事。"3 我问她说："夫人，到田间的哪一块呢？""任何你想去的地方。"她答道。我心中选定了一美丽、僻静之处。在我开口跟她说并描述那地方之先，她却对我说："我会去你想去的那个地方。"4 因此，弟兄们，我就去了田间，等到了约好的时间，我就去了告知她来的地点，我见到那里有张象牙榻，榻上有张细麻坐垫，上面铺着一块亚麻布罩子。5 我看见这些东西摆放在那里，周围却不见人影，就十分震惊，全身一阵颤抖，毛发悚然；就这样，我在惊恐中战栗不已，因我单独一人在那里。之后等我缓过神来，记起上帝的荣耀，才重新振作。我跪下，再次向上主承认我的罪，如同我以前所做的那样。6 她带着六个年轻人到来，就是我先前见过的。她站在我身旁，她认真聆听我向上主祷告及认罪。然后她按手摸我，说："黑马，不要再为你自己的所有的罪祷告了！要祈求义，这样你可以带些给你的家庭。"7 之后，她用手扶我起来，引我到榻

---

⑦ "耕种的"，有抄本作"生活的"。

前,并对年轻人说:"去建造吧。"8 年轻人离去后,我们单独在一起,她对我说:"来这里坐。"我对她说:"夫人,让长老们先坐吧。""照我说的做,"她说,"坐下。"9 于是,我想坐到右边去,她却不许,而是用手指示我应当坐在左边。我反复思想这事,就感到悲伤,因为她不许我坐到右边。她问我:"黑马,你感到悲伤吗?右边的位置是留给其他人的,就是那些已经蒙了上帝悦纳,并为"圣名"受过苦的人。但你还远不够格跟他们坐在一起。然而,要在你的真诚上坚持不懈,如同你现在做的那样,你将能够跟他们坐在一起;诚然,所有效法他们的行为、并忍受他们所受之苦的人,将来都能够如此与他们一同坐席⑧。"

第十章

二

1 "他们受了什么苦呢?"我问。她回答:"听哪,为了圣名的缘故,他们受鞭打、监禁、严厉逼迫、十字架,以及野兽。因此圣洁的右边属于他们,也属于一切为圣名受苦的人。左边则留给其他人。然而,相同的恩赐和应许同属于两者,无论是坐右边的还是坐左边的;唯一的区别只在于前者坐在右边,享有一定的荣耀。2 你渴望与他们同坐右边,可是你的不足缺欠还有许多。然而,你的不足缺欠将得以洁净;诚然,对于所有不心怀二意的人,他们迄今为止一切的罪过都将得以洁净。3 说完这些,她便欲离去。但我跪在她脚前,奉主的名恳求她向我显明她曾向我应许的异象。4 于是,她再次伸手扶我起来,使我坐到榻的左边,而她自己则坐在右边。她举起耀眼的手杖,对我说:"你有没有看见宏伟之物?"我对她说:"夫人啊,我什么都没有看见。"她对我说:"看!你难道不见在你眼前,有座宏伟的高塔矗立水中,由发光的方形石头筑成吗?"5 的确,那六位与她一同到来的年轻人正在方形构架中建造高塔,

---

⑧ 原文无"与他们一同坐席"。

此外，还有无数人运来石头，有些来自深渊，有些来自陆地。他们把石头递给那六位年轻人。年轻人就接过来用于建造。6 所有从深渊中拖拉上来的石头，他们原封不动就直接放进去建造，因为这些石头已经打磨好，能与其他的石头彼此契合。事实上，它们彼此贴合得如此紧密，以至于接口密不可见，整座塔的结构看起来仿佛仅是由一整块石头构成的。7 但是另外一些从干地运来的石头，有些他们丢掉，有些则用来建造，还有另外一些他们打碎，并抛到离塔远远的地方去。8 有许多的石头散置于塔的四周，他们不用这些石头来建造，因为其中有些已经损坏⑨，有些有裂纹，另外一些则太短了，还有一些又白又圆，不适宜建造。9 我还见到一些石头被扔到离塔远远的地方，落到路边，但没有停在路上，而是滚到了荒地；还有些落入火中焚烧，另外一些则滚到了水边，但不能进入水里——虽然它们很想滚进水中去。

第十一章

三

1 她向我展示了这一切之后，就打算匆匆离去。我对她说："夫人啊，我见到了这一切但不明白其含义，对我有什么益处呢？"她回答道："你真是个诡计多端的人，想知道关于塔的一切！"我答道："是的，夫人，这样我可以告诉我的弟兄们，好振奋他们；而听到这些事情后⑩，他们就能够在极大的荣耀中认识上主⑪。"2 然后她说："许多人必将听见；但听后，有人因此欢喜，有人哭泣。即便如此，倘若他们听后悔改，仍会欢喜。因此，要听这个高塔的比喻，因我会将一切启示你。从此不要再烦扰我要启示了，因这些启示已经终结，已经成就了。

---

⑨ "损坏"，或译作"表面粗糙"。
⑩ 也有抄本省略"好振奋……这些事情后"。
⑪ "上主"，有抄本作"上帝"。

但你一定不会停止求问启示,因为你是不能自制的⑫。3 你看见在建的塔就是我——教会,就是之前及现在向你显现的。尽管问你想知道有关高塔的一切吧,我会向你显明,好使你与众圣徒一同欢喜。"4 我就对她说:"夫人,既然你曾认为我配领受这一切,就请显明吧。"她对我说:"一切能被显明的,都必显明。只是要将你的心归给上帝,对于所见的不要心怀二意。"5 我问她:"夫人,为什么塔建在水上呢?""看吧,果然如我先前所言,"⑬她说,"你的确殷勤求问。所以,透过寻求,你将寻到真理。留心听为什么塔建在水上:因为你的生命曾借着水得救,以后也必借着水得救。然而塔的根基在于全能、荣耀的圣名之道,并且靠着主宰不可见的大能得以坚固。"

第十二章

四

1 我回答她:"夫人,这事实在伟大、奇妙!但是,请问夫人:这六个负责建造的年轻人是谁呢?""这些是上帝的圣天使,是首先被造的,上主托付他们加增、建造他的一切受造物,也托付他们管理一切受造。因此,通过他们,高塔的建造将得以完成。"2"那么,另外运来石头的人是谁呢?""他们也是上帝的圣天使,但这六个远比他们尊贵。高塔必将建成,到时所有人都要环绕高塔欢喜快乐,并且尊荣上帝——因为高塔已经建成了。"3 我又求问她,说:"夫人,我想知道这些石头的去向,以及他们代表的含义。"她回答我,说:"并非因你比别人更配领受这启示,因为有其他人在你之前,且比你更好,他们本应领受这些异象。然而,这些事已经向你显明,是为了使上帝的名能得着荣耀;将来也要向那些心怀二意的人显明,他们心中所怀疑的这些事情是否真的。

---

⑫ "不能自制的"原意不清楚,或译作"不要脸的"。
⑬ 有抄本后加"你对于经文的探求诡计多端"。

告诉他们这些事情是真实的，且除真理以外并无其他，一切都是有能力、可信且坚定的。"

第十三章

五

1 "现在你要听：关于用来建造的那些石头。方形，白色且彼此相接无间的石头是使徒、监督、教师和执事——他们遵照上帝的圣洁而行；并且作为监督、教师与执事，心存纯正与敬畏、服侍上帝的选民；他们当中有些已经睡着了，有些还活着。他们总是彼此同心，因此彼此和睦，彼此听从。正因如此，在这个高塔的建造中，他们可以相接无缝。" 2 "那些从深渊中拖拉出来、用于建造的石头，与已用于建造的石头也彼此契合，他们是谁呢？" "他们是已为上主之名受过苦的人。" 3 "夫人，我还想知道那些从干地运来的石头是谁。"她说："那些不经打凿就直接用于建造的是已蒙上主悦纳的人，因为他们行在上主的公义中，并且正确遵行了他的诫命。" 4 "那些被运来用于建造的又是谁呢？" "他们是信仰较浅，但忠信的人；然而天使警戒他们要行善，因为他们里面有⑭邪恶。" 5 "那么被天使丢弃、抛掷的又是谁呢？" "是犯了罪，但愿意悔改的人。因此，他们被扔在离塔不远处；如果他们悔改，他们就仍对建造有用。因此，那些将要悔改的人，倘若确实悔改——就是趁现在高塔还在建时就悔改，必在信心上得刚强。不过，若建筑已经完成，他们就不再有任何位分，只能是废弃之物了。他们所拥有的唯一优势，就是位置靠近高塔。"

第十四章

六

1 "你想知道那些被打碎，且被扔得离塔远远的是哪些人吗？这些是

---

⑭ "有"，有抄本作"没有"。

不法之子；他们虚伪地相信，且无恶不作。因此，他们不能得救，因为他们的恶行使得他们在建造中毫无用处。所以他们被打碎，且被抛掷得远远的，因为上主向他们发怒——他们惹动了他的怒气。2 至于你见到那些大量散置于四周而不能进入建筑的石头，有损坏⑮的是知道真理但不遵行的人，他们也不与圣徒交往，因此他们变为无用。"⑯ 3 "但有裂纹的是谁呢？""这些是在心中彼此有嫌隙，彼此不合的人。他们仅仅貌似和好，一旦彼此分开后，心中仍存恶念。这就是这些石头的裂纹。4 那些太短的石头是已经相信、并且大部分时间里过着公义生活的人，但他们都行了某些不法之事；所以太短，不够完美。" 5 "夫人，那些白色、不宜用来建造的圆石是谁呢？"她回答我道："即使你凡事询问，却仍一无所知；你愚昧无知要到几时呢？这些是有信仰，但同时拥有世界财富的人。一旦迫害临到，为了他们的财物与事务，他们就否认了他们的主。" 6 我回答说："那么，夫人，他们对于建造还会有用吗？"她答道："当财富——就是那使他们灵魂走迷路的，被切除后，他们对于上帝就仍有用。正如圆石不经削减，及至失去它的部分就不能成为方形一样，那些今世富足的人如果财富不削去，也不会对上帝有用。7 你自身就是很好的例子：当你富足时，你毫无用处，但现在你却于生命有用、且有益。要成为对上帝有用的，因为你自己也要作为这样的石头被使用。

第十五章

七

1 "至于你所看到被抛掷得远离高塔，且落到路上并滚至荒地的石头，是那些已经相信的人，但由于心怀二意，他们离弃了真道。他们自以为能找到更好的路，却走迷了方向，以致在愁苦中飘荡，在荒地里跋

---

⑮ "损坏"，或译作"表面粗糙"。
⑯ 有抄本省略"他们也不与……无用"。

涉。2 那落入火中焚烧的是全然悖逆永生上帝的人，他们心中已不再出现要为自己的邪情私欲及恶行悔改的念头。3 你想知道那些落到水边，但不能滚进水中的是谁吗？就是那些听了道，并想奉主⑰之名受洗的人。但后来，他们考虑到真理的纯正就改变了想法，又回到先前的邪恶私欲中。"4 至此，她对高塔的解释就讲完了。5 我却仍厚颜追问她：是否所有这些被丢弃、不宜用来建塔的石头还有悔改的机会，以及在塔中还能找到一席之地。她说："他们还有悔改的机会，但不能够用来建塔。6 不过他们将被放在一个次等许多的地方，且要等到他们受够了折磨，赎他们罪孽的日子满了之后。当他们领受了公义之道——也唯有在此情况下，他们才能被转移出来。那时将会发生的是：如果他们心中想起他们有过的恶行，他们就能从痛苦中被转移出来；但如果他们不能想起，就必不得救，因为他们的心刚硬。"

第十六章

八

1 我停止了向她询问有关这一切，之后她对我说："你还想看看其他东西吗？"我急于见到更多，当然十分乐意看。2 她看着我，笑着对我说："你看到了环绕塔四周的七个女人吗？""夫人，我看到她们了。"我答道。"她们奉主的命令，支撑这塔。3 现在来听听她们的功用。她们当中居首的，就是手臂强壮的女人叫'信心'；上帝的选民借着她得救。4 第二位，就是那个身穿工服，行动像男人的，叫作'节制'；她是'信心'的女儿。跟随她的人在他生命中都必蒙福，因为他将克制一切恶行，并且相信，倘若他克制一切私欲，必将承受永生。"5 "夫人，其他人是谁呢？""她们都是母女，名叫'真诚'、'知识'、'纯真'⑱、'敬

---

⑰ "主"，或译"上主"。
⑱ "纯真"，或译"清白"。

畏'和'爱'。当你遵行她们母亲的一切作为时,就能活着。"6 "夫人,我想知道她们每一个人的能力。"我说。她说:"留心听她们的能力。7 她们的能力彼此制约,按照她们出生的顺序,一个跟随另一个。'信心'生出'节制';'节制'生出'真诚';'真诚'生出'纯真';'纯真'生出'敬畏';'敬畏'生出'知识';'知识'生出'爱'。因此,她们的作为是纯全、敬虔与神圣的。8 因此,无论何人,只要侍奉这几位,且有力量掌控自己的行为,就必与上帝的众圣徒一同在这高塔的居所中有分。"9 之后,我开始问她关于期限之事,尤其是终结是否已经来临。但她却大声喊道:"你这个愚人啊!你难道看不见塔仍然在建造中吗?因此,在塔建成完工之后,末期才会临到。不过塔将很快建好。不要再向我发问了;这一提醒以及你们灵魂的更新对于你和众圣徒,已经足够了。10 但启示这些事情不仅仅是为了你个人,而是为了使你能够向众人说明。11 我命令你,黑马,三天后——因你必须先领悟——首先要把我将向你说的一切话对众圣徒宣讲,好使他们听后可以遵行,这样,他们的邪恶可得着洁净——你也一样。"

第十七章

九

1 "我的众子啊,要听!借着上主的怜悯,我以无比的真诚、纯真和敬畏养育了你们;上主逐步灌输你们公义,好使你们从一切邪恶和乖僻中称义,并得以成圣。然而你们却不愿止住你们的恶行。2 现在,要听我说,你们之间要彼此和睦,彼此关顾,彼此扶助;不要自己尽享上帝造物的丰盛,而要与贫乏的人分享⑲。3 因为有人饮食过度,以致肉体软弱,从而有害身体;而那些没有东西可吃之人,身体也受到损害,因

---

⑲ "不要自己……分享",或译"不要自己尽享上帝的造物,但要分享这一丰盛"。原文 μεταλαμβάνετε ἐκ καταχύματος,直译为"从汤中分享……"这里似是一种谚语用法,意即把一切据为己有。

为他们没有足够的食物，身体就消瘦憔悴。4 你们这富有但不与贫乏人分享的人，这样缺乏团体精神对你们是有害的。5 要看到将来的审判！因此，你们这富足有余的人哪，要找寻那些饥饿的人——直到高塔建成。因高塔一旦建成后，你们即便想行善，也没有机会了。6 所以，你们这因财富欢呼的人，当谨慎！免得穷乏人哀叹，而他们的哀叹达到上主那里，你和你的[20]美物就要被关在高塔门外了。7 因而，现在，我要对你们这些教会的首领和高居尊位的说：不要像术士一般。因术士们是瓶中盛药，而你们却是心中盛了毒药。8 你们心蒙了油，不愿洁净你们的心，使智慧与清洁的心调和，好使你们从大君王那里得着怜恤。9 因此，众子啊，要当心！以免这些纷争夺去你们的生命。10 你们喜爱教导上帝的选民，然而自己却不受教导，如何能行？因此，你们要彼此教导，彼此和睦，好叫我也能喜乐地站在天父面前，为着你们所有人向你们的主交账。"

第十八章

十

1 于是，她不再和我说话了，负责建造的那六个年轻人就过来，把她接到高塔里，另外四个人则抬起那张榻，也搬进了高塔。我没有看见他们的脸，因为他们转身离去了。2 她离开时，我恳求她启示我，关于她向我显现的三种模样。她回答我道："关于这些事情，你必须问其他人，好使这些事可以向你显明。"3 弟兄们，去年她第一次向我显现时，是一位坐在椅子上十分年迈的妇人。4 但第二次显现时，虽然她的身体和头发仍显年迈，但她的面容已年轻了许多；并且她站着和我说话，也比以前更加有神采。5 她第三次显现时，除了头发还是年老之外，整个人显得更为年轻，且美丽异常；并且她极为快乐，还坐在榻上。6 我为

---

[20] "你的"，有抄本作"你的兄弟"，也有作"你大量的"。

这些事情深感苦恼；我想知道其中的启示。在夜间的一个异象中，我见到这位老妇人，她对我说："每一个请求都要求谦卑。因此，要禁食，然后你将得着你向上主祈求的。"7 于是，我禁食了一天，就在当晚，有个年轻人向我显现，他对我说："因你时常在祷告中要求有启示，当小心[21]，免得要求太多，有损你的肉身。8 这些启示对于你已经足够了。你还能够看比你已见过的那些更大的启示吗？"9 我回答他道："先生，我只求你这一件事：就是关于那位老妇人显现的三种模样，请给我一个完整的启示。"他回答我："你们缺乏悟性要到什么时候呢？你心怀二意使你缺乏悟性；诚然，你的缺乏，是因你的心没有专注于上主。"10 我再次回应他："先生，但是借着你，我们能够更确切地明白这些事情。"

第十九章

十一

1 "听哪！"他说，"关于你所求问的三种模样。2 在第一次异象中，为什么她向你显现为一位坐在椅子上的老妇人呢？因为你的灵老迈，且已干枯；你的灵没有力量，是因你的软弱和心怀二意。3 正如老年人，对于更新自己的青春不再有指望，除了长眠安息，也别无期望；同样，生活的忧虑已使你们软弱无力，于是你们任凭自己变得漠不关心，并没有把你们的忧虑卸给上主。你的心灵破碎，悲伤使你变得年老。"4 "先生，我想知道为什么她坐在椅子上。""每个体弱的人由于虚弱都要坐在椅子上，好支撑他身体的软弱。现在，你已明白第一个异象的象征了。"

第二十章

十二

1 "在第二个异象中，你见到她站着，并且她面容更加年轻，也比以

---

[21] "因……小心"，有抄本作"为什么你时常在祷告中要启示，当小心"。

前更加兴奋,但她的身体和头发却还是年老的。"他说,"也要留心听这个比喻。" 2 想象有一位老人,由于虚弱和贫穷,已经放弃了对自身的一切希望,除了离世之日也不再有任何期盼。然而,他出人意料地继承了一份遗产。听到这个消息,他起身,十分欢喜,以力量束腰;他不再躺下,而是站了起来;他的心灵曾因先前的境况而破碎,现在却更新了,于是他不再坐下,而是如壮年人那样行动。当你听到上主向你显明的启示后,你也同样如此。3 因他怜悯你们,更新了你们的灵;于是你们将软弱撇在一边,重新得力,你在信心上变得刚强有力;上主见你们以力量束腰,他就欢喜快乐。因此,他已向你们显明高塔的建造,他还会向你们显明其他事情,只要你们全心持守你们中间的和睦。

第二十一章

十三

1 "在第三个异象中,你见到她更加年轻、美丽,而且兴奋,同时她的身段也更美丽。2 正如悲伤者听到好消息后,他立刻忘了先前的愁苦,除了刚听到的消息外,他脑中不再有其他想法,从此,他有力量去行善,他的灵也因他获得的喜乐得了更新;同样,见到这些美事后,你们的灵也获得了更新。3 并且你见她坐在榻上,这个姿势是稳固的,因为榻有四角,所以立得稳;整个世界也是由四种元素构成的。4 因此,那些彻底悔改的人将会变得年轻,且十分稳固——就是那些全心悔改的人。现在,你得了完全的启示了;你不当再要启示了。不过如果仍有必要的话,自会向你显明的。"

第二十二章

第四异象

一

1 弟兄们,在第三异象出现了二十天后,我见到了第四异象:是关于即将临到的迫害的前兆。2 当时,我正沿着坎帕尼亚路(Campanian Way)往乡下去。那地方离公路不过一英里多一点,很容易找到。3 我一个人行走,边走边祈求上主给我完整的启示和异象——就是他借着他的圣教会显明给我看的;这样,他可以使我得着坚固,也可以使那些跌倒的仆人悔改;如此,他那伟大荣耀的圣名就得着尊荣,因他以我为配领受他奇妙的作为。4 正当我要赞美及感谢他,有声音如同人声般回应我:"黑马,不要心怀二意。"对此,我开始暗自思量,心想:"我既得着上主如此稳固的坚立,并已见到了荣耀的事情,怎么还能够心怀二意呢?"5 弟兄们,我再向前走了一会儿,看哪,我见到一团尘埃往上升起,仿佛升到天上。于是我心想:"可能是有牛群过来了,所以扬起一团尘埃。"尘埃离我约有两百码远。6 随着那团尘埃变得越来越大,我开始怀疑是某些超自然之物。随后,太阳光线亮了些,看哪,我见到一头巨兽,好像海怪,从它口中喷出燃烧的蝗虫。巨兽约有一百英尺长,头像个陶瓷缸。7 我开始呼喊,求主救我脱离巨兽。接着我记起我听到的话语:"黑马,不要心怀二意。"8 于是,弟兄们,我披上对主㉒的信心,思念他教导我的伟大之事,我便鼓起勇气,面对巨兽。这兽如此急速奔来,简直可以毁灭一整个城市。9 我靠近海怪,见它虽然巨大,却是全身趴在地上,直到我从旁经过,它仅仅只是吐了吐舌头,连动都没有摆动一下。10 兽的头上有四种颜色:黑色,接着是火与血的颜色,然后是金色,还有白色。

第二十三章

二

1 我从兽旁经过,又往前走了约有三十英尺。看哪,有个年轻的女士来迎接我,她的穿着打扮仿佛刚从新娘房中走出来一般,面纱遮到前

㉒ "主",有抄本作"上帝"。

额，头上裹着头巾，头发是白色的。2 从之前的异象中，我知道她就是"教会"，于是我变得更加欢欣雀跃。她问候我，说："早上好，我的朋友。"我回应她道："早上好，夫人。"3 她回答说："你遇见什么没有？"我对她说："夫人，遇见了一头足可以毁灭万民的巨兽，但靠着上主的力量和他浩大的怜悯，我得以逃脱。"4 "你配得以逃脱，"她说，"因为你将一切忧虑卸给上帝，向上主敞开心扉，相信除了那伟大而荣耀的圣名外，任何其他事物都不能拯救你。因此，上主差派了他的天使——就是名叫赛格里（Segri）㉓、有权管辖众兽的天使，他封住了兽的口，因此它不能伤害你。因着你的信心，也因着你虽见到如此巨兽也没有心怀二意的缘故，你已经逃离了一个极大的灾难。5 因此，去吧，向上主的选民宣扬他大能的作为，告诉他们这兽是将要来的大灾难的前兆。因此，倘若你们事先预备好自己，全心转向上主；倘若你们内心清洁无瑕，并且在余生无可指摘地侍奉上主，那么你们就能够得以逃脱这个灾难。要将你一切的忧虑卸给上主，他必担待。6 你们这些心怀二意的人哪，要信靠上主，因为他凡事都能做；他既能使他的怒气转离你们，也能降灾给你们这些心怀二意的人。那些听见这话而不遵行的人有祸了，他们不出生在世还好！"

第二十四章

三

1 我求问她关于兽头上的四种颜色。她回答我，说："你还是对这些事情这么好奇！""是的，夫人。"我说，"请告诉我这些是什么意思。"2 "听啊，"她说，"黑色就是你现在生活的这个世界。3 火与血的颜色表明这个世界必将毁于血与火。4 金色代表得以逃脱这个世界的你们。正

㉓ "赛格里"，有学者采用哈里斯（J. R. Harris）的校订——基于亚兰文单词 sagar，意为"封住"（参但6：22）。手抄本作"Thegri"。

如金子经过火的试炼才成为有用,同样你们活在他们当中㉔也正受着试炼。所以,那些能忍耐,并经过火焰的人将得着洁净。正如金子除去渣滓一般,你们也要除去一切的悲哀与痛苦,就必得以洁净,于建塔有用。5 白色部分就是将来的世代,上帝的选民居住在那里,因为那些上帝为永生所拣选的人将会成为纯洁、无瑕。6 因此,不要停止向圣民的耳朵传讲。你们同样要面对将要临到的大灾难的前兆。但是如果你们愿意,它就不算什么。谨记已写下的话语。"7 说完这些话,她就离开了,我没有看到她去了哪里,因为突然有个大声响㉕,我因害怕转身后退,以为是那兽来了。

第二十五章

第五异象

1 我在自己的房子里祷告,之后坐在床上,见来了个人,容貌大有荣耀,穿着好似牧人,腰间围着块白皮,肩上扛着个袋子,手中拿着一根杖。他问候我,我也回应问候他。2 他马上坐在我旁边,对我说:"至圣的天使差派我来陪伴你的余生。"3 我以为他是来试探我的,于是我对他说:"你到底是谁?因我知道我所交托的是谁。"他对我说:"你不认得我了吗?""不认得了。"我答道。他说:"我就是你所交托的牧人。"4 他还说着话,面貌就改变了,我于是认出他就是我之前所交托的那位;马上我感到困惑,并且惊恐不已,全然沉浸在悲伤中,因为我对他的回答是如此邪恶且愚昧。5 但他回答我,对我说:"不要困惑,但要在我即将给你的命令中坚固你自己。因为我被差派来,是为了再次向你显明你之前所见到的一切,显明对你们有用的最重要的几点。首先,写下我的命令和比喻;但也记下我指示的其他事情。"他说:"为什么我命令你先写

㉔ "他们",原文所指不详,或作"它"。
㉕ "突然……声响",有抄本作"出现了一团云"。

下命令和比喻呢，那是为了使你们能够立时读到，并且能够遵行。"6 于是，我按照他所要求的，记下命令和比喻。7 倘若你们听到后，就遵守并切实遵行，且以清洁的心去做，你们将从上主得着他应允给你们的一切。然而，如果你们听到后并不悔改，还是不断加增你们的罪孽，你们将从上主得到相反的报应。㉖ 下面就是牧人——悔改的天使命令我记下的一切。

第二十六章

第一命令

1 首先，相信上帝是独一的，他创造了万物，且使万物井然有序，并从无中创造了现有的一切；他包含万有，唯独其本身超乎一切之上。2 因此，要信靠他，并敬畏他，且因着敬畏他而有节制。谨守这些事情，你就能除去身上一切的恶毒，并穿上公义的一切美德，也将向上帝而活——只要你谨守这命令。

第二十七章

第二命令

1 他对我说："要真诚、清白，你就必像小孩子一样——他们不知道毁坏成人生命的恶事。2 首先，不要中伤任何人，也不要乐于听别人中伤他人的言语。否则，倘若你信了你所听到的毁谤，你这听者将于毁谤人的罪上有分，因为由于相信，你自己也会对你的兄弟怀恨。这样，你就在毁谤者的罪上有分了。3 毁谤是恶事；它是个坐立不安的鬼魔，从来没有安宁，总是与纷争相伴。因此，要躲避毁谤，你就必能与众人和睦。4 要以敬畏为衣，在敬畏中没有过犯的邪恶根源，一切都是平顺、

㉖ 原文无"报应"。

喜乐的。要在善事上殷勤，并从上帝给你的劳作成果㉗中慷慨给予一切有需要的人，无须仔细考量你当给谁，不当给谁。给予一切有需要的㉘人，因为上帝希望因着他自己的赏赐，所有人都得着赏赐。5 因此，就领受的原因和目的而言，那些领受的人都要向上帝交账；因那些在急难中领受的人将不被审判，但那些虚伪假装的人将受到刑罚。6 所以，施予者是清白的，因他既从上主领受了一份事工，就真诚去实施了，没有为该给谁不该给谁而焦虑。这份事工——当真诚去实施时，在上帝眼中就是荣耀的。因此，这种真诚侍奉上帝的人必将活着。7 所以要谨守这命令，正如我告诉你那样，这就证明你和你家人的悔改是真诚的，并且你的心是清洁㉙无瑕的。"

第二十八章

第三命令

1 他又对我说："要爱慕真实，并且口中只能容许出真实的言语，这样，那住在肉身中的灵——就是上帝安放在其中的，将在所有人面前证明是真实纯正的；如此，那住在你里面的上主将得着荣耀。因为在上主的每一句话里，他都显为真实，在他毫无虚假。2 因此，那些撒谎的人是在弃绝上主，并欺骗上主，因为他们没有归还从他那里领受的托付。他们从他那里领受的是未被诡诈污秽的灵，倘若他们归还的是虚谎的灵，他们就违背了上主的命令，成为了骗子。"3 我听到这些后，就大声痛哭。他见到我哭泣，就说："你为什么哭泣呢？"我说："先生，因为我不知道自己能否得救。""怎么会呢？"他问。我答道："先生，因为在我一生中，我从未说过真语；相反，我以诡诈与众人相处㉚，并把谎言说

㉗ 原文无"成果"。
㉘ 原文无"有需要的"。
㉙ "清洁"，原文抄本有损，意思不详。其他有作"纯全与清白的"。
㉚ "相处"，有抄本作"交谈"。

得如同真的一般，从没有人怀疑过我，却都相信了我的话。行过这些事之后，我怎还能存活呢？"我说。4 他答道："你思想的是正确且真实的，因为作为上帝的仆人，你必须诚实地活着；有亏的良心不应与诚实的灵同住，也不应给圣洁诚实的灵带来痛苦。"我说："先生哪，我之前从未正确听过这样的教导。"5 "那你现在听到了，"他说，"既然你现在的言语已显明是真实的；你就要遵行这教导，这样你在先前的事务中所说的谎言就可以自显为可信——因为它们也可以成为可信的。倘若你遵行这些教导，从此之后，只讲真语，你将能够得着生命。无论什么人，若听见这命令后就与最致命的习惯——虚假断绝，必将在上帝面前存活。"

第二十九章

第四命令

一

1 他说："我命令你，要持守纯洁，绝不要容许有关别人之妻或淫乱的念头，或是其他类似的恶事进入你心，因为如此行的话，你就犯了大罪。要将心思常专注在你自己的妻子身上，这样，你就绝不会犯上大错。2 因为倘若你心中起了这样的欲念，你就会犯上大错；而类似这样邪恶的其他事情进来后，你就会犯罪。因上帝的仆人有这样的欲念已是大罪；如果有人做出这样的恶行，他便是自取灭亡。3 因此要谨慎；弃绝这种欲念；因为圣洁住在哪里，哪里就不应该让不法进入正义人的心。"4 我对他说："先生，请允许我再问你一些问题。""说吧。"他答道。我说："先生，如果有人有信主的妻子，而他发现她身陷淫乱状况中，如果他继续跟她一起生活，他有没有犯罪呢？"5 "在他不知道的情况下，他就不算犯罪，"他说，"但如果丈夫知道她的罪，而妻子不悔改，却坚持她的淫行，而丈夫又继续与她一起生活，他就在她的罪上有分，成为她奸淫的共犯。"6 我说："那么，先生，如果妻子继续这种情欲，丈夫当做什么呢？""他当与她离婚，"他答，"然后，丈夫自己独自生活。但是，如果与妻子离婚后，他与其他女子结婚，那么，他同样也犯了奸淫。"7 "那么，先生，"我说，"如果丈夫与妻子离婚后，妻子悔改，并想要与她的丈夫重归于好，她将得到接纳，是吗？"8 "当然，"他答道，"如果丈夫不接纳她，他就是犯罪，为自己招致大罪。事实上，犯了罪但悔改的人，必须得着接纳。然而却不是一而再地犯罪：因为对于上帝的仆人，只有一次悔改的机会。因此，因着她有悔改的可能，丈夫不应该再婚。这规条对于妻子和丈夫同样适用。9 不仅人污秽自己的身体是犯奸淫。"他说："那些行事如同外邦人的也同样犯了奸淫。因此，倘若有人坚持做此类事情，且不悔改，就要弃绝他，不要与他一起生活。否则，你就在他的罪上有分。10 这就是为什么要命令你们做丈夫的或做妻子的在离婚后㉛要保持单身，因为在这些情况下还有悔改的可能。"11 他说："我并非在为这种事情要这样解决来找理由，而是为了使犯罪的人不再犯罪。至于他以前的罪，有'一位'能够施予医治；他就是那统管万有的。"

第三十章

二

1 我再次问他说："既然上主认为我配得到您常与我同住，请允许我再多问几句，因为我一无所知，而因着我先前的行为，我的心已经变硬了。请帮助我明白，因为我十分愚昧，对一切完全茫然无知。"2 他回答我说："我专司悔改，并赐悟性给一切悔改的人。难道你不认为：悔改本身就是一种悟性吗？"他继续说："悔改就是极大的悟性。因为犯了罪的人知道自己在上主面前行了恶，他心中念及自己所做的事情㉜，于是悔改，不再作恶，而是广行善事；因为犯了罪，他谦卑己心，并心生忧

㉛ 原文无"在离婚后"。
㉜ "他心中……事情"，直译作"他自己所做的事情进入他的心"。

愁。因此，你看，悔改就是极大的悟性。"3 我说："先生，这就是为什么我凡事问得这般详细的原因；首先，因为我是个罪人；其次，由于我不知道应当做什么才能活着，因我的罪孽多而广。"4 "你必将活着，"他说，"如果你遵行我的命令并行在其中。凡是听见这些命令并遵行的人都将向上帝活着。"

第三十一章

三

1 "先生，我想再问一个问题。"他说："你说。"我说："先生，我从某些教师那里听说：除了我们下到水里，使我们先前的众罪得着赦免的那次悔改之外，就再没有悔改机会了。"2 他对我说："你听得不错，的确如此。因为罪得着赦免的人绝不应再次犯罪，而是应在纯洁中生活。3 但是，既然你凡事求问得如此详细，我再指示你以下这些，好使那些将要信主，或者刚刚信主的人不至于有任何借口。因为那些刚刚相信，或那些将要相信的人不再有因罪悔改的机会，不过他们先前所犯的罪诚然能得着赦免。4 因此，对于那些在这些日子之前蒙召的人，上主设立了悔改。因为上主知晓各人的心，也预先知晓万事，他知道人类的软弱，也知道魔鬼的狡诈——它会对上帝的仆人施行奸恶，且邪恶地威胁他们。5 然而，极为仁慈的上主对于他的创造满有怜悯，设立了这个悔改的机会，而管辖这一悔改的权柄就交给了我。"6 他说："但我警告你，在这伟大而神圣的呼召之后，人被魔鬼试探并且犯罪，他只有一次悔改的机会。但如果他反复犯罪，然后再悔改，这样的人悔改[33]就没有用，因为他几乎不能存活。"7 我对他说："从你口中听到如此详细地讲说这些事情，我再次活了过来。因我现在知道，如果我不再加添我的罪，将得着拯救。"他说："你必将得着拯救；一切如此行的人也必如此。"

---

[33] 原文无"悔改"。

第三十二章

四

1 我再次问他,说:"先生,既然你已容忍了我一次,还请再为我解释以下这点。""说吧。"他答道。"先生,如果妻子,或者丈夫死了,活着的那方再婚,结婚的那人有没有犯罪?" 2 他说:"那人没有犯罪,不过如果他／她能持守单身,便在上主那里为自己赢得更大的尊荣和极大的荣耀;但即使他／她再婚,也没有犯罪。3 因此,要持守住纯洁和圣洁,你就必向上帝活着。我现在告诉你的、以及今后要告诉你的所有这一切,从今以后——从你被交托给我的那天起——都要遵行;这样,我就住在你家中。 4 你若遵行我的命令,你从前的罪必将得着赦免;事实上,人人都能得着赦免——只要他们遵行我的命令,并行在纯正当中。"

第三十三章

第五命令

一

1 "要忍耐,"他说道,"并要通达,这样,你必将克服一切恶行,成就一切公义。2 因为如果你能忍耐,居住在你里面的圣灵就是纯洁的,不被其他邪灵玷污;他居住在宽广之所,必有喜乐,并喜悦所居住的器皿,并更加欣然侍奉上帝,因为他内里和睦。3 但是,倘若恼怒的脾气发作,极为敏感的圣灵马上感到忧愁,因为他没有干净的居所,于是寻求离开那地方。邪灵使他感到窒息,使他没有空间以自己的方式侍奉上主,因为他受了恼怒脾气的玷污。因上主活在忍耐中,但魔鬼活在恼怒的脾气中。4 因此,如果这两种灵同住在一起,他们所居住的那人是不幸且邪恶的。5 正如你若拿一点茵陈,倒进一瓶蜂蜜里,所有的蜂蜜不是都被破坏了吗?如此大量的蜂蜜被如此少量的茵陈搞坏,蜂蜜的甘甜也被搞坏,主人就不再要它了,因为已变苦,失了用处。但如果茵陈不放进蜂蜜中，蜂蜜就是甘甜的，于主人有用。6 你看，忍耐是十分甘甜的，比蜜更甜，对上主有用，他也居住其中。但恼怒的脾气却是苦涩的，且一无是处。这样，如果恼怒的脾气与忍耐混在一起，忍耐就受了玷污，这人的代求对上帝而言就不再有用。"7 我说："先生，我想知道恼怒的脾气如何运作，好使我能保护自己免受其害。"他答道："的确，你若不保护自己及你的家人免受其害，你就失去了所有的盼望。但要保守自己远离它，因我与你同在。一切全心悔改的人都将保护自己免受其害㉞，因我将与他们同在，并使他们平安无事，因他们都已被至圣的天使称义了。"

第三十四章

二

1 "现在，要留心听，"他说，"恼怒的脾气是如何运作，它是何等邪恶，以及它怎样运作使上帝的仆人跌倒，并如何引导他们偏离公义。然而，它不能使那些充满信心的人走错路，在他们身上也毫无作为，因为上主的㉟大能与他们同在。但它能使那些脑袋空空，且心怀二意的人走错路。2 因它一旦见到这些人兴盛，就潜入此人的内心，于是，此人——不管是男是女，就毫无缘由地为着世俗的忧虑而苦恼，有的是为着食物或其他琐事，也有是为着一些朋友，或是关于施与受，或是诸如此类的愚蠢事情。因这些事情对于上帝的仆人而言，都是愚昧、空虚、无知及不适宜的。3 然而忍耐却是强大的，拥有强盛有力的能量，在宽阔之处繁荣昌盛；它欢喜、快乐、无忧无虑，时时归荣耀给上主，自身毫无苦毒，总是保持柔和与安静。因此，这忍耐与那些信心完全的人同住。4 但恼怒的脾气首先是愚昧、浮躁及无知。然后，愚昧带来苦毒，

㉞ "免受其害"，或译"都远离它"。
㉟ "上主的"，有抄本作"上帝的"，也有作"我的"。

苦毒带来愤怒，愤怒带来怒气，怒气带来仇恨；而由所有这些败坏因素构成的仇恨，就成为极大且不可治愈的罪。5 当所有这些灵都同住在一个器皿中——同时圣灵也居住其中时，这器皿便不能同时容纳他们，而是满溢出来。6 于是敏感的圣灵——他不习惯与邪灵或粗陋之物同住，便离开这种人，寻找与柔和与安静同住。7 他离开居住的那人之后，此人的正义之灵就空了，从那之后，由于他里面满了各种邪灵，且被邪灵拖来拽去，他做任何事情都摇摆不定，对于善事则全然瞎眼。因此，所有脾气暴躁的人都是如此。8 所以，要弃绝恼怒的脾气——那是最邪恶的灵。却要穿上忍耐，抵挡恼怒的脾气和苦毒，那么你将被归入上主所爱的圣者之列。要谨慎：你绝不要忽略这个命令，因为倘若你能遵行，你也就能遵守我将要给你的其余命令。要在其中刚强，并得着能力；的确，愿一切想行在其中的人都得着能力。"

第三十五章

第六命令

一

1 他说："在第一命令中，我命令你要持守信心、敬畏与自制。""是的，先生，"我答道。"不过，现在，"他说，"我想给你说明他们的大能，好使你能理解他们各自的能力与影响。因他们的影响是双重的；他们与公义与不义相关。2 因此，要坚定信靠公义，不要信靠不义。因公义的道路是直的，但不义之路却是曲的。要行走在正直且平坦之道，远离弯曲之道。3 因弯曲之道没有路径，只有不平的地面和许多障碍，且粗糙不平，布满荆棘。因此，那些行走在其上的人必受其害。4 但那些行走正直之道的人却行得平顺，不至跌倒，因路面既不粗糙也无荆棘。你看，行走此道更为有益。" 5 "先生，我乐意行走此道。""行走吧，"他说，"一切全心转向上主的人都必行走。"

第三十六章
二

1 "现在要听关于信心，"他说，"人有两个天使㊱，一个是公义的天使，另一个是邪恶的天使。" 2 "先生，"我问道，"既然两个天使都与我同住，那么我如何能够辨认出他们的作为呢？" 3 "当留心听，"他说，"并要明白。公义的天使敏感、谦逊、柔和且安静。当这位天使进入你心的时候，他马上跟你谈论关于公义、纯洁、圣洁、知足，和一切公义的行为，以及一切荣耀的美德。每当这些事情进入你心的时候，你就当知道公义的天使与你同在。这些就是公义天使的作为。要信靠他和他的作为。4 现在再来看看邪恶天使的作为。首先，他脾气暴躁，苦毒无知，而他的作为邪恶，为要摧毁上帝的仆人。每当这位进入你心的时候，要从他的作为认出他来。" 5 "但我不知道如何辨认他。"我说。"要留心听，"他说，"当怒气或苦毒突然临到你，要认出是他在你里面。之后是对许多事情的欲望：饮食铺张，酗酒大醉，各种不必要的奢侈，恋慕女人，贪婪与骄傲，狂妄与自负，以及其他一些诸如此类的事物。每当这些事情进入你心的时候，你要知道是邪恶的天使与你同在。6 因此，要认出他的作为，躲避他，一点儿都不要信任他，因他的作为邪恶，有损上帝的仆人。现在，你知道两位天使的作为了；要认识他们，信靠那位公义天使。7 却要躲避邪恶天使，因为他的教导无论从哪方面看都是邪恶的。因为即使是有信心的人，如果心中想到那邪恶㊲天使，不管此人是男是女，无可避免地，必会犯罪。8 另一方面，如果有人极为罪恶，但公义天使的作为进入他／她的心，他／她必然会做一些善行。9 因此，你看，随从公义天使原是好的，却要躲避邪恶天使。10 这条命令解释了关于

㊱ "人有两个天使"，或译"有两个天使与人一起的"。
㊲ 原文无"邪恶"。

信心的事，好使你信靠公义天使的作为，如此行，你就能向上帝活着。要相信邪恶天使的作为是险恶的，不跟随行，你就必向上帝活着。"

第三十七章

第七命令

1 "要敬畏上主，"他说，"并遵守他的诫命。遵守他的诫命，你在各样事上必大有能力，你的行为也将无可指摘。因你敬畏上主，就必凡事亨通。要蒙拯救，你必须有这样的敬畏。2 然而却不要畏惧魔鬼，因倘若你敬畏上主，你就必能制伏魔鬼，因它没有权能。没有权能，就无需畏惧。但有了荣耀的权能，就必有畏惧。任何有权能的人就拥有他人的㊳畏惧，没有权能的人必被他人藐视。3 不过却要畏惧魔鬼的作为，因为它们是邪恶的。你敬畏上主时，就必畏惧魔鬼的作为，且不会去行，而是与其划清界限。4 因此，畏惧有两种。如果你想作恶，因着畏惧上主，你就不会去做。另一方面，如果你想行善，因着畏惧上主，你就会去行。因此，敬畏上主是大有能力，且伟大荣耀的。所以，要敬畏上主，你就必向他活着；凡遵守他诫命、并敬畏上主的人必会向上帝活着。㊴" 5 我问："先生，为什么你说那些遵守他诫命的人，必会向上帝活着呢？"他答道："因为每样受造物都畏惧上主，但不都遵守他的诫命。因此，与上帝同在的生命，属于那些敬畏他并遵行他诫命的人；但那些不遵行其诫命的人也得不着在他里面的生命。"

第三十八章

第八命令

1 他又说："我曾跟你提到，上帝的受造物都具有两面性，因为节制

㊳ 原文无"他人的"。
㊴ "凡遵守……活着"，直译作"在遵守他诫命的人中，凡敬畏上主的人必向上帝活着"。

同样也具有两面性。在某些事上,需要操练节制,但在另一些事上,却不必要。"2"先生,"我问道,"请告诉我在哪些事上需要操练节制,而在哪些事上却不必要。""留心听,"他说,"在恶事上要节制,不要去行;但在善事上却不要节制,要去行。因为,如果你在善事上操练节制,不去行善,结果你就犯了大罪。[40] 然而,如果你在恶事上操练节制,不去作恶,你就得着了大公义。所以,要在一切恶事上操练节制,却要行善。"3"先生,"我回应说,"在哪些恶事上我们需要操练节制呢?""留心听。"他说,"淫乱通奸,醉酒无度,挥霍无度,饮食铺张,家财万贯,自夸自擂,势利骄傲,说谎毁谤,假冒伪善,心怀恶毒,以及一切的亵渎。4 这些行为是人生命中最为邪恶的。因此,上帝的仆人在这些行为上必须操练节制,因那不在这些事情上操练节制的人不能向上帝而活。因此,要留心听那紧随这些行为而来的事情。"5 我问道:"先生,怎么还会有其他的恶事紧随其后呢?"他说:"诚然,在许多的事情上,上帝的仆人都必须操练节制,例如:偷窃、撒谎、欺诈、伪证、贪婪、色欲、恶念、诡诈、虚荣、狂妄,以及其他类似这样的事情。6 你不认为这些事情是邪恶的吗?诚然,对于上帝的仆人而言,这些是十分邪恶的。"他说[41]:"在所有这些事情上,侍奉上帝的人都必须操练节制。因此,要在这些事情上操练节制,好使你能够向上帝而活,并得以与那些在这些事上操练节制的人归为同列。你必须操练节制的事情就是这些了。"

7 "那些你不可操练节制、反而要去行的事情,"他说,"现在要留心听。在善事上不要操练节制,却要去行。"8 我说:"请为我解释一下善事的权能,好使我能行在其中,并侍奉它们;以至于借着如此行,我能够得蒙拯救。"他说:"要留心听关于善行的作为,就是你必须做,且不

---

[40] 有抄本没有"如果你……大罪"。
[41] "他说",有抄本作"我说"。

应操练节制的行为。9 首先，是信心、对上主的敬畏、爱、和睦、公义的言辞、诚实、忍耐；在人的一生中，没有比这些更好的了。倘若人遵行这些事情，且尽情去行不加节制，他一生必将蒙福。10 其次，留心听紧随这些之后的事情：服侍寡妇、照看孤儿及有需要的人、救助急难中上帝的仆人、热情好客（因我认为：热情好客带来善行）、不与人作对、平静安稳、比众人更为贫穷㊷、敬重长者、实行公义、持守兄弟情谊、忍受屈辱、宽容忍受、胸无苦毒、鼓励心灵受伤的人、不排挤那些已经跌倒之人，而是挽回及鼓励他们、劝诫罪人、不欺压欠债及有需要之人，以及诸如此类的事情。11 你不认为这些事情是善的吗？"我答道："先生，难道还有什么比这些更好吗？""那么，就要行在其中，在这些事上不用节制，你必将向上帝而活。12 因此，要遵行这诫命；如果你行善，并在此不加节制，你必向上帝而活；诚然，一切如此行的人都必将向上帝而活。再次，如果你不去作恶并在恶事上操练节制，你必将向上帝而活；诚然，一切遵行这些诫命、并行在其中的人都必将向上帝而活。"

第三十九章

第九命令

1 他对我说："要除去你一切的心怀二意，向上帝祈求时一点儿都不要心怀二意，比如对自己说：'我既是这样常常犯罪得罪上主，我还怎能向他祈求并得着呢？' 2 不要这样推想，却要全心转向上主，毫不犹豫地向他祈求，你将会认识到他无比的怜悯，因为他绝不会丢弃你，却要成就你灵魂的祈求。3 上帝不像世人，会心怀怨恨；反之，他本身是不会怀恨，并对他所造的满了怜悯。4 因此，要洁净你心中一切今世的虚

㊷ "贫穷"（ἐνδεής），或译"虚心"，原文意思不详，指在属灵知识上不自满，不炫耀知识；参11章9节。

浮,以及刚刚向你提到的那些事情,并要祈求上主;如果你祈求上主时坚定不疑,你就必得着一切,你所求的无一不能得着。5 然而,如果你心中迟疑,你就必不能得着你所祈求的。因那些与上帝的关系游移不定的人就是心怀二意的人,他们绝不能得着他们所祈求的。6 但那些在信心上完全的人在一切所求的事上都信靠上主,他们就得着,因为他们求问时毫不迟疑,没有任何的心怀二意。所有心怀二意的人,除非悔改,几乎不能得救。7 所以要洁净你的心,不再心怀二意,而要披戴信心,因为它强而有力,并要信靠上帝;你必将得着你所祈求的一切。当你为一些事情向上主祈求,而你很迟才得着应允,不要因你的灵魂没有很快得着所求的就心怀二意;毫无疑问,是因为有些你所不知的试探或过犯,所以你才那样迟得着所祈求的。8 因此,不要停止你灵魂的祈求,你就必能得着。然而,如果你祈求时变得疲乏困倦,且心怀二意,要责备的是你自己,而不是赐予你的那位。9 要谨慎这种心怀二意,因为这是邪恶且无知的,并且已将多人的信心连根毁坏,甚至包括一些很忠实、刚强的人。因为这种心怀二意实在是魔鬼的女儿,给上帝的仆人带来许多祸害。10 所以要藐视心怀二意,要披戴上刚强有力的信心,好在每样事情上都制伏心怀二意。因为信心应允万事,成全万事;然而心怀二意却没有任何信心,凡事都不能成就。11 因此,你看,信是从上头来的,从上主而来,因而大有能力;但心怀二意却是属地的灵,来自那失了权能的魔鬼。12 所以要侍奉有权能的信心,并与丧失能力的心怀二意一刀两断,你就必向上帝活着;诚然,一切有这样心志的人都必将向上帝而活。"

第四十章

第十命令

一

1 他对我说:"要除去你一切的忧愁,因忧愁是心怀二意和愤怒脾气的姊妹。"2 我问道:"先生,忧愁怎么会是这些的姊妹呢?因为在我看来,愤怒的脾气是一回事,心怀二意是另一回事,忧愁又是另一回事。""你真是个愚昧无知的人。难道你还不明白吗?在众灵之中,忧愁是非常邪恶,对上帝的仆人伤害极大;忧愁比一切其他的灵更能摧毁人,并压制圣灵——此后它再行拯救。"3 我说:"先生,我是个愚人,并不明白这些比喻。忧愁怎么能既压制却又再次拯救呢?我不明白。"4 他说:"要留心听。有些人从未寻求过有关真理,或查究有关上帝㊸,他们只是简单地相信,并纠缠于各种事务、财富、异教朋友及许多今世的其他挂虑中——那些沉浸在这些事的人不能理解上帝的比喻,因为这些事情已使他们内心昏暗,里面被毁,贫瘠无用。5 正如好的葡萄树倘若缺乏料理,就会被各样的荆棘和杂草挤住,不能结果;同样,那些相信了的人,如果后来却陷入刚刚所提到的许多活动中,就丧失了他们的悟性,对于公义的事情,全然不能理解。因每当他们听到关于上帝及真理的事情时,他们满脑子装的是他们自己的事务,所以什么都不明白。6 但那些敬畏上帝,寻求上帝及真理,并满心归向上主的人,能更快领会及明白对他们所说的一切,因为他们内里有对上主的敬畏;因为上主居住在哪里,哪里就多有悟性。因此,要紧紧跟随上主,你就能明白并领会万事。"

第四十一章

二

1 他说:"要留心听。愚昧的人啊,忧愁是怎样压制圣灵,却又再次施行拯救的。2 每当心怀二意的人采取一些行动,但由于他的心怀二意而招致失败,忧愁就进入这人,并使圣灵忧愁,且受到压制。3 再次,当有人因某些事情勃然大怒,他就变得十分苦恼,同样,忧愁就进入这个脾气恼怒的人心中,他就因自己所做的而忧伤,因他所作的恶,他就

㊸ "有关上帝",或译"神的本性"。

悔改。4 因此，这忧愁看来带来了拯救，因他在作恶后悔改了。因此，这两种行为都使圣灵忧愁：就是心怀二意，因它所图不顺；还有就是恼怒的脾气也使圣灵忧愁，因它作恶了。所以这两者都是使圣灵忧愁的原因：心怀二意及恼怒的脾气。5 因此，要除去你里面的忧愁，不要压制住在你里面的圣灵，以免他向上帝祈求控诉你㊹，并离开你。6 因为赐给这肉体的上帝的灵不能忍受忧愁或困苦。"

第四十二章

三

1 "因此，要披戴欢欣，这在上帝面前是常蒙恩且为他所悦纳的，并要在其中欢喜快乐。因为每个快乐的人都行善，并思想善事，藐视忧愁。2 但是忧愁的人常常作恶；首先，他之所以作恶，是因为他使圣灵忧愁——圣灵被赐予人的时候是欢欣的；其次，因着使圣灵忧愁，他就做出不法行为：他既不祷告㊺，也不向上帝认罪。因为一个忧愁的人的代求绝没有能力上升到上帝的祭坛前。"3 我问："为什么一个忧愁的人的代求不能升到祭坛前呢？"他答道："因为他的心被忧愁环绕。当忧愁与代求混合时，忧愁就不容许代求单纯地升到祭坛前。正如醋与酒在同一个瓶子里混在一起，味道不再美好，同样，忧愁与圣灵混合后也不再产生相同的代求。4 因此，要除去你心中这种邪恶的忧愁，你就必将向上帝活着；诚然，一切除去忧愁，披戴欢欣的人都将向上帝活着。"

第四十三章

第十一命令

1 他指给我看几个坐在长凳上的人，以及另外一个坐在椅子上的

㊹ 有抄本没有"控诉你"。
㊺ "祷告"，或译"呼求"。

人。他对我说:"你看到那些坐在长凳上的人了吗?"我回答:"先生,我看到他们了。"他说:"这些是信实之人,但那位坐在椅子上的是个假先知,他摧毁上帝仆人的心思意念;那就是说,他摧毁的是心怀二意的人的心思意念,而不是相信的人。2 这些心怀二意的人来到他面前,如同来到一位算命者面前,并询问他将有什么临到他们。而那假先知,自身没有神圣之灵的能力,就按着他们各人的问题及邪恶欲望来回答他们,使他们的脑中装满他们所希求的。㊻ 3 因为,由于他自身是虚空,他也就只能给虚空的求问者以虚空的回答,因为无论所求问的是什么事情,他都照求问者的虚空来回答。但他的确也会说一些诚实的言语,因魔鬼用自己的灵充满他,要看他是否能够拆毁义人。4 所以,那些对上主信心坚固的人,既然以真理为衣,就不与这种灵交往,与他们毫不相干。但是那些心怀二意、频繁改变想法的人就如同外邦人那样去算命,且因着他们的拜偶像招致更大的罪。无论因着何事求问假先知的人就是拜偶像者,缺少诚实且无知。5 因上帝所赐的灵没有需要人来求问的;相反,因着神圣的能力,他会主动说出一切,因为他是从上头来的,从神圣的灵的能力而来。6 但那被求问的灵,就是按照人的心愿回答的灵,是属世的、变幻无常的,它没有能力,除非被问到,它根本不说话。"

7 "那么,先生,"我问,"一个人怎能知道哪个是真㊼先知,哪个是假先知呢?"他说:"要留心听,关于这两类先知,基于我将要告诉你的,你就能辨别哪个是真先知,哪个是假先知。透过一个人的生活,就能分辨那有神圣的灵的人。8 首先,那有从上头来的神圣的㊽灵的人是柔和、安静及谦卑的,远离这个世代的一切邪恶和虚妄的欲望,自觉比众人更贫穷㊾,当被人求问时,不会给予任何回答。他也不凭着自己说话(当

㊻ 有抄本作"就按着他们各人所希求的问题来回答他们"。
㊼ 原文无"真"。
㊽ 有抄本没有"神圣的"。
㊾ 贫穷(ἐνδεής),指在属灵知识上不自满,不炫耀知识;参8章10节。

人想说的时候圣灵就不说），但上帝要他说的时候他才说。9 因此，当有神圣的灵的人来到一群义人的聚会——就是信靠圣灵的人中间，这些会众向上帝代求时，那分派给他的先知之灵的守护天使就充满那人，那人既被圣灵充满，就对众人说话，正如上主将会做的那样。10 这样，神圣的灵将被显明。因此，论到那上主的神圣之灵，这就是分辨的能力。"

11 他说："现在，要留心听关于属世及虚妄之灵，它没有能力，不过是愚拙。12 首先，那自以为有灵的人高举自己，想要占有尊荣的位置，并且马上显明是鲁莽、无耻、多嘴的，习惯于许多的奢侈及其他的享乐，此外，他发预言要报酬；倘若他没有收到钱财，他就不发预言。现在，请问：神圣的灵能够收取报酬而继续说预言吗？上帝的先知是不可能这样做的，但是这样做的先知的灵乃是属地的。13 其次，他从不接近义人的聚会；相反，他远离他们，而是与心怀二意及脑袋空空的人交往，并在角落对他们说预言，以此欺骗他们；他所说的一切都是照着他们自己的欲望，并且表现出他自己虚空的方式，因为他是回答那些虚空的人。因为空器皿与其他的空器皿放在一起是不会破碎的，但他们彼此般配。14 但当他来到满了义人的聚会中，就是有神圣的灵的人中间，他们发出代祷时，那人被倒空了，属世之灵因惧怕而离开他，那人就哑口无言，全然惊惶，什么都说不出来了。15 假设你把酒或油储存在储物室，并在其中放进一个空瓶子，之后你希望清理储物室，你将发现你放在那里的空瓶子仍然是空的。同样，虚空的先知也是如此；无论何时他们遇到义人的灵，他们就显出仍跟他们刚到达时一样。16 现在你清楚两类先知的生活了。因此对那自称被灵感动的人，要察验他的生活和行动。17 要信靠那从上帝而来、大有权能的灵，那属世及虚空的灵，绝对不要信靠它，因为它没有权能；它是来自魔鬼的。18 留心听我要告诉你的比喻。拿块石头，投向天空；看你是否能达到天空。或者，另外举个例子，拿个水泵，喷向天空；看你是否能射穿天空。"19 我问："先生，怎么会有这些事情呢？因为你刚刚说的这两样事情都是不可能的。"他说:"那么,正如这些东西是不可能的,同样,属世的灵也是软弱、无力的。20 现在,来看看那来自上头的能力。冰雹只是很小的圆球,但当它落在人的头上时,是何等疼痛呢!又比方说,那从屋顶瓦上落到地面的水滴,可以把岩石滴出个洞来。21 那么,你看,从上头来的即使是最小的东西,落到地上都有极大的能力,同样,那从上头来的神圣的灵也是大有能力的。因此你要倚靠圣灵,却要与另外的灵毫不相干。"

第四十四章

第十二命令

一

1 他对我说:"要除去你里面一切的邪恶的欲望,而要披上良善、圣洁的愿望;当你披戴这些愿望,你就会恨恶邪恶的欲望,并能随己意把它勒住。2 因为邪恶的欲望是野蛮的,要很困难才能驯服,因为它很可怕,其野蛮能完全摧毁人;尤其,如果上帝的仆人深陷其中,又缺乏悟性的话,他将遭到可怕的摧残。邪恶的欲望能摧毁那没有以良善欲望为衣、却与世界混杂的人。对于这些人,邪恶的欲望把他们交付死亡。"3 我说:"先生,那能把人交付死亡的邪恶欲望的作为有哪些呢?请告诉我,我好避免这些。"他说:"要留心听,邪恶的欲望能借着以下这些作为把上帝的仆人治死。"

第四十五章

二

1 "首先,是恋慕他人的妻子或丈夫,或者贪恋奢侈的财富,许多不必须的吃喝的东西,还有许多其他愚蠢的奢侈品。因为每种奢侈对于上帝的仆人而言,都是愚昧、虚妄的。2 因此,这些欲望是邪恶的,且给上帝的仆人招致死亡。因为这种邪恶的欲望是魔鬼的女儿。因此,你必须远离邪恶的欲望,借着远离它们,你可以向上帝而活。3 但那些被恶欲制伏、不抵挡它们的人必将全然灭绝，因为这些欲望是致命的。4 然而，你却要披上公义的愿望，用对上主的敬畏武装自己，抵挡恶欲。因为对上主的敬畏住在良善的欲望之中。如果恶欲见到你披戴对上帝的敬畏，并抵挡它，它就必远远躲避你，从此你不会再见到它，因为它惧怕你的武器。5 因此，当你战胜㊿它，你就来到公义的愿望面前，并将你所取得的胜利交给公义，并且依其所愿侍奉它。如果你侍奉良善的愿望并顺服它，你必能够制伏邪恶的欲望，并随己意控制恶欲。"

第四十六章

三

1 我说："先生，我想知道，我当用怎样的方式来侍奉良善的愿望。"他说："要留心听。要操练公义和美德、诚实以及对上主的敬畏、信心以及温柔，还有诸如此类的其他良善之事。通过操练这些，你必将成为蒙上帝悦纳的仆人，并向他而活；诚然，一切侍奉良善愿望的人都将向上帝而活。"

2 这样，他讲完了十二条命令，并对我说："你已有了这些命令；要行在其中，并且鼓励你的听众，好使他们的悔改在他们余生的日子里是纯全的。3 要认真执行我托付给你的事工，你将会成就许多。因为你将要在那些要悔改的人面前蒙恩，他们将遵行你的话语，因为我必会与你同在，并驱使他们听从你。"4 我对他说："先生，这些命令是伟大、良善及荣耀的，对于那些能够遵行的人而言，它们能够使他们的心欢喜。但我不知道这些命令是否能为人所遵守，因为它们很难遵行。"5 他回答我道："如果你给自己的想法是认为它们可遵行，你就能够轻易地遵行，它们也不会那么难守。但如果'人不能遵行它们'的想法已经进入你心，你就不能遵行。6 但现在我对你说：如果你不遵行这些命令，而是

㊿ "战胜"，有抄本暗示"取得胜利并战胜"。

忽视它们的话，你就得不着救恩，你的孩子、你的家人也得不着，因为你已经自己决定了：人是不能遵行这些命令的。”

第四十七章

四

1 他很生气地对我说这些话，这使得我很困惑，我大大惧怕他。因他的容貌改变了，以致人不能承受他的怒气。2 他见我极其不安与困惑，就开始用较为柔和及雀跃(51)的语气对我说，他说：“愚昧的人哪，你缺少悟性且心怀二意，你难道不知道上帝的荣耀是何等伟大、大能且奇妙吗？因为他因人的缘故创造了这个世界，并使他一切的造物受制于人，且授予人权柄统管天下万物。3 倘若人是上帝一切受造物的主，且治理万物，难道他不也能掌握这些命令吗？心中有主的人，能掌握万事，包括(52)这些命令。4 然而，对于那些只把上主挂在嘴上，心却刚硬、远离上主(53)的人，这些命令就实在是难守。5 因此，你们这信心虚空、浮躁的人，要将上主放在心上，你们就必意识到没有什么比这些命令更加容易、甘甜及柔和的了。6 魔鬼的命令既困难、苦涩，又粗野放肆，你们这行在魔鬼命令中的人，要回转向主，不要惧怕魔鬼，因为它在你身上没有权能。7 因为我——悔改的天使能够辖制它，我必将与你们同在。魔鬼只能导致惧怕，但它的惧怕没有力量。所以，不要惧怕它，它就必离你而去。”

第四十八章

五

1 我对他说：“先生，请听我讲几句话。”“你想说什么就说吧。”他

---

(51) 有抄本没有“及雀跃”。

(52) 有抄本没有“万事，包括”。

(53) “上主”，有抄本作“上帝”。

答道。我说:"先生,人急切要遵行上帝的命令,没有人不祈求上主,好使他能够在他的命令中得刚强,且遵行他的命令,然而魔鬼很强悍,压制他们。" 2 他说:"它不能压制上帝的仆人,就是那些全心仰望他的人。魔鬼能够与他们角力,但它不能打倒及制伏他们。所以,如果你抵挡它,它就必被打败,且满面羞愧地从你面前逃跑。但那些虚空的人就惧怕魔鬼,仿佛它大有权能一般。3 当有人往许多瓶子里灌美酒时,这些瓶子当中有些是没有完全装满的,当他来到这些瓶子面前,他无须去检查那些装满的瓶子,因为他知道它们是满的。但是他会去检查那些没有装满的瓶子,因为他担心它们可能已经变酸了。因为未装满的瓶子很快会变酸,酒的味道就被毁了。4 同样,魔鬼来到一切上帝的仆人那里去倒空他们。一切充满信心的人就有力地抵制它,它就离开他们,因为它找不到可以进去的地方。于是它来到那些未完全充满的人那里,看到有空虚处它就进入他们里面,然后它就随意待他们,他们便成了它的仆役。"

第四十九章

六

1 "但我——悔改的天使,对你们说:不要惧怕魔鬼。因为我被差派来与你们这全心悔改的人同在,并坚固你们的信心。2 因此,你们这因罪已对生活绝望,并仍在不断加增你们的罪孽,致使你们的生活艰苦的人哪,要信靠上帝,因为如果你全心转向上主,并在余生践行公义,按着他的旨意确实地侍奉他的话,他就必医治你们先前的众罪,你们也将有能力战胜魔鬼的作为。然而一点也不要惧怕魔鬼的威胁,因为它如同一个死人的筋脉一般无力。3 因此,要留心听我的话,要惧怕那能做万事、能拯救也能毁坏的那位,持守这些命令,你就必向上帝活着。"
4 我对他说:"先生,现在我在上主的这一切命令中得了坚固,因为你与我同在。我知道你将粉碎魔鬼一切的能力,我们也将制伏它,胜过它的作为。先生,我盼望现在我能够遵行你所吩咐的这些命令,因为上主帮助我。"5 他说："你必能遵行这些命令，只要你的心单纯向着上主；诚然，一切从心中除去对这个世界的虚妄欲望的人都必遵行这些命令，也必将向上帝活着。"

第五十章

比喻

他对我所说的比喻 ⑭

第一个比喻

1 他对我说："你们知道，"他说，⑮ "你们作为上帝的仆人，现正寄居在外邦，因为你们的城市离现在这座城市很远。因此，"他说，⑯ "如果你们晓得你们命定要去居住的那城市，为什么你们还要在此预备田地、丰厚的产业、房屋，以及无用的房间呢？2 因此，那为这城市预备这些东西的人，并没有打算要回去自己的城市。3 愚昧无知又心怀二意的可怜人哪，难道你们没有意识到：所有这些对你们来说不过是外邦人的东西，是归其他人管辖的吗？因为这城的主人会说：'我不想你住在我的城市；反倒希望你离开这城市，因为你不按我的律法生活。'4 所以，你这拥有田地、房屋以及许多其他产业的人哪，当你被他驱逐时，你将如何处置你的田地、房屋以及你为自己预备的其他许多东西呢？因为这地方的主完全有权对你说：'要么按我的律法生活，要么离开我的地方。'5 你既已臣服于自己城市的律法，那你将怎样做呢？为了你的田地以及其他产业的缘故，你就要完全背弃自己的律法，而依照这个城市的律法生活吗？你要谨慎；背弃你自己的律法或许并不明智，因为如果你

---

⑭ "比喻"在拉丁语中，为 *Similitudines*；因此，《黑马牧人书》的这一部分常被称为 "*Similitudes*"（简称 Sim.）。
⑮ 有抄本省略 "他说"。
⑯ 有抄本省略 "他说"。

以后想回自己的城市，你必不被接纳，因为你已经背弃了自己城市的律法，将要被关在城外。6 因此要谨慎；作为寄居外邦的人，能有足够所需就行，不要为自己预备过多的东西，却要做好预备：无论这城市的主人什么时候驱赶你——因为你反对他的律法，你就能离开他的城市，回到你自己的城，并欢喜地按自己城市的律法生活，不再有任何羞辱。7 所以，要谨慎，你们侍奉上帝，并把他放在心上；做上帝的工，谨记他的诫命，以及他给你们的应许，信靠他必会应验——只要你们持守了他的命令。8 因此，不要购买田地，要尽自己所能购买在困苦中的灵魂，探访寡妇与孤儿，不要疏忽他们；要将你从上帝那里领受的财富和你一切所有的产业，花在这类的田地和房屋上。9 这是主人使你富足的原因，好使你能为他完成这些事工。购买这类的田地、财物和房屋更为有益，当你回到自己城市时，你将在那里见到它们。10 这种慷慨的付出是美丽及愉悦的；不会带来愁苦或恐惧，唯有喜乐。所以，不要随从外邦人的奢侈，因为这是有损你们作为上帝仆人的。11 然而，却要实践你的慷慨，那是你喜悦的；不要仿造或碰触属于他人的东西，也不要贪恋，因为贪恋他人的东西是恶行。却要做你自己的工作，你就必得救。"

第五十一章

另一个比喻

第二个比喻

1 我走在乡间，看到一棵榆树和一株葡萄树㊼，就在心中比较它们以及它们的果子。这时牧人向我显现，并对我说："你在想什么呢？"我说："先生，我在想关于榆树和葡萄树；尤其是，它们彼此十分匹配。" 2 他说："这两种树意在成为上帝仆人的典范。"我说："先生，我想明白，你所说的这两种树所体现的典范。""你看到这株榆树和葡萄藤

㊼ "葡萄树"也就是葡萄藤；在种植葡萄藤时使用榆树的做法在意大利中部多有记载。

吗?"他问道。"先生,我看到了。"我回答道。3 他说:"这株葡萄藤能结果子,但这棵榆树不能结果子。但是除非葡萄藤攀上榆树,原来铺在地上的葡萄藤就不能多结果子;即使结了果子,也会烂掉,因为没有挂在榆树上。所以,当葡萄藤依附在榆树上时,不仅它自身的枝子能结果子,榆树枝子也能结果子。4 因此,你看这棵榆树也结了许多果子,不比葡萄藤少,甚至更多。"我问:"先生,它怎么能结更多呢?"他说:"因为当葡萄藤挂在榆树上时,就多多地结果子,并且状况良好;但当它铺在地上时,就只能结很少的果子。所以这个比喻适用于上帝的仆人,不管是贫穷的或富裕的都一样。"5 我问道:"先生,如何适用呢?请你告诉我。"他说:"留心听。富人有许多财物,但因财物分心,在上主的事上却是贫穷,他在上主面前所做的认罪和祷告都很少,即使做了也是微小、软弱的,没有从上头来的能力。㊸所以,无论何时,当一个富人到穷人那里,并供应穷人所需时,他相信他为穷人所做的将从上帝那里得着赏赐,因为穷人在代祷和认罪上富足,并且他的代祷在上帝面前大有能力。因此,富人毫不犹豫地供应穷人一切所需。6 而穷人因为得着富人的供应,就为他祷告,为着与他分享的人感谢上帝。反过来,富人为着穷人的益处越发热心,以致他的生活没有缺乏,因为富人知道穷人的代求在上帝面前是蒙悦纳及富足的。7 于是,他们都完成了自己的工作:穷人用祷告做工,这是他所富足的,是他从上主那里领受的;而他又将这回献给供应他的上主。同样,富人毫不犹豫地与穷人分享他从上主那里领受的财物。这个工作对于上帝是伟大及可悦纳的,因为富人明白他的财物,并使用上主所赐的礼物为穷人工作,正确履行了他的㊹事工。8 所以,就人而言,榆树似乎不会结果,他们也不知道或没有意识到,如果有干旱临到榆树,榆树蓄有水分,可以滋养葡萄藤;而葡萄藤

㊸ 原文意思不明确;有抄本作"从上主来的能力",也有作"拥有人的能力"或作"能力"。
㊹ 原文没有"他的",但有抄本作"上主"。

不断得着水分供应，就双倍结果，既是为自己，也是为榆树。穷人也是如此，他们为富人向上主祈求，成全了他们的财物；同样，富人供应穷人所需，成全了他们的灵魂。⁶⁰ 9 因此，双方在义的事上成了搭档。所以，做这些事的人必不会被上帝抛弃，却会被记录在生命册上。10 那些明白他们的财富是上主所赐的富人是有福的，因为明白这事的人将能够行些善事。"

第五十二章

另一个比喻

第三个比喻

1 他指给我看许多没有叶子的树，在我看来，它们都是枯萎的，因为它们都一样。他对我说："你看到这些树了吗？"我说："先生，我看见了。"他说："它们都一样，都枯萎了。你看到的这些树就是活在这个世界的人。"2 我问："先生，为什么它们看起来都枯萎了，而且一样呢？"他说："因为在这个世界，义人和罪人难以区分，他们都很相似。这个世界对于义人是冬天，他们不能被区分出来，因为他们和罪人同住。3 正如在冬天，树木落光了叶子，看起来都一样，枯萎的与活着的树区别不明显；同样在这个世界，义人和罪人不能区别开来，看起来都一样。"

第五十三章

另一个比喻

第四个比喻

1 再次，他指给我看许多的树，有些正在发芽，有些已经枯萎，他对我说："你看到这些树了吗？"我说："先生，我看到了。有些正在发芽，但有些已枯萎了。"2 他说："这些正在发芽的树是义人，他们必会

---

⑥⑩ 有学者认为这里应该作"祷告"（εὐχάς）。

在将来的世代存活；因为将来的世代是义人的夏天，然而却是罪人的冬天。所以，当上主的怜悯光照时，那些侍奉上帝的人必将显明；诚然，所有的人都必将显明。[61]3 正如在夏天，各种树的果子都出现，好使人知道它们是何种果树，同样，义人的果子将会显明，一切都必被知晓，因为他们在那个世界欣欣向荣。4 然而异教徒和罪人，就是你看见的枯萎的树，在那个世界将是枯萎、不结果子的，必被当作柴火焚烧，这是显然的，因为他们在一生中所行尽是邪恶。罪人必被火焚烧，因为他们犯罪，并不悔改，异教徒必被火焚烧，因为他们不认识创造他们的那位。5 因此，你们要结果，好使你们的果子在夏季可以显明。但要避免过度纠缠在事务中，这样你就不致犯罪。因那些深深纠缠在事务中的人犯罪也很深，因为他们被事务分心，没有在任何事情上侍奉他们的主。" 6 "这样的人，"他说，"既没有侍奉上主，怎能向上主祈求什么并得着呢？那些侍奉他的人得着他们所祈求的，但那些不侍奉他的人什么也得不着。7 但如果有人只从事一种事务，他就能侍奉上主，因为他的思想没有败坏，转离上主，他能专心侍奉他。8 因此，如果你做这些事情，你就能够在将来的世代结果；诚然，做这些事的人都能结果。"

第五十四章

另一个比喻

第五个比喻

一

1 我坐在某座山上禁食，为着上主为我所成就的一切感谢他。我看见牧人坐在我身旁，他说："你为什么这么早来到这里呢？" "先生，因为我有个岗位。"我答道。2 他说："那是什么岗位[62]？"我答道："先生，

---

[61] "诚然……显明"，有抄本作"他们必向所有的人显明"。
[62] "那是什么岗位"，或译"什么是岗位"。

我在禁食。"他继续问:"你持守的这种禁食又是什么?"我回答道:"先生,我在禁食,我已经习惯这样做了。" 3 他说:"你不知道该怎样向上帝禁食,你向他所持守的这种无用的禁食根本不是禁食。""先生,你为什么这样说呢?"我说。"我告诉你,"他说,"虽然你以为自己正在禁食,但这根本不是禁食。但我要教你什么是向着上主完全、可悦纳的禁食。""好的,先生,"我说,"如果我能学会蒙上帝悦纳的禁食,你将使我很开心。"㊶ "留心听,"他说, 4 "上帝不需要这样无用的禁食,因为借着这样向上帝禁食,你在公义方面没有任何成就。 你要如下这般向上帝持守禁食: 5 在生活中不要行恶,用清洁的心侍奉上主;遵行他的命令,行走在他的典章中,不要容许任何的邪恶欲望进入你的心,并要信靠上帝。如果你做这些事情,并敬畏他,约束自己远离一切的恶行,你就必向上帝活着;如果你这样做,对上帝而言,你就在实行伟大而可悦纳的禁食。"

第五十五章

二

1 "留心听我要告诉你关于禁食的比喻。 2 某人有块田地和许多的奴仆,在田地的一隅,他开垦了一个葡萄园。因为他要远行,㊽ 他就拣选了一个奴仆——是个可靠、可敬㊾的人,他把他叫到跟前,说:'你去打理我所开垦的这个葡萄园,并圈上篱笆,直到我回来,但不需要在葡萄园做其他任何事情。遵行我这个命令,你就能从我这里得着你的自由。'然后奴仆的主人就离开,踏上了旅程。 3 他离开后,奴仆就打理那葡萄园,并圈上了篱笆。他围好篱笆后,注意到葡萄园里满了杂草。 4 于是他心中思忖,说:"我已经完成了主人的吩咐。接下来我会耕作这个葡萄园;诚然,在耕作之后它会好看很多,并且,杂草除去后,能结

㊶ 有抄本没有这句。
㊽ 有抄本省略"因为他要远行"。
㊾ 有抄本加"诚实"。

更多的果子，因为不会被杂草挤住。于是他打理并耕作葡萄园，拔出园中所有的杂草，于是葡萄园显得十分吸引人而且繁茂，因为没有被杂草挤住。5 过了一些时候，奴仆及田地的主人回来了，他去看葡萄园。当他看到葡萄园被篱笆整齐地围好，并已耕作过，而且所有的杂草都拔掉了，葡萄园一片繁茂，因着他奴仆所做的，他大大喜乐。6 于是他叫来他的爱子——就是承受他产业的，以及他的朋友——就是他的谋士，并告诉他们他给奴仆的命令以及他看到所成就的。他们因着主人的见证赞许这奴仆。7 他对他们说：'我曾向这个奴仆承诺：如果他遵从我给他的命令，他就可以得自由。他已经遵从了我的命令，并且还在葡萄园做了许多工作，使我大大欢喜。因此，为了回报他的工作，我希望他与我的儿子同做后嗣，因为当他有了好的想法后，他没有怠慢 ⑥⑥ 而是切实去做了。'8 主人的儿子也赞同他的决定：就是这个奴仆应该和儿子同做后嗣。9 几天后，他的主人设宴，并给他送去大量宴席的食物。当这个奴仆收到主人送给他的食物，他给自己留了够用的之后，就把其余的分给别的奴仆。10 其他的奴仆收到食物后，就大大欢喜，并开始为他祈祷，好使他能在主人面前更加蒙恩，因为他如此恩待他们。11 他的主人听到所发生的事情，就再次为他的所行大大欢喜。他再次召集他的朋友和儿子，并告诉他们这个奴仆如何处置收到的食物，于是他们全都更加衷心地赞同这个奴仆当与他的儿子同做后嗣。"

第五十六章

三

1 我说："先生，我不明白，也不能够理解这些比喻，除非你解释给我听。" 2 "我会向你解释每件事，"他说，"并会阐释我向你所说的一

---

⑥⑥ "怠慢"，或译"忽视"。

切。遵行上主的命令，你就能讨他 ⑥⁷ 喜悦，并被列入遵行他命令的人当中。⑥⁸ 3 但是如果你在上帝的命令之外，还做了其他的善事，你将为自己赢得更大的荣耀，相对而言，你在上帝眼中会更加得尊荣。因此，如果你持守了上帝的命令，同时又加了这些侍奉，你将很喜乐——倘若你按照我的命令持守他们的话。" 4 我对他说："先生，无论你命令我做什么，我都会遵行，因为我知道你与我同在。""我必与你同在，"他说，"因为你如此热心行善；诚然，我必将与一切有如此热心的人同在。5 这种禁食，"他说，"也很好，只要你能遵行上主的命令。⑥⁹ 因此，这就是你当如何持守你将要遵行的禁食。6 首先，谨防一切邪恶的言语和邪恶的欲望，并且从你心中除去一切来自这个世界的虚荣。倘若你遵行这些事情，你的禁食就是完全的。7 你必须做的是以下这些：在你禁食的日子，在履行了所写的一切后，除了面包和水，你不应该尝其他东西。然后你必须估算出你有意禁食的那天，你可能吃掉的食物的费用，并把这些给予寡妇或孤儿，或其他有需要的人。这样，你就是谦卑的，作为你谦卑的结果，领受的那人灵魂就得满足，并为你向上主祈祷。8 如果你是以这种方式完成禁食，正如我所命令你的，你的祭物在上帝的眼中就是可蒙悦纳的，而这种禁食将被记下来，以这种方式成就的侍奉对于上帝而言，就是美丽、喜乐和可蒙悦纳的。9 你和你的孩子以及你全家必须这样遵行这些事情，借着遵行，你将得着祝福；诚然，一切听到并遵行的人都将得着祝福，无论他们向上主祈求什么，他们必得着。"

第五十七章

四

1 我急切地要求他向我解释这个比喻：关于田地、主人、葡萄园、

---

⑥⁷ "他"，有抄本作"上帝"。
⑥⁸ "并会阐释……当中"，有抄本作"包括我向你所说的一切。我将向你指明他的命令"。
⑥⁹ "也很好……命令"，或译"若能包括遵行上主的命令，那是非常好"。

给葡萄园圈上篱笆的奴仆、篱笆、从园中拔除的杂草、儿子、做谋士的朋友，因为我明白所有这些都是比喻。2 但他回答我道："你提出这些问题，实在是无比自大。"他说："你实在不应当问任何问题，因为如果有必要解释一些事情，自然会解释的。"我对他说："先生，无论你向我展示什么，若不解释，我就白看了，就不明白其中的意思。同样，如果你告诉我比喻却不加以解释，那我就白白从你那里听了。"3 再次，他回答我道："只要是上帝的仆人，并且有上主在他心中，向他求悟性就必得着，他就解释每个比喻，而上主借着比喻所说的话语就向他显明。但那些软弱并懒于祷告的人却迟疑不敢求问上主。4 然而上主极为有怜悯，不断给予那些求问他的人。但你靠着圣㊇天使得以刚强，并从他得着如此代祷的能力，且不慵懒，你为什么不向上主祈求悟性，并从他得着呢？"5 我对他说："先生，既然我有你与我同在，我必须询问你，并求问你，因为你将一切展示给我，并与我交谈；但如果没有你，过往见到或听到这些，我就会求问上主，好得着解释。"

第五十八章

五

1 "我刚刚已经跟你说过了，"他说，"你真是狡猾和自大，竟要求问这些比喻的解释。然而，既然你如此固执，我将给你解释关于田地及其他相关一切的比喻，以便你可以把这些告诉所有人。现在你要留心听，并要明白。2 那田地就是这个世界，田地的主人就是创造并完善万有、且赋予他们权力的那位，儿子就是圣灵，㊆那奴仆就是上帝的儿子，那些葡萄树就是他所栽种的子民。3 篱笆就是上主的圣天使，他们保守上主的子民，从葡萄园拔除的杂草就是上帝仆人的过犯。主人派送给奴仆

㊇ "圣"，有抄本作"荣耀"。
㊆ 有抄本没有"儿子就是圣灵"。

的宴席的食物就是他借着他的儿子给予其子民的命令，朋友和谋士就是首先被造的圣天使；主人的离开，代表他再来之前的剩下日子。"4 我对他说："先生，所有这些实在伟大、奇妙、全然荣耀。但我有可能理解吗？其他人也不能理解，不管他是何等聪明。"我又说，"先生，我还要求问你，恳请进一步向我解释。"5 "请说，"他答道，"如果你还想知道其他事情。""先生，"我说，"为什么上帝的儿子在这个比喻中表现为奴仆的身份呢？"

第五十九章

六

1 "留心听，"他说，"上帝的儿子不是㉒表现为奴仆的身份，却是表现出大能和权威。""先生，怎么会是这样呢？"我问道，"我不理解。" 2 他说："因为上帝栽种了葡萄园，也即是说他创造了子民，却交由他儿子管理。子安置天使在他们之上保护他们，子煞费辛劳，承受了许多劳苦，亲自洁净他们的罪，因为没有人不殷勤劳作就能耕作葡萄园的。3 因此，他亲自洁净了百姓的罪之后，就指示给他们生命的道路，赐予他们他从父那里领受的律法。4 你看，"他说，"他是众百姓的主，从他的父那里领受了一切权能。㉓现在要听：关于那奴仆的继承，为什么上主要以他儿子以及荣耀的天使作为谋士。5 先在的圣灵，就是创造万有的那位——上帝随己意使其居住在肉体中。因此，圣灵居住的肉体就好好侍奉圣灵，活在圣洁与纯净中，在任何方面都不玷污圣灵。6 因此，由于这肉体活得尊贵、贞洁、与圣灵同工、并在凡事上与圣灵合作，行为刚强、勇敢，他就拣选它成为圣灵的伙伴，因为这肉体的行为蒙上主㉔喜悦，因为它拥有圣灵，在地上没有被玷污。7 于是他以子及荣耀

㉒ "不是"，是学者加上的，有抄本没有这个词。
㉓ 有抄本省略"你看……权能"。
㉔ "上主"，有抄本作"上帝"，也有抄本作"他"。

的天使作为谋士，好使这肉体在无可指责地侍奉圣灵之后，可以得着居所，不至于失去它服侍的赏赐。因为所有圣灵居住的肉体，如果表明没有玷污、无可指摘，就能得着赏赐。8 现在你已经听到关于这个比喻的解释了。"

第六十章

七

1 我说："先生，我很高兴听到解释。"他说："现在要留心听，要持守你的肉体清洁、没有玷污，好使居住其中的圣灵可以作见证，使你的肉体得称为义。2 要谨防那认为你的肉体是必朽的想法进入你心，以免你以某些玷污的方式滥用它。因为如果你玷污了你的肉体，你也同样玷污了圣灵；如果你玷污了肉体，你就不能存活。" 3 "但是，先生，"我说，"如果在听到这些话以前有些疏忽，那已经玷污了自己肉体的人怎样可以得救呢？" "至于先前的疏忽行为，"他说，"唯独上帝有权医治，因为所有的权柄都是他的。4 但现在要保守你自己，满有恩慈的上主将医治你先前无知的行为，㊄ 只要从今以后，你不再玷污你的肉体和灵魂。因为他们是连在一起的，一方被玷污了另一方也不能幸免。因此要保守两者都纯洁，你就必向上帝活着。"

第六十一章

第六个比喻

一

1 正当我坐在房子里，为着我所见到的一切归荣耀给上主，并默想诫命，因为它们美丽、大能、喜乐且荣耀，并且能够拯救一个人的灵

㊄ 原文意思不明确，有抄本作："但现在要保持这些事情，满有恩慈的他将医治他们"，也有抄本完全省略这一句。

魂，我对自己说："如果我行在这些命令中，就必蒙福；诚然，一切行在其中的都必蒙福。" 2 我正在心中对自己说这些话，突然看见他坐在我身旁，并说："你为什么对我给你的诫命心怀二意呢？他们诚然是美丽的。绝对不要心怀二意，要披戴对上主的信心，行在其中，因为我必用它们坚固你。3 这些诫命对于那些要悔改的人是有益的，因为，如果他们不行在其中，他们的悔改就是徒然的。4 因此，你们这悔改的人，要除去这个世界抹杀你们的邪恶之事；披戴一切公义的美德，你就能够持守这些诫命，不再加添你的罪恶。因此，既不再加添，你就能割断你先前的许多罪。因此，要行在我给的这些诫命中，你就必向上帝活着。这些事情是我亲自对你说的。" 5 他跟我说完这些之后，就说："我们到乡间去吧，我将会指示给你看那些群羊的牧人。"我说："先生，我们去吧。"我们就来到一个平原，他指示给我看一位穿着黄色服装的年轻牧人。6 他正在牧养一大群羊，这些羊看起来都喂养得很好，也很快活，并到处活蹦乱跳。而那牧人对于自己的羊群也感到很快乐，甚至牧人的表情也极为欢欣，他在羊群间穿梭往来。

第六十二章

二

1 他对我说："你看到这个牧人了吗？"我答道："先生，我看见他了。"他说："这是奢侈和欺骗⑯的天使。他谋杀上帝仆人的灵魂，并使他们转离真理，用邪恶的欲望欺骗他们，就是这些欲望使他们消亡。2 因为他们忘记了永生上帝的诫命，并在无用的奢华中快活度日，就被这位天使灭绝——有些交付死亡，有些交付败坏。" 3 我对他说："先生，我不明白'交付死亡'与'交付败坏'是什么意思。""留心听，"他说，"你看见那些欢快跳跃的羊，它们就是那些已经完全远离上帝的人，

---

⑯ "欺骗"，或译"享乐"。

并已将自己交付给这个世界的情欲。因此，在这些人当中，没有引向生命的悔改，因为他们已经亵渎了上帝的名。对于这些人，只有死亡。4 但你看见那些没有跳跃、在一处进食的羊，它们是那些已将自己交付给奢华和欺骗行为的人，但却没有说过任何亵渎上主的话。因此，这些人已经从真理中败坏了；对于他们而言还有悔改的希望，借着悔改他们还能存活。因此，败坏还有一些更新的希望，但死亡只有永久的毁灭。"5 我们再往前走了一会儿，他指给我看一位高大的牧人，他看起来像个野人，披着白色的山羊皮，肩上搭着某种袋子，拿着一根十分坚硬、多节的手杖，还有一根长鞭子。他神情十分愁苦，以致我害怕他，害怕他的表情。6 这个牧人从年轻的牧人手中接过那些快活、肥壮但没有跳跃的羊，把它们置于某险峻之处——那里长满荆棘和蒺藜；这些羊不能从荆棘和蒺藜中解脱出来，却被荆棘和蒺藜缠绕。7 这样，它们尝试吃草，同时却被荆棘和蒺藜缠绕，并且因为挨他的鞭打十分悲惨。他到处驱赶它们，不让它们休息，因此那些羊一点儿也不快乐。

第六十三章

三

1 我见它们这般遭鞭打，且如此凄惨，就同情它们，因为它们备受折磨，且完全不能得到任何缓解。2 我对陪同我的牧人说："先生，这位狠心又刻薄、且对这些羊群毫无怜悯之心的牧人是谁呢？"他说："这是惩罚的天使；他是公义的天使之一，并且掌管惩罚。3 因此，他接收那些远离上帝、追逐这个世界的欲望和享乐的人，通过各样可怕的责罚，按着他们所当受的惩罚他们。"4 我说："先生，我想知道这些各样的惩罚是什么。""留心听，"他说，"这些各样的折磨和惩罚就是他们在今生所经历的折磨。有些人的惩罚是遭受损失，有些人是被剥夺，有些人是遭受各样的疾病，有些人是要忍受各种的搅扰，还有些人是要蒙受虚妄之辈的羞辱，以及忍受其他许多东西。5 对于许多人来说，他们的意愿摇摆不定，样样都去尝试，但没有一样成功。然后，他们就说他们的努力没有果效，但他们心中从未想过是因他们的恶行；相反，他们抱怨上主。6 因此，等他们受尽了各种苦楚后，他们就被转交给我来好好教导，使他们对上主的信心得着坚固，且在余生用纯全的心侍奉上主。因此，他们一旦悔改，心中就想起自己所做的恶行，之后他们就赞美上帝，因为他是公义的审判官，各人按着自己所行的得到当得的报应。从那时起，他们就用纯全的心侍奉上主，且所做的无不亨通，从上主那里得着一切所祈求的。之后，他们就赞美上主，因为他们被交付给我，他们也不再遭遇邪恶。"

第六十四章

四

1 我对他说："先生，还请再向我解释一些其他事情。"他说："你想知道什么？""先生，"我说，"那些生活在奢侈和享乐中的人受折磨的时间是否与他们耗费在奢侈和享乐中的时间一样长呢？"他对我说："他们受折磨的时间同样长。" 2 "先生，那他们受的折磨很少呢，"我说，"因为那些活在奢侈过度中且忘记上帝的人应该遭受七倍长时间的折磨。" 3 他对我说："你很愚昧，不晓得折磨的力量。"我说："是的，先生。假若我明白了，就不会要你给我解释了。""留心听，"他说，"关于两者 ⑦ 的力量。 4 假设 ⑱ 奢侈和享乐的时间为一小时。但一小时折磨的力量却相当于三十天。所以，如果有人活在奢侈中，被蒙骗了一天，之后被折磨了一天，那么受折磨的这一天相当于一整年。因此，一个人活在奢侈中有多少天，他受折磨就有多少年。所以，你看，"他说，"奢侈和被蒙

---

⑦ 有抄本加上"奢侈和折磨"。
⑱ 原文无"假设"。

骗的时间很短，但遭惩罚和受折磨的时间却很长。"

第六十五章

五

1 我说："先生，我不完全理解关于被蒙骗、奢侈以及折磨的时间，请给予我更清楚的解释。" 2 他回答我道："你的愚昧真是根深蒂固，你不想清洁己心去侍奉上帝！小心啊，"他说道，"免得时候到了，你却依旧愚昧无知。听好了，"他说，"这样，你或许能如愿明白这事。3 那些一天都活在奢侈及蒙骗中，为所欲为的人实在是披戴愚昧，根本不明白自己在做什么，因为第二天他就忘了前一天所做的。奢侈及欺骗不易被记住——是因其以愚昧为衣。但是惩罚和折磨只要纠缠一个人一天时间，他就感觉被惩罚和折磨了一年之久，因为惩罚和折磨带给人长久的记忆。4 所以，在受惩罚和折磨一整年之后，他开始记起奢侈及欺骗，并且意识到他正是因此才遭受这些恶。所以，每个活在奢侈及欺骗中的人都以这种方式忍受折磨，因为虽然他们有生命，但是他们已经将自己交付给了死亡。" 5 我说："先生，怎么样的奢侈过度是有害的呢？"他说："一个人喜欢做的一切事情，对他而言都是奢侈过度。因为即便是脾气暴戾的人，当他放任自己的激情时，他就是在过度放纵自己。奸夫、酒鬼、毁谤者、骗子、焦虑者、强盗，以及做诸如此类事情的人都放任自身的疾病；因此，他们透过行动过度放纵自己。6 所有这些'过度'对于上帝的仆人都是有害的；正是由于这些享乐，那些遭惩罚及受折磨的人才要受苦。7 但是，也有一些'过度'能救人，因为有许多人放任自己行善，沉浸在行善带给他们的愉悦中。因此，这些'过度'对于上帝的仆人是有益的，并且给这样行的人带来生命。但是上面提到的那些有害的'过度'却带给他们折磨和惩罚；如果他们坚持而不悔改的话，他们就是自取灭亡。"

第六十六章

第七个比喻

1 几天后,我在见到那些牧人的同一个平原上再次见到他,他对我说:"你在寻找什么?"我说:"先生,我在这里请求你命令那惩罚的牧人离开我家,因为他使我大大受苦。"他说:"你有必要受苦。因为这是荣耀的天使命令的,他要你经受考验。""先生,为什么?"我说,"我做了什么恶事以致要被交在这位天使的手中呢?" 2 "留心听,"他说,"你的罪虽众多,但还不至于要被交给这位天使。然而你的家人犯了大罪及大过,荣耀的天使被他们的行为激怒;由于这个原因,他命令你当受苦一段时间,好使得他们也能够悔改,除去心中来自这个世界的一切私欲。因此当他们悔改和洁净后,惩罚的天使就会离开。" 3 我对他说:"先生,即使他们做了这些行为以致荣耀的天使被激怒,但是我做什么了?"他说:"除非你——这个家庭的头受苦,他们不会受苦。因为如果你受苦,他们也必定会跟着受苦;但如果你享安稳,他们就不能经历任何苦楚。" 4 "但是,先生,"我说,"你看,他们已经全心悔改了。"他说:"我十分清楚他们已经全心悔改了。但是,你认为那些悔改者的罪马上会得着赦免吗?当然不是!那悔改者必须折磨自己的灵魂,并且在他所行的事上要极为谦卑,并遭受各样的磨难;如果他忍受了临到他身上的各样磨难,那么创造万物、并赋予他们能力的那位必定会动慈心,且给予一定的医治。5 情况必定如此——倘若 ⑲ 他见到悔改者的心不再存有任何的邪恶。但是现在你和你的家人受苦是有益的。不过我为什么要告诉你这么多呢?你需要受苦,正如那位把你交给我的上主的天使所命令的那样。为此感谢上主吧,因为他认为你配事先知道自己要受的磨难,既然事先知道了,你就能够坚毅地忍耐。" 6 我对他说:"先生,请

---

⑲ 有学者建议此处为"上帝必将如此行,当……"

与我同在，我就必能够忍受我的磨难。"他说："我必与你同在，并且我会让惩罚天使手下留情。但是你必将短暂受苦一段时间，之后你就会再次回到你的家⑧中。只要保持谦卑，并坚持与你的孩子和家人一起用清洁的心侍奉上主，行在我给你的命令中，那么你的悔改就可能是刚强与洁净的。7 如果你和你的家人持守这些命令，所有的磨难都会离你们而去；诚然，磨难会离开所有行在我的这些命令中的人。"

第六十七章

第八个比喻

一

1 他指示给我看一株巨大㉛的柳树，这树覆盖了平原和大山，所有得称为上主名下的人都来到树荫下。2 有位上主的天使站在柳树旁，十分荣耀及修长，手中拿着一个巨大的修剪钩，他从树上剪下树枝，并分给站在树荫下的人；他给他们每人一根小树枝，大约四十五公分长。3 在所有人都拿到树枝后，天使放下修剪钩，但是那树却照样茂壮，如同我最初看到的那样。4 我感到惊奇，自忖道："这么多的树枝都被剪去了，这树怎能仍这般茂壮呢？"牧人对我说："这么多的树枝都被剪去了，这树却仍这般茂壮——对此不要感到惊奇。等一会，你将看清一切，并得着解释明白这是什么意思。"5 那位给予人们树枝的天使又叫他们归还树枝，他们按照之前取树枝的顺序被召来，每一个人都归还了树枝。上主的天使接过树枝，并进行检查。6 从有些人手中，他接到的树枝是干枯且被啃噬过的——显然是被虫啃噬的；那天使命令那些归还树枝状况如此的人站在一起。7 还有些人归还的树枝也是干枯的，但没有被虫啃噬，这些人他也命令他们站在一起。8 还有其他人归还的树枝是

---

⑧ "家"，有抄本作"地方"。
㉛ 有抄本省略"巨大"。

半干枯的，这些人也站在一起。9 还有人归还的树枝是半干枯且开裂的，这些人也站在一起。10 还有些人归还的树枝是青绿但开裂的，这些人也站在一起。11 还有些人归还的树枝是半干枯半青绿的，他们也站在一起。12 有些人拿来的树枝三分之二是绿的，三分之一是干枯的，他们也站在一起。13 又有些人归还的树枝三分之二是干的，三分之一是绿的，这些人也站在一起。14 又有些人归还的树枝近乎都是青绿的，但只有一点点是干枯的——就是在末端，但是它们有开裂，这些人同样也站在一起。15 还有些人只有一小部分的树枝是绿色的，其余部分都干枯了，这些人也站在一起。16 其余有些人拿来的树枝是绿色的，正如他们从天使手中接过来的那样。大部分的人归还的树枝都是这种状况，他们使天使大大欢喜，这些人也站在一起。17 还有些人归还的树枝不仅颜色青绿还带有花蕾，这些人也站在一起，他们使天使大大欢喜。18 还有些人归还的树枝不仅青绿、有花蕾，而且树枝的花蕾看来结了一些果子。树枝处在这种状况的人极为快乐，天使为他们大为欢喜，牧人也为他们感到十分高兴。

第六十八章

二

1 上主的天使命令将冠冕取来。于是就有人把冠冕呈上——冠冕显然是由棕榈树的叶子制成的；他就把冠冕戴在那些归还的树枝含花蕾带果实的人头上，并差派他们进入塔内。2 他同样也差派其他人进塔内，就是那些归还了青绿且有花蕾的树枝，但蕾上还没有结果的人；他给他们盖了印记。3 那些进入塔内的人都穿同样雪白的衣服。4 他又送别那些归还的树枝是青绿，一如接过之时那样的人，并给他们白色的衣服和印记。5 天使做完这些，就对牧人说："我要离开了，但你必须派这些人进到墙内——只要他们配住在那里。认真检查他们的树枝，然后差派他们。但是一定要细心检查树枝。确保万无一失。"他说："然而倘若有人逃脱了你这关，我还会在祭坛前试验他们。"他对牧人说完这些就离开了。6 天使离开之后,牧人对我说:"来,我们取来每个人的树枝,并把它们栽上,看看其中是否有能存活的。"我对他说:"先生,这些枯萎的树枝怎能再活呢?"7 他回答我道:"这是柳树,这种树很顽强。因此,只要树枝被栽上,且得到一些水分,许多都能存活。然后,我们也要给它们浇一些水。如果其中有能存活的,我就很高兴;但是如果没有存活的,至少我自己没有懈怠失职。"8 所以牧人就命令我去叫他们,按照他们各自所站的顺序。他们就一排一排上前来,把树枝还给牧人。牧人接过树枝,一排排栽种好;种好后,他浇了许多水,以至于水淹没了树枝,都看不到树枝了。9 他给树枝浇完水后对我说:"现在,我们走吧,几天后我们再回来,检查所有这些树枝,因为创造这树的那位,希望一切从这株树得到树枝的人都能存活。我也希望这些树枝在得到水分、被浇灌之后,能够存活。"

第六十九章

三

1 我对他说:"先生,请告诉我关于这株树的含义,因我感到困惑——虽然这么多的树枝被剪去了,树却仍然茁壮,看起来好似什么也没被剪去;因此,我大惑不解。"2 "留心听,"他说,"这株覆盖众平原及大山,以及整个大地的大树就是上帝的律法,是赐给整个世界的。这律法就是上帝的儿子,他已被宣扬直到地极。来到树荫下的人就是那些听了讲道并信靠他的人。3 那位伟大而荣耀的天使就是米迦勒,他有权管辖这些人并引导他们,因为他是将律法放入那些相信者心中的那位。所以,他察验那些领受他赐予的人,要看他们是否有持守所领受的。4 现在来观察每个人的树枝,因为树枝就是这律。你看到许多树枝已经变为无用,你就知道他们是那些没有遵行律法的人,你将会看到每个人的居所。"5 我对他说:"先生,为什么他派一些人进入塔内,却把其他人留给你呢?"他说:"他把那些违背从他那里领受的律法的人,留给我管辖,好使他们悔改;但是一切已经满足且持守了律法的人,他就留下归他自己管辖。"6 我问:"那么,先生,那些得了冠冕并进入塔内的是些什么样的人呢?"他回答我道:"得了冠冕的人就是那些已经跟魔鬼摔跤并得胜的人。这些人已经为这律法忍受了苦难。7 有些归还的树枝虽然没有结果、但却是青绿且带花蕾,这些人是曾因这律法受了逼迫,但却没有受苦的人,他们也没有否认他们的律法。8 那些归还的树枝是青绿、一如它们起初那样的人是敬虔及公义的人,他们以极为清洁的心行走,并且遵行了上主的命令。但是至于其他人如何,当我检查这些被栽种和浇灌的树枝时,你将会知道。"

第七十章

四

1 几天后,我们回到那地点,牧人在大天使站立的地方坐下,我则站在他旁边。他对我说:"腰间围上毛巾,来协助我。"于是,我在腰间围了一条麻布制成的干净毛巾。2 他见我腰间围好了毛巾,准备协助他了,就说:"按照归还树枝的顺序,叫那些树枝已被栽种的人上前来。"我就去了平原,把他们都叫过来,他们全部按排站好。3 他对他们说:"每个人去拔自己的树枝,然后拿给我看。"4 最先回来的是那些树枝已枯萎并被啃噬过的人,当他们发现树枝仍是枯萎且被啃噬过时,他命令他们站在一起。5 然后是那些树枝虽然枯萎但还没有被啃噬过的人归还了树枝,有些人归还的树枝变绿了,但有些则仍是枯萎且被啃噬过,仿佛被虫啃噬的。于是他命令那些归还了变绿树枝的人站在一起,但那些归还时树枝枯萎且被啃噬过的人,他就命令他们跟第一组站在一起。6 然后那些原来树枝半枯萎且开裂的人归还了树枝;许多人的树枝归还时变绿了,且没有开裂。有些归还时是青绿且带有花蕾的,花蕾上还有果子,就像那些得了冠冕、并进入塔内者所拥有的那样。但是,有些归还树枝时却是干枯且被啃噬过的,有些干枯了却还没被啃噬,有些丝毫未变，仍是半干枯且开裂的。他命令他们每个人都自己站好，有些仍归之前的组，有些则自成一组。

第七十一章

五

1 然后，那些之前树枝是绿色但开裂的人归还了树枝。这些人归还的树枝都变绿了，就自成一组站好。牧人就大大欢喜，因为他们全都改变了，不再有开裂。2 那些树枝原本半绿半枯的人也归还了树枝。有些树枝完全变绿了，有些半枯，还有些枯萎且被啃噬过，也有些变绿且长了花蕾。这些也被差走，各归各的组。3 然后，那些树枝原本三分之二青绿、三分之一干枯的人归还了树枝；许多人归还时是绿色的，但也有许多半枯萎，还有些不仅枯萎而且被啃噬过。这些也各归各的组。4 之后，其余人归还了自己的树枝，就是那些原本三分之二干枯、三分之一绿色的树枝。许多人归还时是半干枯的，也有些枯萎且被啃噬过，有些半枯萎且开裂了；不过有一些归还时是绿色的。这些也各归各的组。5 那些树枝之前是绿色、仅有小部分干枯和开裂的人，也归还了树枝。这些人当中，有些归还的树枝是绿色的，有些是绿色且带花蕾的。他们也归入自己的组。6 然后，那些树枝原本只有一点点绿色、其余都已枯萎的人归还了树枝。这些树枝大部分都变绿且带花蕾了，蕾上结了果子，其他的则是全然青绿。看到这些树枝，牧人大大欢喜，因为他们处在这样的状况。这些人也离开，各归各的组。

第七十二章

六

1 牧人检查过所有的树枝后，就对我说："我告诉过你，这树极为顽强。你看到了吧，有多少已经悔改且得着拯救了？"我说："先生，我看到了。"他说："这是为了让你看到上主丰盛的怜悯是何等伟大及荣耀，他也赐圣灵给那些值得悔改的人。" 2 "先生，为什么他们不全都悔改呢？"我问。他说："对于那些他预先㊂看到心将变得纯洁并将全心侍奉他的人，他就赐予悔改；但对于那些他见到满了诡诈和邪恶并将虚假悔改的人，他就不赐予悔改，以免他们再次亵渎他的名。" 3 我对他说："先生，现在请给我解释关于那些归还树枝的人，也就是：他们中的每一个是怎样的人，他们住在哪里；这样，那些已相信并领受了印记但又违背了，没有好好遵守的人听到后，他们可以辨认出他们正在做什么，并且能够赞美上主，因为他怜悯他们，差派你来更新他们的灵。" 4 他说："留心听。那些树枝枯萎且被虫啃噬过的人是背道者，教会的背信弃义者，因着罪他们已经亵渎了上主，此外，他们还以上主的名为耻——他们曾得称为这名下。因此，这些人在上帝面前全然消失。你看到他们中没有一个人悔改，虽然他们听到了你对他们说的话，就是我命令你说的。对于这类人，生命已经逝去。5 但是，那些归还的树枝枯萎但没被啃噬过的人跟他们也差不了多少，因为他们是假冒伪善者，引进奇怪的教义，使上帝的仆人偏离，尤其是那些曾犯罪的人——他们不允许他们悔改，相反却是用他们无知的教义劝阻他们。然而，这些还有悔改的机会。6 你看到：自从你对他们传讲我的命令以来，他们当中许多人诚然已经悔改了，还有许多也将悔改。但那些不悔改的人已经失去他们的生命了；另一方面，那些已经悔改的人则变好，他们的家就在第一道墙内，有些甚至还上升到塔内。因此，你看，从罪中悔改带来生命，但拒不悔改则意味着死亡。"

第七十三章

七

1 "现在你也要听听关于那些归还的树枝半枯萎且开裂的人。那些树

㊂ 原文无"预先"。

枝半枯萎的人是心怀二意者，他们半死不活。2 然而，那些树枝半枯萎且开裂的人则不仅心怀二意，而且是毁谤者，他们中间毫无和睦可言，总是纷争不断。然而，即使是这些人，"他说，"悔改也仍是可能的。你看吧，他们中有些人已经悔改了，在他们身上仍有悔改的希望。3 因此，他们中那些已经悔改的人就可以安居在塔内，但那些较迟悔改的就住在墙内；而那些不悔改，坚持所行的，必将死亡。4 但是那些归还的树枝是青绿但开裂的人，是毕生忠信且良善的人，不过，他们在关于卓越及荣誉的问题上，多少有些彼此妒忌。然而，在卓越之事上彼此妒忌，这使他们都成了愚妄人。5 但是，因为这些人是良善的，他们听到我的命令后，就洁净自己并且迅速悔改。因此，他们的家也在塔内。不过，如果有人再次转向纷争，他将被扔出塔外，丧失生命。6 生命为一切遵行上主命令的人存留，而在上主的命令中，丝毫无关卓越与荣誉，只有恒久忍耐以及人的谦卑。因此，在这些人身上，就显出上主的生命，但在喜好纷争、无法无天的人那里只有死亡。"

第七十四章
八

1 "那些归还的树枝半绿半枯的人是过分沉迷于世事，不与圣徒交往的人；这就是为何他们一半活着，一半却死了。2 但是，许多人听到我的命令后都悔改了。那些悔改的人将安居在塔内。然而，他们当中有些人却全然堕落了。这些人没有悔改；因着他们在世间的事务，他们亵渎了上主并且不认他。由此，他们因己的恶行丧失了生命。3 但是他们当中许多人是心怀二意者。这些人仍有悔改的机会。如果他们快快悔改，他们的家就在塔内；但如果他们较迟才悔改，他们就将住在墙内。但如果他们一点也不悔改，他们同样也丧失自己的生命。4 那些归还的树枝三分之二青绿、三分之一枯萎的人，是那些反复不认上主的人。5 当中许多人已经悔改并且住进了高塔，但是也有许多全然离弃了上帝；这些人最终丧失自己的生命。他们当中有些人心怀二意，并且制造纷争。如果他们快快悔改，不再沉浸在自己的宴乐中，还有悔改的机会。然而，如果他们继续坚持已行，那他们也就自取灭亡了。"

第七十五章
九

1 "那些归还的树枝三分之二枯萎、三分之一青绿的人，是那些曾经忠信，但是后来变得富有且在外邦人中得了名声的人。他们以骄傲为衣，变得狂妄自大，就离弃了真理，不再与义人交往；但却与外邦人同住，并且他们更喜欢这样的生活方式。然而他们没有离弃上帝，而是保持了信仰——虽然他们没有信心的行为。2 因此，他们中有许多悔改了，他们的家在塔内。3 然而，他们中有些人完全融入到外邦人当中，并且为外邦人虚妄的想法所腐蚀，就离弃了上帝，举止行为如同一个外邦人。因此，这些人就被列在外邦人之中。4 然而他们中有些人心怀二意，因为自己所行的，他们不再怀有得救的希望；还有些人心怀二意，在内部制造分裂。这些因自己的行为心怀二意的人，还有悔改的机会；但是他们必须速速悔改，这样，他们或许能到塔内居住。不过，对于那些仍不悔改、照旧沉浸在宴乐中的人而言，死亡近在咫尺了。"

第七十六章
十

1 "那些归还的树枝是青绿、只是顶端枯萎和开裂的人，是向来在上帝面前良善、忠信且荣美的人，但是他们有一点点小过失——就是他们的一些小私欲，以及他们在一些小事上与人不合。但他们听到我的话后，绝大多数人迅速悔改了，他们的家在塔内。2 但其中也有些人心怀二意，还有些由于心怀二意导致更大的纷争。对于这些人，还有悔改的盼望，因为他们向来良善，他们几乎没有人会死亡。3 那些归还的树枝是枯萎、只有很小一部分是绿色的人，是那些相信但却行不法之事的人。但是，他们从来没有离弃上帝，反而很乐意地背负那名㉝，此外也很乐意接待上帝的仆人进入自家房子。因此，他们听到这个悔改的信息后，毫不迟疑就悔改了，并且操练各种美德与公义。4 其中有些人甚至在受苦，却喜乐地承受着自己的困苦，㉞因知道自己先前的行为。所以，所有这些人的家都会在塔内。"

第七十七章
十一

1 他讲完所有树枝的解释后，就对我说："去向万民传讲，好使他们可以悔改，向上帝而活，因为上主因着怜悯差遣我给予所有人悔改的机会——虽然其中有些人因其行为，并不配得到拯救。㉟但上主有宽容之心，希望那些借着他儿子蒙召的人都能得救。"2 我对他说："先生，我盼望一切听到的人都能悔改。因为我确信：每一个人当他意识到自己的所作所为、且敬畏上帝的话，就必悔改。"3 他回答我道："那些全心悔改、除去自身一切恶行（如上所述的）、不再罪上加罪的人，上主将医治他们先前的众罪，他们也必将向上帝活着——除非他们对于这些命令心怀二意。但是那些罪上加罪，行走在这个世界私欲中的人必将被定罪灭亡。4 至于你，要行走在我的命令中，你就必向上帝活着；诚然，一切行在其中且行动正直的人都必将向上帝而活。"5 他向我启示完所有这些之后，就对我说："其余的我过几天再告诉你。"

㉝ "背负那名"，或译为"得称为那名下"。
㉞ "甚至……困苦"，有抄本做"甚至自愿忍受迫害"。
㉟ 有抄本省略"得到拯救"。

第七十八章

第九个比喻

一

1 当我写下牧人——就是悔改天使的命令和比喻后,他又来到我身边,对我说:"圣灵——就是以教会的形式对你说话的那位,他展示给你看的,我要给你解释一下;因为那灵就是上帝的儿子。" 2 由于你肉体过于软弱,天使就没有给你解释;但当你蒙圣灵赐能力后,力量就变得刚强,甚至能看见天使,之后高塔的建造就借着教会向你启示。你以往看见一切合宜和敬虔的,仿佛是从一个童女领受来的;但现在你将从天使的角度看这事——虽然也是借着同样的灵。3 不过你还必须从我这里学习对万事更精确的认识。正是由于这个目的,我被荣耀的天使安排来居住在你的家中,好使你能够尽可能清晰地看待万事,而不再存有你先前的恐惧。4 他领我到阿卡迪亚(Arcadia),来到一座圆形的山上,把我安置在山顶;在我面前呈现出一个巨大的平原,包围着平原的是十二座大山,每座大山的外形都各不相同。5 第一座山黑如煤炭,第二座则光秃秃,没有任何植被,第三座山上遍满了荆棘和蒺藜。6 第四座山上都是半枯萎的植物;植物的顶部是绿色的,但是根部却都干枯了。太阳炙烤时,部分植物就枯萎了。7 第五座山上有绿草,且地势十分崎岖;第六座山满了沟壑,有些小,有些大,沟中有植物,但植物并不茁壮,看起来甚是枯萎。8 第七座山上有欣欣向荣的植物,整座山很茂盛,各种牲畜以及飞鸟都在山上觅食;并且牲畜和飞鸟吃得越多,山上的植物就越发茁壮。第八座山满了泉源,上主所创造的每一种生物都来到这座山上饮水。9 第九座山上一点水也没有,完全是个旷野;有的是野兽以及凶残、伤人的爬行动物。第十座山上有极大的树,且完全被树荫覆盖,在树荫下,羊群躺着休息,咀嚼着反刍的食物。10 第十一座山满是浓密的树林,这些树都十分多产,结满了各样的果实,人人看到都想要尝尝树上的果子。第十二座山一片雪白，外观非常明亮，这座山本身亦美丽异常。

第七十九章
二

1 他指给我看：在平原中部，有块巨大的白色磐石从平原上升起。磐石高过众山和广场，这样整个世界都能够看到它。2 那块磐石很古老，上面凿出了一扇门；然而，在我看来这门是新近才凿成的。这门比太阳还耀眼许多，我诧异这门竟是如此明亮。3 门周围站着十二个童女。我觉得站在角上的四个童女尤为荣耀（虽然其他几位也很荣耀），她们站在门的四角，彼此之间各站有两个童女。4 她们穿着细麻布外衣，这些外衣得体地裹束着她们的身子；她们的右肩袒露，似乎要搬运一些东西。如此，她们都预备好了，个个都显得非常兴奋及热切。5 见到这些后，我心中诧异，因为我见到了伟大及荣耀之事。再次，我对这些童女感到困惑不解，因为虽然她们都很纤细优雅，但她们都勇敢站立着，好像有意要扛抬整个天宇似的。6 牧人对我说："为什么你心中自己在辩论，以致变得困惑不解，自取烦恼呢？不要企图明白你所不能理解的事情，好像你很聪明似的；要祈求上主，使你可以得着能理解这些的悟性。7 你不能看见你身后的事物，而只能看到在你前面的事物。你所不能看见的东西，就任由它好了，不要因此搅扰自己；但要好好抓住你能看见的东西，其余的就不要理了。然而，我会给你解释我展示给你看的每一样事情。因此，要认真观看其余的事情。"

第八十章
三

1 我看见来了六个男子，外形相似，都高大且荣美，他们又叫了许多男子过来。来的人也都是高大、英俊、强壮的人。这六个男子命令他们在磐石⑧⑥上建造一座塔。那些来建塔的人在门周围跑来跑去，因此发出巨大的嘈杂声。2 站在门周围的童女们不断催促这些男子快快建塔，此外，这些童女伸出手来，好像她们要从男子那里接什么过来。3 那六个男子命令从某些深处运来石头，放进塔的构造内。于是运来了十块方形石头——光亮且未经打凿的。4 那六个男子叫来童女，命令她们抬起所有这些要进入塔内的石头，先经过门，再送到那些要建塔的人手中。5 于是童女们就把从深处运来的头十块石头放在彼此的肩上，她们一起搬运，搬完一块又一块。

第八十一章
四

1 按照她们站在门的周围的相同次序，那些看起来更强壮的童女就搬起石头，抬石头的四角，其余人则抬石头的四边，她们以这样的方式运完全部的石头。她们搬着石头穿过门——正如所命令她们的那样，然后把石头交付建塔的男子，他们就接过来建造。2 塔建在这块大磐石及门上面。那十块石头彼此契合，覆盖了整块磐石。这些就构成了塔构造的根基；磐石和门支撑着整座塔。3 在这十块石头之后，又从深处运来二十五⑧⑦块石头，如同先前的石头一样也是由童女扛抬，这些石头也适宜放入塔结构内。在这之后又运来三十五块石头，这些同样也适宜建塔。在这之后，又运来四十块石头，这些也都放进塔结构内。因此，在塔的根基上便有四层结构。4 之后不再有石头从深处运来，建造者也停工了一小会儿。接着，那六个男子命令这许多人从山上运来石头建塔。5 于是，不同颜色的石头从各座山上运来，由人采挖，交给童女，童女就抬着石头穿过门，再交付给建塔的人。当不同颜色的石头放入建筑

---

⑧⑥ "磐石"，有抄本作"在磐石及门上"，也有作"在门上"。

⑧⑦ "二十五"，有抄本作"而是"或"十五"。

后，它们都同样变成白色的，失去了先前不同的颜色。6 但是有些人交付来用于建造的石头却没有变成明亮的白色，仍是如同刚放进来时的颜色；因为它们不是由童女交付的，也没有抬经过门。因此，这些石头不适宜用来建塔。7 那六个男子若见到建筑中那些不合宜的石头，他们就会命令将其挪去，拿下来放回原处，哪里来的就放回哪里去。8 他们对运来石头的人说："你们不得把石头放进建筑内，只要放在塔的周围，这样，童女们就能扛抬石头经过门，再交付建造者。因为，如果它们不经由这些童女的手扛抬穿过门，就不会变色。因此，你们的劳力也徒然了。"

第八十二章

五

1 那天的建设完工了，然而整座塔的建造却还没有完成，因为还有待进一步修建，建造暂停了一下。那六个男子命令所有的建造者暂停，稍微休息一会儿，但是他们命令童女不能离开塔去休息。在我看来，童女们要留下来看守这塔。2 他们都暂停休息后，我对牧人说："先生，为什么塔的建造没有完成呢？"他说："除非塔的主人到来并测试过这建筑，这塔不可能完成；如果他发现有石头有缺陷，他就会换掉它们，因为这塔是按照他的心意来建造的。"3 我说："先生，我想知道：这塔的建造有什么意义，还有关于磐石、门、大山和童女，还有那些从深处运来、未经打凿就放进建筑内的石头；4 以及为什么头十块石头被置于根基上，然后是二十五块，再是三十五块，然后是四十块呢？还有关于那些放进建筑内但是后来被挪去放回原处的石头。先生，请给我解释这些东西，好使我的灵魂得安宁。"5 他说："如果你的兴趣不只是出于无聊的好奇，那么你将得知这一切事情。几天后我们会回到这里，你将看到发生在这塔上的其余事情，就会准确地明白所有这些比喻。"6 几天后，我们回到曾经坐过的地方，他对我说："我们进到塔里去吧，因为这塔的主人要来检查了。"于是我们进入塔内，除了那些童女，没有任何其他人靠近这塔。7 牧人问童女们塔的主人是否已经来到。她们说他马上就来检查这塔了。

第八十三章

六

1 看哪，我不久后见到一大批人到来，中间有个人身材如此颀长，以至于他甚至比塔还要高。2 那六个监督建造的男子与他一道走来，有的在他左边，有的在他右边，与他在一起的还有所有的建造者，此外，他周围还有许多其他荣美之人。看守这塔的童女们跑过来，与他亲嘴，之后站在他身旁绕塔而行。3 那人十分细致地检查这建筑，每块石头他都摸过了。他手中拿着一根杖，敲击每一块放进建筑中的石头。4 当他敲击石头时，有些石头变得黑如煤炭，有些变粗糙，有些有裂痕，有些则太短，有些不白也不黑，还有些变得不均匀，因而不能嵌入其他石头中，有些则显出许多斑点；这些就是在建筑中发现的各种有缺陷的石头。5 于是他命令把所有这些石头挪去，放到塔旁，又命令运来其他石头填补空缺。6 建筑的人问他希望从哪座山搬运石头过来填补空缺。然而，他却没有命令他们从山上运石头来，反而命令他们从离得不远的另一处平原搬运石头。7 那个平原曾被开挖过，那里有漂亮的方形石头，但有些是圆的。于是，那个平原上的所有石头都被运来，并由童女扛抬穿过门。8 方形石头稍经磨平后，就放置入那些被挪去了石头的位置，但是圆形的石头没有放进建筑中，因为它们太难打磨，并且耗时太长。于是圆石被放置在塔旁，似乎它们以后要经打磨放入建筑内，因为它们极为漂亮。

第八十四章

七

1 这位荣耀者——就是整座塔的主人做完这些事之后，他叫来牧人，交给他所有那些已从建筑中挪去、被置于塔旁的石头，并对他说：2"认真清洁这些石头，然后再次将那些能与其他石头契合的石头放进塔内，但那些不合适的就扔得离塔远远的。"3 他给了牧人这些命令后就离开了，其余跟他一起来的人也都离开了。童女们则站在塔四周看守这塔。4 我对牧人说："这些石头既然被弃，怎还能再次用于建塔呢？"他回答我道："你见到这些石头了吗？"我说："先生，我看到了。"他说："我自己将会打磨大部分这些石头，并把它们放入建筑中，它们就能与其他的石头相契合。"5 我问："先生，这些石头经过打磨后，怎么还能放进先前的位置呢？"他回答我道："那些小一些的将被放进建筑结构的中间位置，但大一些的就会放置在外层，共同支撑它们。"6 说了这些之后，他对我说："我们走吧，两天后再回来清洁这些石头并放进建筑中，因为塔四周所有东西都必须清理，免得主人突然来到，看到塔周围的脏东西就生气；那样的话，这些石头就将不能用来建塔了，而我也在主人面前显得疏忽懈怠了。"7 两天后，我们回到这塔，他对我说："我们来检查所有这些石头吧，看看哪一些能放进建筑内。"我对他说："好的，先生，我们来检查吧。"

第八十五章

八

1 于是，我们检查这些石头，首先从黑色的石头开始。他们仍跟先前从建筑中挪去时的状况一样，牧人便命令人把它们从塔旁移开，拿走。2 然后他检查了粗糙的石头，其中许多石头他都拿来进行打磨，并且命令童女抬起这些石头，放进建筑内。于是童女们就来取走石头，放进建筑中，置于塔结构的中间位置。其余的他命令跟黑色的石头放在一起，因为这些也变黑了。3 然后，他检查了有裂痕的石头，并打磨了其中的许多块，然后命令由童女将打磨过的石头搬运到建筑中。他们被置于外层，因为他们比其他石头更结实。然而，其余的石头不能被打磨，因为裂痕太多了，因此，他们被弃绝，不用来造塔。4 然后，他检查了那些太短的石头，其中有许多变黑了，有些出现了大裂缝，于是他命令把这些石头与那些被丢弃的石头放在一起。但是，对于其余的石头，他进行了清洁并打磨，并命令把它们放进建筑中。于是童女们来搬运它们，放进塔结构的中间位置，因为它们相当脆弱。5 之后他检查了那些半白半黑的石头。其中许多已经变黑了，他就命令把这些石头与那些被丢弃的石头放在一起。其余的⑱由童女们取走，因为它们是白的，并由童女们自己放进建筑内。于是它们被放置在外层，因为它们显得坚实，因此能够支撑放在中间位置的石头，因为这些石头都不会太短。6 然后他检查了那些坚硬、不均匀的石头，有些被扔掉了，因为不能被打磨——太硬了。但是其余的都经过打磨，由童女们取走，放到塔构造的中间夹层，因为这些也比较脆弱。7 接着他检查了有斑点的石头，其中有些变黑了，就与其他的一起扔掉。但其余的则变得又光亮又坚实，适于由童女们放进建筑中；鉴于它们的强度，它们被置于靠近外层。

第八十六章

九

1 最后，他来检查圆形的白石，他对我说："我们该怎样处置这些石头呢？"我说："先生，我怎么知道呢？"他对我说：⑲"难道你没有留意到它们的一些特征吗？"2 我说："先生，我不具备这种技术，我也不是切石匠，也不能明白。"他说："你没有看到它们十分圆吗？如果我要把它们变成方形，必须对它们进行大刀阔斧的切割。然而，其中有些必须放置于建筑内。"3 我说："先生，如果是必须的话，你为何还要如此折磨自己呢？为何不直接选中你想用于建筑的石头，并直接放进去

---

⑱ "其余的"，有抄本作"已经变白且"。
⑲ 原文无"他对我说"。

呢?"他选择了其中最大最亮的石头,并对其进行打磨;然后童女们来取走,安置在建筑的外层部分。4 但是剩下的石头就被取走,放回它们先前所在的平原;这些没有被扔掉,"因为,仍有一小部分的塔还有待建造,"他说,"而塔的主人很渴望这些石头能够用于建造,因为它们十分明亮。" 5 之后,叫来了十二位女子,外貌都美丽异常,她们穿着黑衣,腰中束带,双肩袒露,长发下垂。在我看来这些女子都很粗犷。牧人命令她们把那些被弃置、不用于建造的石头搬回它们之前所在的山上。6 于是,她们高高兴兴地抬起并运走所有这些石头,哪里来的就把它们放回哪里去。在所有这些石头都被挪走后,塔周围一块石头也没有了,这时牧人对我说:"我们绕塔转一圈,看看还有什么缺陷没有。"于是,我就跟他一起绕塔而行。7 牧人看到塔的结构很美,就极为高兴;因为这塔实在建得很好,我见到后都嫉妒它的构造了——整座塔仿佛是由一整块石头建成的,见不到任何连接口。石头看起来好像是从磐石中凿出来的,因为在我看来整个就像一块石头。

第八十七章

十

1 我与他同行,我也很高兴看到如此美丽的景色。牧人对我说:"去,取些灰泥和一片薄瓷片过来,我要把所有取来放进建筑中的石头上的凹痕都填平,因为整座塔都必须是平整的。" 2 我就照他所说的去做,把这些东西拿给他。他说:"你来协助我,这样工作能够早些完成。"于是,他把所有放进建筑中的石头上的凹痕都填平了,并命令把塔周围打扫干净。3 于是童女们取来扫帚打扫,她们清除了塔周围一切的垃圾,并且洒了一些水,于是整座塔看起来使人振奋,也引人注目。4 牧人对我说:"现在,一切都已清洁干净了。如果主人⑩来视察这塔,我们在他

---

⑩ 可指上主,或指主耶稣。

面前将无可指摘了。"说完这些,他就打算离开了。5 然而,我抓住他的胳膊,开始奉主的名恳求他向我解释他展示给我看的这一切。他对我说:"我这会儿有点忙,不过迟些我会把这一切都给你解释的。在这里等我回来。"6 我对他说:"先生,我独自一人在这里能做什么呢?""你不是独自一人在这里,因为这些童女们与你在一起。"他说。"那么请向她们介绍我吧。"我说。牧人把她们叫来,对她们说:"我把这人托付给你们,直到我回来。"然后,他就离开了。7 于是我单独与童女们在一起,她们对我很热情也很亲切,尤其是那四位容貌比其他人更为荣耀的童女。

第八十八章

十一

1 童女们对我说:"牧人今天不回来了。"我说:"那我当做什么呢?"她们说:"一直等他直到晚上,如果他来了,他就会跟你说话;但如果他没来,就跟我们待在一起,直到他回来。"2 我对她们说:"我会一直等他直到晚上,如果他那时还没回,我就回家并且明早再来。"但是她们回答我道:"你被托付给我们;你不能离开我们。"3 我说:"那我住哪里呢?"她们说:"你和我们一起睡,但如同一位兄弟而不是丈夫,因为你是我们的兄弟;从今往后,我们与你一起居住,因为我们很爱你。"但是要与她们住在一起,我感到害臊。4 一位看来是她们首领的童女开始过来轻吻我的脸颊⑪,并拥抱我,其他人看到她拥抱我,也开始过来轻吻我的脸颊,并领我到塔四周与我游玩。5 我仿佛年轻了许多,我便也开始和她们游玩;有些在排练合唱队舞蹈,有些在跳舞,还有些在歌唱。我与她们在塔四周行走,与她们在一起心情愉快,但我始终沉默不语。6 到了晚上,我想回家,但她们不许我走,而是强留我。于是

---

⑪ 原文没有"的脸颊",下同。

我晚上就与她们在一起，睡在塔旁边。7 童女们将她们的细麻布外衣铺在地上，叫我在她们中间躺下，她们除了祷告什么都不做；我也跟她们一样祷告不止，绝不亚于她们。童女们见到我那样祷告，都很欢喜快乐。我就与童女们待在那里，直到第二天早上八点钟。8 然后牧人来了，他对童女们说："你们没有伤害他吧？""你自己问他。"她们说。我对他说："先生，我很喜欢与她们在一起。"他问："你晚上吃了什么？"我说："先生，我整晚上都在吃上主的话语。""她们待你好吗？"他问。"好的，先生。"我说。9 他说："现在，你想先听什么呢？""先生，正如你从头展示给我看的那样，"我说，"我请求你按照我求问的给我解释这一切。"他说："如你所愿，我会向你解释一切，我不会向你隐藏什么。"

第八十九章

十二

1 "首先，"我说，"请解释给我听：这磐石和门是谁？"他说："这磐石和门就是上帝的儿子。"我说："先生，为什么磐石很古老，门却是新的呢？"他说："无知的人哪，用心听，好好明白。2 上帝的儿子比他一切的创造都更为古老，在天父创造万物时他就是他的谋士。这就是为什么磐石很古老的原因。""先生，但为什么门是新近的呢？"我问。3 他说："因为他在这末后终结的日子才显现出来；所以门是新近的，好使那些将得着拯救的人能够透过这门进入上帝的国。4 你注意到了吗？那些经过门的石头才进入塔的构造中，但那些没有经过门的石头就被放回原处呢？""我注意到了，先生。"我说。他说："同样，除非一个人接受上帝儿子的名，没有人能够进入上帝的国。5 正如你要进入某个城市，但那城市四围都被城墙环绕，只有一扇门，那么，不经过这门你能进入城内吗？""先生，这怎么可能呢？"我说。他说："因此，正如你不能不经这门而进入城内一样，一个人若不借着上帝儿子——是他所爱的——的名就不能进入上帝的国。6 你看到那许多建塔的人吗？"他问。"先生，我看到了。"我说。他说："那些都是荣耀的天使。他们如城墙般环绕着上主。但是那门是上帝的儿子；通向上主的入口只有这一处。因此，除非借着他的儿子，没有人能经过其他途径进到他里面。7 你见到那六个男子，以及行在他们中间荣耀、大能的那位吗？就是绕塔行走，并从建筑中弃绝了一些石头的那位。"我说："先生，我见到他了。"8 他说："这位荣耀者就是上帝的儿子，而那六位男子就是护卫他左右的荣耀天使。若没有他的同在，即使这些荣耀的天使也不能进见上帝；人若不接受他的名，就不能进入上帝的国。"

第九十章

十三

1 "这座塔是谁呢？"我问道。"这塔就是教会。"他说。2 "那这些童女㉒是谁呢？"他说："她们是神圣之灵；她们若不先给一个人穿上她们的衣服，这人就不能在上帝的国中。因为如果你只是接受这'名'，却没有得到她们的衣裳，也没有用。因为这些童女就是上帝儿子的权能。如果你承受了这'名'㉓，但没有他的权能，你承受这名也是枉然。3 你见到的那些被弃绝的石头，就是那些承受了这名，但没有披上童女衣裳的人。""先生，她们所拥有的衣裳是怎样的呢？"我问。他说："她们的名字就是她们的衣裳。一切承受了上帝儿子之名的人也应当承受她们的名，因为即使是那儿子自己也承受了这些童女的名。4 你所见到一切进入塔结构的石头——就是经过她们的手并留在建筑内的石头，都披上了这些童女的权能。5 这就是为什么你看到这塔与磐石连成一整块石头的原因。因此，那些借着上主的儿子信靠他，并以这些灵为衣的人都

㉒ "童女"，或译"少女"。
㉓ "承受了这'名'"，或译"背负这'名'"，或"具有这'名'"，或"得称为这'名'下"。下同。

成了一灵、一体,他们的衣裳都变成一种颜色。这些承受了童女名的人,他们的家就在塔内。"6 我说:"现在,先生,请给我解释那些被弃绝的石头——为什么它们被弃绝呢?它们既经过门,且由童女们的手放进塔的建造中。"他说:"既然你对每一样事情都感兴趣,也盘问得很仔细,你现在要听好了——关于被弃绝的石头。7 所有这些都接受了上帝儿子的名,也接受了童女们的权能。因此,既然接受了这些灵,他们就得着坚固,并与上帝的仆人在一起,他们也同蒙一灵、一体、一衣;因他们都同有一个心志,做正当之事。8 但不久之后,他们就被你见到的那些穿黑衣的女子引诱了;她们肩膀赤裸,头发下垂,身材迷人。他们见到这些女子就渴想她们,并且穿上她们的权能,脱去童女的衣裳以及㉔她们的权能。9 于是他们就被扔出上帝的居所,被移交给这些女子。但是那些没有被这些女子的美丽欺骗的人就仍住在上帝的居所内。现在你听到这些被弃绝的石头的解释了。"

第九十一章
十四

1 "先生,"我问,"这些人尽管如此,如果他们悔改,离弃对这些女子的欲望,重回到童女们身边,并行走在她们的权能和作为中,结果将会如何呢?他们不能进入上帝的居所吗?"2 他说:"他们能够进入——只要他们丢弃这些女子的作为,并且再次拿起童女的权能且行在她们的作为中。这就是为什么建造暂停的原因——这样,如果这些人悔改,他们就还能够回到塔的建造中。然而,如果他们不悔改,那么其他人就会进去,这些人将最终被弃绝。"3 我为着这一切感谢上主,因为他对一切呼求他名的人都大有怜悯;当我们犯罪得罪他时,他差派悔改的天使来更新我们的灵;甚至,当我们几乎被毁灭、失去生命的盼望时,他还来

㉔ 有抄本省略"之前的衣裳以及"。

修复我们的生命。4 我说："先生，现在请解释给我听：为什么塔不是建在地面上，而是建在磐石和门上呢？""你仍这般愚昧无知吗？"他说。我说："先生，我不得不向你询问每一件事情，因为我绝对不能够理解这一切；所有这些事情都十分可畏且荣耀非凡，并且是过于人所能理解的。"5 "留心听，"他说，"上帝儿子的名是伟大、难以测度的，并且它托住了整个世界。因此，如果所有的创造都由上帝的儿子托住的话，那你认为那些他所呼召、又承受了上帝儿子名、并且行走在他的命令中的人，将会如何呢？6 你看到他所扶持托住的是些什么人呢？就是那些全心承受他名的人。于是，他自己就成为他们的根基，并且乐意扶持他们，因为他们不以承受他的名为耻。"

第九十二章

十五

1 "先生，"我说，"请告诉我童女们的名字，以及那些穿黑衣女子的名字。"他说："留心听——那些位于四角、比较刚强的童女的名字。2 第一个是'信心'，第二个是'节制'，第三个是'能力'，第四个是'忍耐'。其余站在她们中间的童女们的名字如下：'真诚'、'清白'、'纯洁'、'喜乐'、'诚实'、'谅解'、'和睦'，以及'仁爱'。凡承受这些名以及上帝儿子名的人，必将进入上帝的国。3 现在要听：那些穿黑衣的女子的名字。这其中也有四个比较强大。第一个是'不信'，第二个是'放纵'，第三个是'悖逆'，第四个是'欺骗'。跟随她们的名叫：'愁苦'、'邪恶'、'放荡'、'暴怒'、'虚假'、'愚昧'、'毁谤'，以及'仇恨'。那些承受这些名的上帝的仆人将见到上帝的国，却不能进去。"4 我又问："先生，那些来自深处、被放入建筑中的石头是哪些人呢？"他说："最初那些——就是打根基的那十块石头是第一代；而二十五块㉕

㉕ "二十五块"，有抄本作"十五块"（参81章3节）。

是第二代的义人。那三十五块是上帝的先知和仆人；而那四十块则是宣扬上帝儿子的使徒和教师。"5 我接着问："先生，那么，为什么童女们也扛抬这些石头经过门，并运送它们用来造塔呢？"6 他答道："因为这些是最初承受这些灵的人，他们永远彼此不分离：灵不离开他们，他们也不离开灵，灵常与他们同在，直到他们安息；要不是这些灵与他们同在，他们对于塔的建造就毫无用处。"

第九十三章

十六

1 "先生，请再给我解释其他事情。" "你还想要知道什么？" 他问。我说："先生，为什么有石头从深处运上来；虽然⑯它们已经有了这些灵，为什么还要被放进建筑内呢？" 2 他回答道："他们需要借着水上来，好成为活的；否则，他们不能进入上帝的国——除非他们先脱去他们先前生命的死。3 因此，即使那些已经沉睡了的人，也能得着上帝儿子的印记，并进入上帝的国。因为在一个人承受上帝儿子的名以先，他是死的；然而，当他得着印记时，他就脱去死，得着生命了。4 这印记就是水；因此他们下到水中是死的，上来的时候却是活的。于是，这印记也有人给他们传讲了，他们使用这个，以便可以进入上帝的国。5 我说："先生，他们既然已经得着印记，那为什么四十块石头也和他们一起从深处上来了呢？" 他答道："因为当这些使徒和教师——就是传讲上帝儿子之名的人，在上帝儿子的大能以及对其信靠中沉睡后，他们也向那些已经沉睡了的人传道，并且他们自己给予他们传道的印记。6 因此，使徒和教师与他们一起下到水中，然后再上来。不过这些人是活着下到水中，也活着上来的；但是那些在他们以先沉睡的人下到水中是死的，但上来时却是活的。7 这样，透过使徒和教师，那些人就活了，而且充

---

⑯ "虽然"，或作"因为"。

分认识了上帝儿子的名。这就是为什么使徒和教师也跟那些人一起上来，并与他们彼此契合进入塔的构造中，他们不经打凿就能连在一起，因为他们是在公义以及纯洁无瑕中沉睡的，只是他们还没有得着这印记。现在你也有了对这些事情的解释了。"我说："是的，先生。"

第九十四章
十七

1 我说："先生，现在请给我解释关于那些山：为什么它们的外形彼此不同，而且差异甚大？""留心听，"他说，"这十二座山就是在这个世界上居住的十二个支派。使徒已经向他们传讲了上帝的儿子。"2 我说："但是，先生，请给我解释：为什么这些山是如此不同，外形各不相同。""请听，"他说，"居住在整个世界的这十二个支派是十二个民族，他们的心思和意念都不同。正如你观察到这些山各不相同，同样，这些民族间的意念和心思也差异甚大。我会给你解释每一种的不同方式。"3 我说："先生，请先告诉我，既然这些山是如此不同，那为什么当它们的石头一旦放进建筑中，就都成为明亮并且全都变成一种颜色，正如那些从深处运上来的石头的颜色一样呢？"4 他答道："因为天下居住的所有民族，在听到并信靠后，都蒙了上帝儿子之名的呼召。于是他们得着了印记，就有了相同的心思、相同的意念，一信、一爱也成了他们的，他们也承受了这名以及童女们的灵。这就是为什么塔身呈现出单单一种颜色，如同太阳一般明亮。5 然而，他们一起进入并成为一体后，其中有些却败坏了，就被逐出义人的社群，再次回复到他们之前的样子，甚至更糟糕。"

第九十五章
十八

1 我问："先生，他们既然已经认识了上帝，怎么还会变得更糟糕呢?"他答道:"不认识上帝的人作恶,就得着他作恶的惩罚,但是一个已经认识上帝的人不应该再作恶,而是应该行善。2 因此,如果一个应当行善的人作恶,那他不就比一个不认识上帝的人行了更大的恶吗?所以,那些不认识上帝而作恶的人当定罪受死,但是那些已经认识上帝,且见过他大能作为却仍作恶的人,将受到双重惩罚,必将永死。因此,通过这种方式,上帝的教会就会得着洁净。3 正如你看到有些石头从塔中被挪去,交付给邪恶之灵,并且远远被丢开;这样,那些已经洁净的人就同有一个身体;正如塔在得着洁净后仿佛是由一块石头建成的,同样,上帝的教会在得着洁净,逐出了那些作恶者、伪善者、亵渎者、心怀二意者,以及行各样恶事的人之后,也必将如此。4 当这些人被赶出之后,上帝的教会就会成为一体、一意、一心、一信、一爱;然后,上帝的儿子就在其中欢喜快乐,因为他得着了他纯洁的子民。""先生,所有这一切都如此伟大与荣耀,"我说,5 "先生,请告诉我更多关于每一座山的能力和功用吧,这样,每一位信靠主的灵魂在听到这些后,都能赞美他伟大、奇妙和荣耀之名。"他说:"留心听关于这些山以及十二个民族的不同。"

第九十六章

十九

1 "来自第一座黑色山的,是诸如以下这些信徒:背道者、上主的亵渎者,以及上帝仆人的背叛者。对于这些人,没有悔改,只有死亡,这就是为什么他们是黑色的,因为他们是无法无天的族类。2 来自第二座山,就是光秃秃的山的,是以下这些信徒:假冒伪善者以及邪恶的教师。这些人和第一种人一样,不会结公义的果子。正如他们的山不会结果,这样的人虽有这名,却缺乏信心,所以他们不能结出真理的果子。对于这些人,还有悔改为他们存留——如果他们速速悔改的话;但是如果他们耽延,他们的死亡就必如第一组人一样。"3 我问道:"先生,为什么这些人还能有悔改，但第一组却没有呢？因为他们所行的几乎都一样啊。"他答道："他们能够得着悔改，是因为：他们没有亵渎他们的上主，也没有成为上帝仆人的背叛者。然而，因为渴求自己的益处，他们行事虚伪，并且人人教导要顺应罪人的私欲。他们都会得着惩罚；不过还有悔改为他们存留，因为他们没有成为亵渎者和背叛者。"

第九十七章

二十

1 "第三座山遍布荆棘和蒺藜，来自这座山的是如下这些信徒：有些是富人，有些是纠缠于诸多属世事务的人。蒺藜就是富人，荆棘就是那些纠缠在各种不同的属世事务中的人。2 因此，这些纠缠在各种不同的属世事务中的人，就不与上帝的仆人来往，他们在自己的事务中窒息，就走迷了路。同时，富人虽与上帝的仆人交往，但极为困难，因为他们担心上帝的仆人会向他们索要东西。因此，这些人极为艰难才能进入上帝的国。3 正如赤脚在蒺藜上行走十分困难一样，这些人进入上帝的国也同样困难。4 但是对于所有这些人，悔改还是有可能的，不过却必须赶快，这样，他们现在或许能够忆起他们之前没有做的事情，并且做些善事。因此，如果他们悔改，并且行善，他们就将向上帝而活；但是如果他们坚持已行，他们就必被交给那些女子——她们会把他们置于死地。"

第九十八章

二十一

1 "第四座山有许多的植物，植物顶部呈绿色但根部已枯萎，其中有些已经被太阳晒干了，来自这座山的是以下这些信徒：心怀二意者，以及那些把上主挂在嘴上却不放在心上的人。2 所以他们的根基干枯、无力，他们的言语是活的，但是他们的行为却是死的。这样的人是半死不活。因此，他们就像心怀二意者，因为心怀二意者既非青绿也非枯萎，他们是半死不活。3 正如这些植物见到太阳就干枯了，同样，心怀二意者一听到有迫害，就因为懦弱去敬拜偶像，并且以他们上主的名为耻辱。4 因此，这些人只能半死不活。然而，只要他们速速悔改，这些人还能够存活。但是如果他们不悔改，他们就已被交付给那些夺命的女子。"

第九十九章

二十二

1 "第五座山有青草但崎岖，来自这山的是以下这些信徒：他们有忠信，但是学习迟缓、狂妄自大、自鸣得意；他们虽然想知道一切事情，却一无所知。2 因为他们的狂妄自大，悟性远离了他们，但他被无知的愚昧紧紧缠住。他们虽然愚昧，却称赞自己有智慧，还自告奋勇想成为老师。3 所以，鉴于这种骄傲，许多人虽然尝试抬高自己，却已经被灭亡了，因为狂妄自大和过度自信是强大的鬼魔。因此，这些人许多被弃绝，不过也有一些意识到自己的愚昧后，就悔改并相信了，并且他们服从于那些有真聪明的人。4 对于其余这些人，悔改仍有可能，因为他们并不是真的邪恶，不过是相当愚昧，缺乏悟性而已。所以，如果他们悔改，他们将向上帝而活；但是，如果他们不悔改，他们就会与那些降祸给他们的女子同住。"

第一百章

二十三

1 "第六座山上满了大大小小的沟壑，沟中尽是枯萎的植物，来自这山的以下这些信徒：2 那些小沟壑是彼此有嫌隙的人；因为他们背后说人，所以信心就枯萎了。然而，其中许多已经悔改，其余的人当他们听到我的命令后也将悔改，因为他们背后说人还不算太严重，他们将迅速悔改。3 但大沟壑是那些不断背后说人，且在怒中彼此怀恨的人。因此，这些人被扔离高塔，不用于建造。这些人很难存活。4 如果我们的上帝和上主⑨⑦——就是主治万有、统管受造的那位，尚且不怀恨已经认罪的人，并且满怀怜悯之心；那么，一个凡人——就是满了罪的必朽之人，又怎能怀恨他人，仿佛他能够毁灭或拯救他人呢？5 但是我——悔改的天使告诉你们：任何持有这种想法的人必须将其抛弃，并要悔改，主⑨⑧就必医治你们先前的众罪——只要你们从自身除去这一恶魔。然而，如果你们不这样做，你们就必被交付给他处死。"

第一百零一章

二十四

1 "第七座山上植物青翠、茂盛，整座山欣欣向荣，各种的野兽和天空的飞鸟都在山上进食，然而，它们吃的植物却越发繁茂，来自这山的是以下这些信徒：2 他们向来真诚、纯洁且蒙福，彼此没有嫌隙，总是对上帝的仆人感到欢喜快乐；他们也披戴了这些童女的神圣之灵⑨⑨；此外，他们对人常怀怜悯之心，并用辛勤劳作来供应每个人的需要，没有怨言，毫不犹豫。3 因此，上主见到他们的真诚和全然孩童般的纯真，就使他们手中所做的工兴盛，并且喜悦他们所行的一切。4 而我——悔改的天使，向你们这些人宣告：要如此坚持不懈，你们的后裔就断不至灭绝。因为上主已经试验你们，并将你们列入我们的数目中，你们所有的后裔都将与上帝的儿子同住，因为你们在他的灵上有分。"

第一百零二章

二十五

1 "第八座山上有许多泉水，上主所创造的一切都从这些泉源中欢然

---

⑨⑦ "上主"，或译"主"。
⑨⑧ "主"，或译"上主"。
⑨⑨ "神圣之灵"，或译"圣灵"。

取水,来自这山的是以下这些信徒:2 向全世界传道的使徒和教师。他们敬虔且纯正地教导上主的道,不给邪情私欲留任何地步;向来行在公义和真理中,正与他们所领受的圣灵相称。因此,这些人必与众天使一同进入上帝的国[100]"。

第一百零三章
二十六

1 "第九座山是个旷野,山上遍满了害人的爬行动物和野兽,来自这山的是以下这些信徒:2 有斑点的是侍奉极为恶劣的执事们,他们抢夺孤儿寡妇的生计,从他们所领受的事工中为己谋取利益。因此,如果他们坚持这种恶欲,他们就必死,毫无生存的盼望。然而,如果他们回转,清洁地履行他们的事工,他们还能够存活。3 那些粗暴者是已经否认了上主且不回转的人,他们变得贫瘠,如同旷野;因为他们不再与上帝的仆人交往,而是我行我素,他们就自毁灵魂。4 正如一株遭遗弃、被忽视在篱笆旁的葡萄树,受野草阻碍、生长被毁,最终成为野葡萄,不再对其主人有用;同样,这样的人绝了指望,于上主无用,因为他们成了野葡萄。5 那么,除非这些人已从心中否认主,否则就要悔改,除非他们已从心中否认主[101]。但是,如果有人已从心中否认,我不知道他是否还有可能存活。6 然而,我说这些却不是指着当今日子说的,免得有人以为[102]现在否认的人还能得着悔改,因为从今往后否认他的主的人不可能得救;我指的是那些很久以前否认他的人,悔改似乎仍有可能。不过,如果有人想要悔改,他就要速速悔改,赶在塔建造完工前;否则的话他就会被那些女子剪除,置于死地。7 那些短的是险恶的背后咬人者;这些就是你在山上看到的蛇。正如蛇用毒液毒害和杀死人,同样,

---

[100] 原文无"上帝的国"。
[101] 原文无"主"。
[102] 原文无"有人以为"。

这些人用言语毒害并杀死人。8 因此，由于这些人对彼此的行为，导致了他们信仰上的缺乏，但是其中有些悔改并得救了。其余这些人也能够得救——只要他们悔改；然而，如果他们不悔改，他们就会在那些有能力的女子手下遭遇死亡。"

第一百零四章
二十七

1 "第十座山上有树木为羊群遮荫，来自这山的是以下这些信徒：2 监督[103]，热情好客之人，就是那些向来欢喜、且毫无虚假地接待上帝仆人进入自己家中的人。监督们则向来在侍奉中庇护有需要的人以及寡妇，从不止息，并且一向行为纯正。3 因此，所有这些都必将永蒙上主的庇护。行这些事的人在上帝的眼中是荣美的，只要他们侍奉上主坚持到底，他们就已经与众天使同列。"

第一百零五章
二十八

1 "第十一座山上的树结满了果子，每棵树都挂满各种果子，来自这山的是以下这些信徒：2 那些已经为上帝儿子的名受苦的人，他们全心甘愿受苦，放弃自己的生命。"3 "那么，先生，"我说，"为什么所有的树都结了果子，但有些果子比其他的更加美丽呢？""留心听，"他说，"所有为这名受苦的人在上帝眼中都是荣美的，他们先前所犯的罪都除去了，因为他们为上帝儿子的名受苦。现在要听为什么他们的果子却各不相同，有些比其余的更加好。4 有许多人被带到掌权者面前，遭受责问拷打，但始终没有否认，而是自愿受苦。这些人在上主的眼中尤为荣美，他们的果子超乎寻常。但是也有些人变得胆怯及犹疑，并且在心中

---

[103] "监督"，有抄本做"监督以及"。

思忖：当否认还是承认，但后来还是受了苦，他们的果子就略微逊色，因为他们心中起了这样的念头；这种念头——一个仆人当否认自己的主——是邪恶的。5 因此，你们这些怀揣这样想法的人要小心！免得这想法盘踞你们的心，你们就在上帝面前灭亡了。然而，你们为这名受苦的人应当荣耀上帝，因为上帝认为你们配背负这名，并认为你们的众罪配得着医治。6 所以你们当看自己是蒙福的；诚然，如果你们当中有人为上帝的缘故受苦，你们要视自己做了件大事。上主赐予你们生命，但是你们却没有意识到；因为你们的众罪使你们堕落，倘若你们未曾为上主的名受过苦，你们早已在上帝面前灭亡了。7 这些事情，我是对你们这些心存犹豫——该否认还是承认——的人说的。当承认你心中有主，免得因着否认，你被丢进监牢。8 倘若外邦人中有奴隶因否认自己的主人而遭到惩罚，那么，你认为那掌管万有的上主会怎么做呢？当从你们心中除去这些想法，这样，你们才能永远向上帝活着。"

第一百零六章

二十九

1 "来自第十二座白色山的，是以下这些信徒：他们真正如同婴孩，心中没有任何邪恶，他们甚至不知道邪恶为何物，他们永远都保持孩童的纯真。2 因此，这样的人无疑居住⑩在上帝的国中，因为他们从来没有玷污上帝的命令，而是毕生都怀着相同的心思，持守了纯洁。3 因此，你们所有保持并如同婴孩、没有邪恶的人，必将会比以上所提到的一切人更为荣耀，因为所有的婴孩在上帝眼中都更为荣美，并且永远与他站在一起。因此，你们这些已除去邪恶、披上纯洁的人是有福的；你们在一切人之上活在上帝面前。"

4 他讲完这些山的比喻后，我对他说："先生，现在请给我解释那些

---

⑩ "居住"，有抄本作"将居住"。

从平原中运来的石头，它们被放进建筑中代替那些挪走的石头；还有关于那些放进建筑中的圆形石头，以及那些仍旧是圆形的石头。"

第一百零七章
三　十

1 "留心听关于这些的事情，"他说，"那些从平原运来的石头，并被放进塔构造中代替被弃的石头，来自这座白色山的根基。2 由于所有来自白色[105]山的信徒都很纯洁，塔的主人命令把所有来自这座山根基的石头都放进塔的构造[106]中。因为他知道如果这些石头放进塔的构造中，它们会一直保持明亮，一块也不会变黑。3 但是，如果他放进去的是自其他山的石头，他就必须再次来查看这塔，并且洁净它。然而，所有那些已经相信以及将要相信的人都是白色的，因为它们都是相同的种类。因其纯洁，这类人是有福的。4 现在留心听关于那些圆形、明亮的石头。所有这些也来自这座白山。现在要听为什么它们是圆形的。他们的财富稍稍遮掩了他们，有点点偏离了真理，使他们的光泽暗淡了些，但是他们从来没有离开上帝，他们口中也没有出过恶语，只有全然公义和真正的德行。5 因此，当上主看清他们的思想喜爱真理，保持良善，他就命令削去他们的财富，但不是全然拿走，如此，他们可以利用剩下的财富来行善，他们也将活在上帝面前，因为他们来自良善的族类。所以，他们被削掉了一些，再放进塔的构造内。"

第一百零八章
三十一

1 "但是其余的那些，就是仍旧是圆形、不适宜放进构造内的石头，

---

[105] "白色"，有抄本修改为"这"。
[106] "把所有来自根基……构造"，或作"把这些石头从这山的根基搬来，放进建筑中"。

由于它们还没有得着印记，就被放回原处，因为它们很圆。2 因为这个世界以及他们产业的虚浮必须先被削掉，然而他们才适宜进上帝的国。他们必须进入上帝的国，因为上主祝福这种纯洁的人。所以这种人一个也不会灭亡。诚然，即使他们当中有人哪怕受到最邪恶魔鬼的引诱，以致做了一些错事，他也会很快回转到他的上主那里。3 我——悔改的天使，宣告：你们这些如同婴孩般纯洁的人是有福的，因为你们的角色在上帝的眼中是良善及可敬的。4 我对你们所有这些得着这印记的人说：要持守你们的真诚，心无怨恨，不要坚持你们的罪恶或思念愁苦的过失，却要同心，医治这些邪恶的分裂，将其从你们中间除去，如此，羊群的主人就必喜悦它们。5 因为如果所有的羊都安然无恙，无一分散走丢[107]，他将欢喜快乐。但是，如果发现其中有分散的，那牧人就有祸了。6 不过，如果牧人们自己分散走丢了，他们该如何向羊群的主人交差呢？难道说他们被羊群分散了？[108] 人必不相信他们所说的，因为牧人被羊群所伤是件难以置信的事情；相反，他们必因撒谎得到惩罚。而我自己也是个牧人，毫无疑问也必须为你们交账。"

第一百零九章
三十二

1 "因此，趁着塔仍在建造中，要修直你们的道路。2 上主与爱好和平的人同住，因为和平在他眼中看为宝贵，但是他远离那些好争吵以及被邪恶所毁的人。所以，当将你的灵魂全然归还给他，正如你当初所领受的那样。3 假设你给洗衣工一件崭新、完好的衣裳，期待取回时也同样完好无损，但是洗衣工归还给你时却是破损的，你会接受吗？难道你不会马上勃然大怒，破口大骂吗？说：'这件衣裳我给你的时候是完好

---

[107] 有抄本省略"无一分散走丢"。
[108] "他们该如何……被羊群分散了"，有抄本作"当问到他们的羊群，他们当怎样回答呢？他们难道能说羊群困扰了他们吗？"

的，你为什么把它撕裂了？现在已经没用了。因为你撕裂的口子，这衣服不能再穿了！'难道你不会因为洗衣工在你衣服上撕裂的口子这样说吗？4 因此，如果你因你的衣裳尚且这般大动肝火，由于取回时不再完好而怨气十足的话，那么，当上帝给了你完好的灵，但你归还时却全然无用——对于上主一无是处，你认为上帝会怎么做呢？因为灵被你败坏后，它就变得一无是处了。难道这灵的主人不会由于你的这种行为惩罚你至死吗？"5 "当然，"我说，"他必会惩罚所有仍心怀恶毒的人。"他说："不要践踏他的仁慈，却要敬重他，因为他如此宽容你们的罪，一点不像你们。因此，要悔改，这于你们有益。"

第一百一十章

三十三

1 "以上所写的一切事情，我——牧人，悔改的天使，已经向上帝的仆人宣告和讲明了。如果你们相信并且听从我的话，行在其中，修直你们的道，你们就必能够活着。但是如果你们执恶不改，心怀恶毒，这种人必不能活在上帝面前。所有这些我要讲的话，现在我已经对你们讲了。"2 牧人对我说："你已经问完了吗？"我答道："是的，先生。"他问："为什么你没有问关于放进建筑中的石头上的印痕呢？我们将其填平了。"我说："先生，我忘记了。"3 他说："现在，要留心听。他们是那些现在已经听到我的命令，并且全心悔改的人。当上主见到他们的悔改是完全、纯正的，他们也能够持续不住地悔改，他就命令把他们之前的罪过抹去。因为这些印痕就是他们的罪；所以它们被抹平后，就再也看不见了"。

第一百一十一章

第十个比喻

一

1 我写下这本书之后，把我交给牧人的那位天使来到我所在的房子，坐在长椅上，牧人则站在他的右手边。然后他叫我，对我说：2"我已经把你和你全家交给这位牧人，这样他可以保护你们。"我说："是的，先生。"他说："如果你想要得着保护，免遭一切灾难与残暴，在一切行为、言语上得享亨通，并且拥有各样公义的美德，就要行走在我赐给你的他的命令中，你就能克服一切邪恶。3 因为如果你持守他的命令，每一种恶欲以及对这个世界的喜爱都会受制于你；而在你的每一样善行中，成功将与你相伴。拥抱他的成熟与自制吧！并且告诉所有人：他在上主面前是大有尊荣和大受尊敬的，并且，他在其职位上是位大有能力和权柄的管理者。在全地上，专司悔改的权柄唯独给予了他。他对你来说不是大有能力的吗？然而，你轻看他向你显示的成熟以及节制。"

第一百一十二章

二

1 我对他说："先生，你亲自问问他吧——看看自从他来到我家之后，我有没有做过任何违背他命令以致得罪他的事情。"2 他答道："我知道你没有做任何违命之事，而且你将来也不会做。我对你说这些，是为了使你能够坚持不懈。因为他向我汇报你的表现很好。因此，你必须把这些事情告诉其他人，好使他们——就是已经悔改或将要悔改的人，也能够持有与你相同的态度；这样，他也能在我面前汇报他们良好的表现，我好再向上主汇报。"3 我说："先生，我要亲自向每一个人宣扬上主[109]大能的作为，因为我盼望所有过去犯罪的人都能欣然悔改，在听到这些事情后重获生命。"4 "那么，就继续推动这项事工吧，直至完成。一切遵行他命令的人都将得着生命，并且如此行的人将会与主一起得着极大的尊荣。然而，一切不持守他命令的人都在远离自己的生命，并且敌挡他；[110] 他们不

---

[109] "上主"，或译"主"。
[110] 有抄本在此处增加一句："但是，这样的人，在上帝面前有他们自己的'尊荣'。因此他们敌挡他……"

遵行他的命令，反而将自己交付死亡，每一个人所流的血都要归在他们自己身上。但是我告诉你们要听从这些命令，你们的众罪就必得着医治。"

第一百一十三章

三

1 "此外，我差派这些童女与你同住，因为我看出她们对你十分友好。因此，你得着她们作为帮手，这样，你就能够更好地遵行他的命令，因为没有这些童女的帮助，这些命令是不能够持守的。我也看出她们很喜悦与你在一起；尽管如此，我仍会吩咐她们绝不要离开你家。2 只是你必须保持你家的洁净，因为她们很乐意居住在洁净的房子里，因为她们本身是洁净、贞洁且勤劳的，她们全都得蒙上主的喜悦。因此，如果她们看到你的房子清洁，她们就会与你同住。但是只要有一点点不洁净，她们就会马上离开你的房子，因为这些童女不喜欢任何形式的不洁净。" 3 我对他说："先生，我希望我能使她们高兴，这样她们就会乐意一直居住在我家里。正如你把我交给的那位在我身上没有找到过失，同样，她们在我身上也不会找到过失的。" 4 他对牧人说："我知道这位上帝的仆人想要存活，并且他会遵行这些命令，此外也会纯洁地供养这些童女。" 5 说完这些后，他再次把我交给牧人，并叫来童女们，他对她们说，⑪ "我看出你们乐意住在这个人家里，我将他和他全家交托给你们；绝对不要离开他家。"她们也欢喜听到这话。

第一百一十四章

四

1 之后，他对我说："要勇敢地实行你的事工，向每个人传扬上主大能的作为，你就必在这事工中蒙恩。因此，任何行走在这些命令中的人

---

⑪ "正如你把我……对她们说"，一段根据某一希腊抄本的碎片；拉丁版本的意思有些不同。

都将存活，一生快乐；但是任何忽视这些命令的人都不能存活，一生愁苦。2 告诉每一个能够行义的不要停止；因行善于他们有益。此外，我说人人都当被救脱离困苦，因为一个有需要且在日常生活中遭受困苦的人，是陷在极大的痛苦和难处中。3 因此，任何人若援助这样的人脱离愁苦，就为自己赢得了大喜乐。因为被这种愁苦困扰的人，他们所受的痛苦就如同那些被锁链捆绑的人一样。许多人由于这种痛苦，在无法忍受时，就施行自戕。所以，若有人知道这样的人的困苦，却不援助他，那这人就犯了大罪，那人的血也归在他身上。4 因此，你们这些从上主领受了的人，要行善；免得在你们迟延不去行的时候，塔就建造完工了。因为塔的建造中断是因着你们的缘故。除非你们快快行义，否则塔即将竣工，你们就要被排除在外了。"

他对我说完这些后，就从长椅上站起来，转身离去了，并把牧人和童女也一并带走；不过，他又对我说，他会再次差派牧人和童女回到我家。

致丢格那妥书

导　读

莱特富特（Lightfoot）称《致丢格那妥书》为"早期基督教中最高尚的作品"，伯尔纳（Bernard）则称它为"教父时期的明珠"，其文学及修辞技巧获得一致的赞许，为上乘之作。有别于其他使徒教父的著作，这是唯一一本不是以基督徒为主要读者的作品，而是针对教外人的，是属于护教的著作。在1世纪时，基督教的发展尚属雏形，在整个罗马帝国中不太受关注，然而到了2世纪，基督教迅速发展，渐渐被罗马政府和有识之士所觉察。因为基督教的信仰和实践与当时的希罗文化包括价值观念及文化有不少冲突的地方，教会常被误解、诽谤及冠以一些罪名，如有说基督徒鼓吹乱伦的关系（以兄弟姊妹相称）、吃人肉（圣餐中的饼是主的身体）、献婴儿为祭，又因为基督徒拒绝敬拜其他神明，包括君王，而且也不供奉偶像，亦有被说成是"无神论者"（参《波利卡普殉道记》）。面对这些指控，基督徒的护教士（约130—200年）群起为基督教辩护，本书就是这种性质的著作之一。

全文只有一份希腊文本，在13—14世纪的《阿根托维达斯抄本》(Codex Argentoratensis) 中，与殉道士查士丁的四份著作放在一起。原保存于德国的斯特拉斯堡（Strassburg），这一抄本不幸在1870年法德战争的一次大火中被烧毁。所幸在此之前已有至少五份基于这抄本的文稿被抄录下来，以致这文献的内容得以保存。从这些文稿中可以得悉原来的文本有不少瑕疵，以致有些地方要推测其意思以作补充。

不少学者认为本书是由两份文献组合而成，第1至第10章是一封书信，第11至第12章是一篇讲章或论文。这两份文献原是分开流传的，第一部分第10章的内容是护教性的，对象是非信徒，《阿根托维达斯抄本》中的抄本在第10章之后是漏空了的，且有旁注说："文章在此中断"，遗失的可能是这部分的总结，或可能是将它与第11至第12章合并时被删去，这遗失或被删去的部分可能不太长，然而我们无从得悉有多少，况且这两部分在内容、辞藻和风格上都有分别。第二部分是神学论述，可能原是一篇讲稿，对象是基督徒。

作 者

本书没有说明作者是谁。安德里森（P. Andriessen）建议此书的作者是夸德拉图斯（Quadratus），根据优西比乌的记载（《教会史》1.37.1—3，4.3，5.17.2—4），夸德拉图斯是一位宣教的主教，他去雅典，将一份后来称为《夸德拉图斯的护教》的文献呈给哈德良（125），向他辩解基督教的信仰，然而，优西比乌所引夸德拉图斯的话，并没有在《致丢格那妥书》中出现。安德里森认为优氏所引夸德拉图斯的话，正好安插于本书第7章第6至第7节之间的空隙，这假说虽然有趣，但基于它们之间的风格迥异，这假说的可信性不高。亦有认为本书的作者是罗马的希坡律陀（Hippolytus of Rome），安提阿的提阿非罗（Theophilus of Antioch），亚历山大的潘代努斯（Pantaenus of Alexandria），但都是流于猜测。

从内文我们可以知道作者受过正规希腊教育，写作甚有技巧。对希腊文化和犹太教都颇有认识，鉴于他对犹太教的批评和嘲弄（3—4章），他应不是犹太人。

写作时间及地点

同作者的问题一样，本书的写作时间或地点均无从稽考，学者估计写于公元117—310年间。大部分学者都认为成书于2世纪的中叶至末叶，原因如下：文中同时谴责外邦思想和犹太教，与《巴拿巴书信》相似，谴责犹太教以突显基督教信仰的独特和新颖；有较为简单的基督论，似尚未涉及异端在基督论上的争辩；没有提及圣灵，是2世纪基督教著作的特征；没有以苦修、苦行为基督徒生活的理想；也没有强调教会的礼仪。

首十章是写给一个名叫丢格那妥的人，这人可能是当时地方或罗马政府的官员，但也可能只是虚构的人物，是作者模仿《路加福音》的序言而创作出来的，目的是透过他所提出的问题，引出本书要讨论的课题。因此我们无从知道本书的写作地点及读者是谁。只有作者使用第二人称复数的"你们"，显示这书是给许多人看的，并非私人的信函。

写作目的

作者攻击外邦拜偶像和犹太教强调割礼和洁净食物（kosher food）的愚昧，强调基督徒是上好的公民，对社会秩序不会构成威胁，但他们最终效忠于上帝。作者表明上帝差基督来到世上，是要指出世界的错误，使人归向上帝。有别于其他的基督徒护教士，他并不以外邦的哲学与神话为神圣的道，是基督的先驱，而是指出所有人都活在错误之中，直至那创物主的来世。第11至第12章可能是一份讲章的一部分，讲于复活节或显现节（Epiphany）。

内容概要

本书对比外邦人、犹太人的愚顽与基督徒的独特，基督徒是天上的子民，虽然他们往往被世人排斥，然而他们仍积极生活，基督是呼召他们并且将上帝的启示传予他们的那位，他为世人献上自己的性命，为要叫人得宽恕。本书主要回应不信者所提出的三个问题：(1) 基督徒所相信和敬拜的上帝，使他们轻忽这世界，藐视死亡，拒绝外教的神明和犹太人的迷信，(2) 信徒之间彼此相爱的性质，(3) 为何基督教在此时出现,不是在更早之前。第一个问题在第1至第2章中处理,基督徒绝对不会敬拜那些用破烂的石头或锈坏的金属经人手所做的偶像,这些没有感觉、需要人保护的偶像,是不值得敬拜的。第3至第4章处理基督徒如何看待犹太教,犹太人献祭守节期和安息日,还有各种禁戒的条例,包括饮食上的,然而上帝既创造每件事物,看为美好,为何只守某些日子、吃某些食物?这是愚昧的。第5至第6章是基督徒对世界的看法,他们在任何地方生活,那里就好像是他的家,但他却生活得像客旅,在各种恶劣的环境之下,他们都能适当地自处,他们生活于世上,正如灵魂活在体内而不属于身体(6.1),基督徒生活在世上而不属于世界(6.3),然而基督徒爱世上的人,尽管世人恨恶他们。第7至第10章是有关基督的显现。上帝是天地的创造者,他是永远的忍耐、慈爱、美善,没有忿怒及真实,他叫他的儿子来到世界,显明人的不义。叫人在明白自己无力获得生命之时,靠着救主的大能蒙拯救(9.6)。凡得着上帝知识并爱他的人,都可得着天国的应许,并且成为效法他美善的人。有关彼此相爱,作者只间接地稍作讨论(参如10.6)。第11至第12章以讲道的方式,讲述基督的显现,透过上帝的道的来临,叫人得到恩典,得以明白那启示的奥秘,满有喜乐,有真知识的人,必会追求生命,期待结果,得着上帝在我们生命中所要收割的。

补充参考

P. Andriessen, 'The Authorship of the Epistula ad Diognetum,' *Vigiliae Christianae* 1 (1947): 129–136; L. W. Bernard, 'The Epistle ad Diognetum: Two Units from One Author?' *ZNW* 56 (1965): 130–137; R. M. Grant, *ABD* 2:201; J. A. D. Weima, *DLNT*, 302–304; P. Foster, "The Apology of Quadratus," 52–62; "The Epistle to Diognetus," 147–156.

正　文

第一章

1 丢格那妥大人哪，我得知您对学习基督徒的信仰极感兴趣，也十分清晰、详尽地提出了关于他们的一些问题，例如：他们相信怎么样的上帝？他们怎样崇拜他，以至全都鄙视这个世界，并且轻看死亡；既不承认那些被希腊人当作神明的，也不遵守犹太人的迷信行为？他们彼此之间那种真诚的爱的本质是什么？为什么在今天——而不是从前——有这新的族类或生活方式临到我们生活的世界？2 我很高兴①您对此感兴趣，并且祈求上帝，就是赐予我们能力说话并且倾听的那位，愿他赐我能力向您讲论清楚，以使您可以从倾听当中获得最大的益处；也愿您细心倾听，让我这个讲解的人不至于后悔。

第二章

1 请来清除您思想中的一切偏见，摒弃那欺骗您的风俗，并且成为一个新人，好像是从头开始的，仿佛您即将听到一篇新的信息，正如您自己所承认的。不要单单用眼睛观看，也要用理智察看，你们称为"神明"和视为"神明"的，究竟是什么本质，有什么形体。2 其中一种岂

---

① "我很高兴"，直译作"高兴地欢迎"。

不是我们行走在其上的石头吗？另一种不过是我们用来铸造器皿的青铜；还有的是已经腐烂的木头；又有的是银子，需要巡夜的人看守，免得它被偷走；也有铁的，已经被锈蚀了；亦有陶制的，但丝毫不比那最不堪出口的用具更有吸引力。3 所有这些不都是用易坏的物质做成的吗？它们不就是用火铸铁而成的吗？不就是雕塑家造了其中一个，铜匠造了另一个，银匠造了另一个，窑匠又造了另一个吗？这些工匠的工艺还未把它们塑造成现有形状②之前，难道它们当时，甚至现在，不可能被一一塑造成另一些形状吗？③若是可以请来同一批工匠，难道现在那些用同样物质造成的平凡器具，不可以被造成类似这些形象的对象吗？4 再者，难道你们现在所崇拜的这些对象不能被人制造成器具，像其他器具一样吗？它们不都是又耳聋，又眼瞎，既没有灵魂，也没有感觉，而且不能动弹的吗？它们不是都会腐烂，都会朽坏的吗？5 这些就是你们称为"神明"的；你们侍奉它们，你们崇拜它们，最终你们却变成像它们那样。6 这就是你们憎恨基督徒的原因：因为他们不把这些物件当作"神明"。7 你们自己如今把这些对象视为"神明"和敬拜它们，④但实际上你们不是更加鄙视它们吗？你们对于所敬奉的石制或陶制神像⑤全不设防，对于金和银的神像，却在夜晚把它们锁起来，又在白天设护卫来看守，唯恐被盗；难道你们这样不是更加嘲弄和羞辱它们吗？8 至于你们自认为是献给它们的尊荣：假若它们意识到这些，事实上，你们是在侮辱它们；假若它们对此没有意识，那么，你们用祭牲的血和脂油来敬拜它们的时候，你们是要使它们蒙羞。9 愿你们当中有人遭受这样的待遇，愿有人允许这些事情发生在他自己的身上！为什么？因为没有任何一个人会甘愿屈从这样的惩罚，因为人类是有情感和理智的，但石

---

② "现有形状"，直译作"它们有的形状"，有学者修订为"成为如今的样式"。
③ "难道它们……形状吗"，有抄本作"它们各自都有可能被改变形状，用以代表其他物体"。
④ "你们自己……它们"，有抄本修订作"你们自己认为和设想你们是在赞美它们"。
⑤ "神像"，直译作"神明"。

头确实会屈从，因为它是没有感觉的。因此，你们是反证它有感知能力。⑥10 噢，我还可以讲述许多有关基督徒不受这等"神明"奴役的事实。然而，倘若这些论点看来仍不足以说服任何人，那么，我认为再累述也是徒然。

第三章

1 接下来，我料想你是尤其急切要听听为什么基督徒的敬拜跟犹太人不一样。2 犹太人既然禁戒了以上描述的那种敬拜，那么，他们声称是敬拜全宇宙的独一上帝，并以他为主人，这确实是正确的。但是，他们敬拜上帝的方法与以上描述的人相同，就此情况来看，他们却是全然错谬的。3 因为希腊人向没有知觉、没有听觉的塑像献祭，这已经是他们的愚蠢的例子；犹太人向上帝献上这些东西，似乎是以为他缺乏这些物品，其实他们理应视之为愚妄而不是敬拜。4 因为那位创造天地和其中万物，又供应我们众人需要的，既然亲自把物品供应那些自以为正在给他供献的人，他本身就不可能缺乏当中的任何东西。5 不管怎样，那些自以为正在通过献上血、脂油和全燔祭来献祭，自以为正在使用这些表示敬意的物品来尊敬他的人，在我看来，却与那些向耳聋的塑像表达同样敬意的人没有一点分别：后者是向那些不能接受尊敬的东西献祭，而前者则以为自己是向一无所缺的那一位献祭。

第四章

1 至于犹太人对吃祭肉⑦的疑惧、他们有关安息日的迷信、在割礼上的骄傲，以及在禁食和守月朔方面的伪善，我不相信你需要向我学

---

⑥ "你们是反证它有感知能力"，或译"难道你们不是反证它有感知能力吗"。
⑦ "吃祭肉"，原文为"肉"。

习，这些事是荒谬和不值得讨论的。2 在上帝为供人类使用而创造的物品中，接受某些，视之为美好的创造，却拒绝另一些，视之为无用和多余的，这岂不是不合法的吗？3 毁谤上帝，仿佛是他禁止我们在安息日行善，这岂不是不虔敬吗？4 因肉体的毁损而自豪，视之为拣选的记号，仿佛他们因此而特别受到上帝宠爱，难道不也是荒谬可笑的吗？5 至于他们观察星宿、月亮，以此守月、守日，并且区分上帝命定的时令更替，按照自己的偏好把一些日子定为庆祝节日，另一些日子定为哀恸的节期；有谁会以此为虔敬的例证，而不是更视之为无知⑧的呢？6 因此，我认为您已经接受了充分的教导，知道基督徒是对的，就是他们远离这两派人共有的轻率和诡诈，也远离犹太人的虚饰和自傲。但至于基督徒本身的宗教信仰的奥秘，您不要期望能够从人那里了解得到。

第五章

1 因为基督徒的与众不同并不是由于他们的国家、语言或习俗。2 因为他们不是住在自己的城市里，他们没有说一些异乎寻常的方言，也没有持守乖僻的生活方式。3 基督徒的这种教导不是有好奇心的人通过沉思默想得知的，他们也不像某些人那样提倡人为的教条。4 虽然他们按照各人的命运住在希腊人的城市，也住在野蛮人的城市，随从当地在衣着、饮食和其他方面的生活习惯，但同时，又显示出他们自己天国⑨公民身份的卓越非凡、众所周知的稀有品格。5 他们生活在自己的国家里，但只是作为寄居的人；他们作为公民参与各样事务，却作为外人忍受一切；每一个异国都是他们的故土，而每一片故土却都是异地。6 与其他人一样，他们结婚生子，却不会把自己的后裔遗弃在外。7 他们与

---

⑧ "无知"，直译作"缺乏理解力"。
⑨ 原文无"天国"。

人分享食物，却不会分享妻子。8 他们是"在血气中"，却不"凭着血气"生活。⑩ 9 他们生活在世上，但是他们的公民身份却在天上。10 他们遵守既定的法律，但在私人生活上却超越了这些法律。11 他们爱所有的人，却遭受所有人的逼迫。12 他们默默无闻，却被人定罪；他们被置于死地，却出死入生⑪。13 他们贫穷，却使许多人富足；他们缺乏一切，却是样样充足。14 他们遭受羞辱，却在屈辱当中得着荣耀；他们被毁谤，却被证明是无辜的。15 他们受咒诅，却祝福咒诅他们的人⑫；他们被辱骂，却报之以尊重。16 他们行善的时候，却被当成作恶的人受刑罚；当他们受刑罚，他们却欢欣喜乐，仿佛是出死入生。17 他们被犹太人攻击为外邦人，也遭受希腊人的逼迫；然而，那些憎恨他们的人，却说不出怀恨的理由。

第六章

1 总而言之，基督徒相对于世界，就如灵魂相对于肉身。2 灵魂分散在肉身的各个肢体，基督徒则分散在世上的各个城市。3 灵魂住在肉身里面，却不从属于肉身；同样地，基督徒居住在世界上，却不属于这个世界。4 看不见的灵魂被限制在看得见的肉身当中；同样地，人都认定基督徒是活在世界当中，然而，他们的宗教信仰却是看不见的。5 即使灵魂没有亏待肉体，肉体还是憎恶灵魂，与灵魂争战，因为灵魂阻碍它沉溺于享乐之中；世界也是如此，即使基督徒没有得罪它，它还是憎恨他们，因为他们与世俗的享乐势不两立。6 灵魂爱着憎恶它的肉体和其上的肢体；基督徒也爱着那些憎恨他们的人。7 虽然灵魂被关闭在肉身当中，但它却使肉身合成一体；虽然基督徒被拘留在这世界上，好像被关在监狱一样，但事实上他们却使整个世界团结一致。8 不死的灵魂活

---

⑩ 参《哥林多后书》10:3。
⑪ "出死入生"，或译"得以活过来"，下同。
⑫ 原文无"咒诅他们的人"。

在必死的居所里；同样地，基督徒像客旅一样生活在必定灭亡的事物当中，却等候着天上那些永不灭亡的事物。9 灵魂在饮食的事情上受到贫乏的待遇，反而会变得更为佳美；同样如此，基督徒若每日都遭受刑罚，他们反而会愈发加增。10 那就是上帝命定给他们的重要地位，他们是不应当谢绝这样的地位的。

第七章

1 因为，正如我说过的，所委托给他们的，并不是地上的发现，也不是他们自认为值得那么小心翼翼地捍卫的某种凡俗观念，他们也不是被授权管理一些仅仅属于人类的奥秘。2 相反地，宇宙万物的全能创造主，那肉眼不能看见的上帝自己，在人类当中确立了真理、圣洁、无法参透的属天之道，并把这真道坚定地安置在基督徒的心中。上帝并非如人所想象的那样，差派某个从属，或天使，或首领，或治理世事之人中的一位，或那些被授权管治天上事物者的一位到人类当中。上帝差派的却是宇宙的设计者和创造者本身。借着他，上帝创造了诸天，把海洋包围在应有的界限之内；天上万象都忠实地遵循他的奥秘，太阳从他那里领受测量好的轨道，每日循规运转；月亮遵从他的命令，每夜放光；星宿也顺服他，遵循月亮的轨道。借着他，万物都坚定、有序、顺服，包括诸天和天上万物、大地和地上的一切、海洋和海中的一切，还有火、空气、深渊，以及所有高处的、深处的和介乎两者之间的；上帝差遣到人类当中的就是这一位。3 然而，他会否正如人所料想的，差派他以暴政、恐惧和惊骇来统治呢？4 当然不可能！恰好相反，上帝差派他柔和、谦卑地到来，正如君王差派他作为君王的儿子；上帝差派他作为上帝降世⑬；上帝差派他作为人来到人类当中。上帝差派他，是要拯救，要劝说，而不是强迫人，因为强迫不是上帝的属性。5 上帝差派他，是

---

⑬ 原文无"降世"。

要来呼召，而不是来追逼；上帝差派他，是来爱人，而不是来审判。6 因为上帝将来要差派他来做审判者，但有谁能够忍受他的驾临呢？……⑭7 您岂没有看见⑮他们怎样把基督徒扔到野兽当中，要他们否认上主，但他们却没有屈服？8 您岂没有看见，他们当中越多人受刑罚，其他基督徒就越发加增？9 这些事情看来不像是人的工作；这一切都是上帝的权能，是上帝临格⑯的实证。

第八章

1 在上帝来到以前，有谁认识上帝到底是怎样的呢？2 你们会否接受那些自命不凡⑰的哲学家空洞荒谬的说法呢？他们有些人说上帝是火（正是他们奔往的那烈焰，他们竟然称之为上帝！）；有些人说上帝是水；还有些人把上帝创造的其中一个天然元素当成上帝。3 然而，假若这些说法值得接受，那么，我们不妨也宣称其他一切的被造物为上帝。4 绝对不能这样！这些事物仅仅是术士给人的假象和诡计。5 从来没有人见过上帝或认出过他，但是他却向人启示了自己。6 他通过信心启示了自己，而那是我们可以见到上帝的唯一途径。7 因为创造了万物、使万物井然有序的上帝——全宇宙的主人和创造者，他不仅心地柔和，而且也极其忍耐。8 的确如此，他从亘古到现在，一直到将来，总是恩慈、良善、不怀怒，并且是真实的，唯独他是美善的。9 他构想出一个伟大而奇妙的计划以后，就只是告诉了他的孩子。10 他给自己智慧的设计予以保密和看守的时候，似乎是忽略了我们、不关心我们；11 然而，他通过自己的爱子启示这计划，并显明从起初就预定好的事情时，他也同时把

---

⑭ 正文这里很明显是中断了。根据抄写员补加的一段旁注，这中断在他抄写的文件里已经存在。下面括号里的几个字是由亨利·艾斯蒂恩（司提反纳斯）[Henri Estienne (Stephanus)] 增补的，他是抄本 MS 的第一任编辑。
⑮ 抄本没有"您岂没有看见"。
⑯ "临格"，或译"同在"。
⑰ "自命不凡"，或译"装腔作势"。

一切都赐给我们,让我们既可以分享他的恩惠,也可以看见和领会一些事物,那是我们意想不到的。

第九章

1 因此,上帝既与他的孩子一起,在心里计划好一切,便准许我们在从前的日子被自己所渴求的、无节制的冲动掳掠去,被各样享乐和私欲引入歧途。这并不是因为他喜欢我们犯罪,而是因为他宽容忍耐;不是因为他认可从前不公义的世代,而是因为他一直在创造现今这个公义的世代。这样,我们这些从前因着自己的行为被判决为不配得生命的人,如今却因着上帝的美善而成为配得的;并且,我们既清楚表明没有能力靠着自己进入上帝的国度,就得以靠着上帝的大能进入他的天国。2 然而,当我们的不义实现了,不义的工价——即刑罚与死亡——已经显然在意料之内,那时,上帝已定意最终要启示他美善与权能的时期便来到。(哦,上帝的恩慈和仁爱是何等的超越!)他并没有恨我们或拒绝我们,也没有向我们心怀怨恨;相反,他忍耐宽容,并且在怜悯中亲身担当了我们的罪恶;他亲自舍弃自己的儿子做我们的赎价,以圣洁的那位代替不法的人,以无罪的代替有罪的,"义的代替不义的"⑱,不能腐败的代替能腐败的,不死的代替必死的。3 因为,除了上帝的公义之外,还有什么能遮盖我们的罪呢? 4 除了单单靠着上帝的儿子之外,我们这些不法、不虔敬的人,还可以靠着谁来称义呢? 5 哦,何等甘美的替换!哦,这是上帝无法参透的作为!哦,这是出人意外的恩福!众人的罪竟能隐藏在一个公义的人里面,而一人的公义竟使众多罪人得称为义! 6 因此,他从前既显明了我们的本性是无力获取生命的,如今又显示出救主的大能,连软弱无力的人都能拯救,为着这两个原因,他愿意

---

⑱ 参《彼得前书》3:18。

我们相信他的美善，并且视他为乳母[19]、父亲、教师、策士、医治者、头脑、光、尊荣、荣耀、力量和生命，不要为食物和衣服忧虑。[20]

第十章

1 倘若您也渴望拥有这样的信仰，那么，首先您必须具有[21]关于圣父的全备知识。2 因为上帝爱世人，他为人类创造了世界，使地上的一切归服于人类；他赐给他们理智，赐给他们心灵；他唯独允许人类仰望穹苍[22]；他照着自己的形象创造了他们；他把自己那独特的儿子差遣到他们中间，应许他们要得着天国；这天国他要赐给那些爱他的人。3 您若是得到这样的知识，您认为自己将被何等的喜乐充满，您又会怎样爱那位首先如此爱您的上帝呢？4 您爱上帝，就能效法他的良善。不要惊奇一个人能够效法上帝；只要上帝愿意，他就能做到。5 因为幸福不在乎操权管束邻舍，不在乎渴望比弱者拥有更多，也不在乎拥有财富或对下级的人使用武力。没有人能够在这些事情上效法上帝；相反地，这些事情与上帝的尊贵伟大完全相异。6 然而，若有人亲自担当邻居的重担，若有人自己境况较佳，而愿意帮助另一个境况较差的人[23]，若有人把自己从上帝领受的东西供给有缺乏的人，他就成了那些接受帮助的人的神，这人就是效法上帝的人了。7 这样您就会知晓，虽然您注定在地上，但上帝却居住[24]在天上；您将会开始宣告上帝的奥秘，您会爱慕和钦佩那些因为不肯否认上帝而遭受惩罚的人；您会谴责世人的欺诈和错

---

[19] "乳母"，直译作"护士"。

[20] 有学者编辑的版本正文里没有"不要为食物和衣服忧虑"这一短语，认为那是后来依据《马太福音》6:25、28、31 插入的。

[21] "那么，首先您必须具有"，这是哈默和其他人的版本，采纳格巴尔（Gebhardt）的推测（希腊语为 καταλαβῃ）。如果采纳抄本 MS 的异文（希腊语为 καί λαβῃς，"您若首先获取"），那么正文此处明显有另一个间断。

[22] "穹苍"，有抄本作"他"。

[23] "愿意帮助另一个境况较差的人"，直译作"使境况较差的人得益处"。

[24] "居住"，或作"统治"。

谬，因为您明白天上真正的生命是什么，您轻看现世表面的死亡，惧怕真正的死亡；真正的死亡会留给被定罪要遭受烈火永刑的人，而被扔到烈火里的人将要受罚至死㉕。8 然后，您会敬佩那些为公义的缘故忍受那暂时的火刑的人，您会认为他们是蒙福的，因为您领悟到另一种火……㉖

第十一章

1 我现在讲论的，不是一些古怪的事情，也不是要作出不合理的推测。我一直是众使徒的门徒，如今也要成为外邦人的教师。对于那些将要成为真理的门徒的人，我设法以得体的方式来教授那已经传递给我们的教训。2 确实，那些已经正确地领受了教导，而且爱慕这道的人，有谁会不寻求学习这道已经公开告诉众门徒的事情呢？真道向门徒显现，并且向他们揭示了这些事情，与此同时，他明明白白地与他们说话；尽管非信徒不明白这些事情，但他向那些认识圣父奥秘的门徒解释了——他视这些门徒为信实的。3 这就是天父差派这道，即让他向世人显现的原因。尽管这道受到选民的羞辱，众使徒却把他传扬出去，外邦人也相信了他。4 这是从起初就存在的那位；他是新近显现的，却证实是亘古就有的；他藏在众圣徒心中的时候，是永远年轻的。5 这是永恒不变的那位，当今人们称他为子，就是通过这位子，教会得到丰盛的生命，恩典也在圣徒当中展现和增加——这恩典赐人悟性，揭示奥秘，报明时令，为信徒欢欣喜乐，被赐予那些寻求的人——就是那些不会违背信仰的誓约，也不会侵越先祖划定的疆界的人。6 律法的威严在颂歌里得到赞美，众先知的恩惠得到承认；福音书的信仰得到确立，众使徒的传统

㉕ "至死"，或译"到最后"。
㉖ 按照抄本 MS 的旁注所标明的，正文在这里中断了。然而，缺失的部分可能不是很长，因为作者在书信开头前几行所提出的问题，基本上都已经回答了。

得以存留，教会也喜乐㉗欢腾。7 您若不辜负这恩典㉘，您将明白这道在他愿意的任何时候，通过他拣选的任何人，要传讲的是什么。8 按照那发命令之道的旨意，也是出于对那已经向我们显明之事物的热爱，我们受激励，要费煞苦心地与你们分享要说出来的话。

第十二章

1 读出这些真理并专注地听取㉙之后，您将会晓得，对于那些照他们当做的去爱上帝，那些成了欢欣的乐园、在自己里面栽种结满各种果实的繁茂果树，那些装饰着种类繁多的果子㉚的人，上帝赐给他们的是什么。2 在这园子里栽种了一棵分别善恶树㉛和一棵生命树。然而，分别善恶树不会杀人；相反，悖逆才是致死的。3 圣经记载上帝起初在乐园里栽种了分别善恶树和生命树，这并不是无关紧要的，是借此揭示了生命是通过知识而来的。因为我们的始祖没有纯粹地使用它，致使他们因着那古蛇的欺骗而成了赤身的。㉜ 4 因为，没有知识就没有生命，没有真正的生命也没有健全的知识；所以，这两棵树比邻栽种，各自挺立。5 使徒看出这其中的重要性，便谴责那远离诫命中的真理而运用的知识，那诫命的真理是通向生命的，他说："知识使人自高自大，惟有爱心能造就人。"㉝ 6 若有人认为自己知道什么，却得不到那获得生命证实的真知识，他就是一无所知的；他被那古蛇欺骗了，因为他不爱生命。然而，若有人已经虔敬地获取知识，并且寻求生命，他就是在盼望中栽种，正预期要结出果实来。7 但愿您的内心化为知识，您的生命成为真

㉗ "喜乐"，有抄本作"恩典"（希腊语为 χάρις）。
㉘ "不辜负这恩典"，直译作"不使这恩典悲伤"。
㉙ 古时人们明显有朗读的习惯，就算是独处的时候也这样做；参《使徒行传》8：30,《马加比二书》15 章 39 节："故事的叙述风格让朗读这部作品的人听来悦耳。"
㉚ "在自己……果子"，有版本作"一棵结满各样果子的繁茂果树，自发成长，装点佳美"。
㉛ "分别善恶树"，或译"知识树"；下同。
㉜ "成了赤身的"，或译"被剥夺了"。
㉝ 《哥林多前书》8：1。

实的教导㉞，是融会贯通的㉟。8 倘若这是您栽培的树，并从其上摘取果子，那么您将会一直收获上帝喜爱的事物，那古蛇不能触碰、欺诈不能感染的事物。夏娃也不会堕落，相反，她会是一个可信任的童女。㊱ 9 此外，救恩会显明，使徒也获得教导；㊲ 主的逾越节延续下去，各会众聚集在一起；万事万物都井然有序；㊳ 而且道在教导众圣徒的同时，他自己也欢喜快乐——圣父就是借着这道得着荣耀。愿荣耀永永远远归于他！阿们！

㉞ "教导"，或译"道理"、"道"。
㉟ "融会贯通的"，直译作"完全通晓的"。
㊱ "会是一个可信任的童女"，直译作"童女会获得信任"，或译"她作为童女而受到信任"（参照莱特富特和其他的版本）。
㊲ "获得教导"，或译"被赐予悟性"，也可译为"被理解"。
㊳ "各会众……井然有序"：文本和意义都不明确。有抄本作"蜡烛（希腊语为 κέροι）被聚集在一起，而且按次序排列（希腊语为 μετα κόσμου）"。问题在于第二个动词"排列"是单数的，因而与复数主语"蜡烛"不相符。某些译者和编辑只是简单地把单数动词的词尾（-εται）改为复数形式（-ονται）。另一些人对动词做了同样的改动，同时也把主语改成"季节"（希腊语为 καίροι）。贾兹毕（Goodspeed）和雷克（Lake）都做了上述的更改，但是给句子最后一个短语做出了不同的解读：他们没有译为"按次序排列"（arranged in order），而是把 μετα κόσμου 译为"与世界和谐一致"（harmonized with the world）。莱特富特以上的翻译采用了本生（Bunsen）的两个建议：（1）他把 κέροι 改为 κλέροι，莱特富特把这个词译为"会众"；（2）他没有把第二个动词改为复数形式，却给出了另外一个主语（希腊语为 πάντα，意思是"万事万物"），这样，在语法上便与抄本 MS 上的动词相配。

帕皮亚残篇和众长老传统

导　读

　　帕皮亚是2世纪上半叶小亚细亚弗吕家省希拉波立城（Hierapolis）的主教，和波利卡普一样，传统认为他是使徒约翰的门徒，① 我们现在没有这位主教著作的任何抄本，只能从后来教父著作的索引中，收集到其著作的片段。对于这位教父时期显赫的领袖，我们所知不多，甚至连他出生或死去的年份也不清楚，他可能是与波利卡普同时期的人，② 即公元70年至160年之间。

　　优西比乌起初似乎接受帕皮亚是使徒的门生及见证人，但后来却质疑这一说法（《教会史》3.39.2）。优西比乌对帕皮亚与使徒约翰之间师徒关系的质疑，是因为在帕皮亚著作的前言中，帕皮亚提到有两位约翰，一位是使徒约翰，另一位是长老约翰，帕皮亚似乎是与长老约翰以及一位名叫亚里斯提昂（Aristion）的人有关。③ 但不能确定优西比乌是否因为帕皮亚只是长老约翰的门生，其权威有限，因而语带贬抑，还是因为优西比乌不赞成帕皮亚的千年国度的说法（chiliasm），甚而认为持这信念的帕皮亚，是一位智力低下的人。④ 按此解释，优西比乌认为《启示录》是长老约翰所写，帕皮亚和这位长老属于同一阵营。这长老约

---

① 爱任纽，《驳异端》5.33.4。
② 爱任纽，《驳异端》5.33.4。
③ 《教会史》3.39.3—7。
④ 《教会史》3.39.13。

翰是主的门徒之一，但他不可能与使徒约翰是同一人，极可能这位称为长老的约翰和亚里斯提昂，同是耶稣的门徒，称这约翰为长老，是要将他与十二门徒之一的约翰分别开来。

根据优西比乌（《教会史》3.39.15）的叙述，帕皮亚从"长老"处得悉马可是彼得的诠释者（ἑρμηνευτής），马可并非耶稣的亲眼见证人，他写《马可福音》时，没有按照耶稣言行的真实次序，只是将记忆中彼得所教导的耶稣的言行事迹写下来；另外马太收集了耶稣希伯来语（亚兰语？）的教训，并尽其所能将之解释（ἑρμήνευσεν）出来，⑤这可能是指将它翻译成希腊文。此外还有另一本福音书，叫《希伯来人福音书》。⑥并没有确切的证据表明帕皮亚知道《路加福音》和《约翰福音》的存在。优西比乌曾说帕皮亚使用了《约翰一书》和彼得书信的见证，然而就我们已有的资料，他的著作并没有受到约翰和彼得的书信影响，但帕皮亚对犹太基督教的兴趣，可见于他对彼得的传统的兴趣，包括《马可福音》和《彼得前书》，以及《马太福音》来自希伯来语（亚兰语？）的语录。哲罗姆就曾指出"千禧年"的看法是出于犹太传统的。

根据爱任纽（《驳异端》5.33.4）的叙述，帕皮亚曾著有一部名为《主的语录释义》的书，⑦共五册。所谓"语录"泛指耶稣的言行，所谓"释义"（exegesis）可能是指将这些言词收集及排列起来。对比已写下来的著作，大概指福音书，帕皮亚指那些"活的长存的声音"（living and abiding voice），即使徒或他们的门徒口传的传统，他认为口传的教导，比写下来的著作更胜一筹。⑧

帕皮亚对口述传统的注重，可见于以下的例子，他曾引用一份没有耶稣言论的口述资料，就是在死人复活后，基督国度在地上建立一千

---

⑤ 《教会史》3.39.16；参 2.15。
⑥ 《教会史》3.39.17。
⑦ "*Exposition of the Lord's Logia*"，见优西比乌，《教会史》3.39.1。
⑧ 《教会史》3.39.3—4。

年，⑨在那些日子，难以想象在地上有那么多葡萄和麦子的收成，⑩他假设这传统是出自耶稣，从约翰和长老们而来。帕皮亚似乎对末世盼望、千禧年的问题甚感兴趣。他对千禧年的观点，后来为爱任纽和阿波利拿里（Apollinaris of Laodicaeo，4世纪）所支持。

帕皮亚亦保留了一些使徒行神迹的故事，如希拉波立城居住的腓力的女儿们所行的神迹，⑪以及巴撒巴犹士都和马提亚⑫所行的神迹，⑬还有记载于《希伯来人福音书》的有关一名犯了许多罪的妇人来到主面前的事迹。⑭根据老底嘉的阿波利拿里的记载，帕皮亚在《主的语录释义》的第四册中，记载了出卖耶稣的犹大悲惨的下场。亚历山大抄本（9世纪）声称《约翰福音》是使徒约翰的门徒帕皮亚将约翰所说的原原本本地默写下来的，然而这传统的可靠性均被质疑。

补充参考

W. R. Schoedel, *Polycarp*, *Martyrdom of Polycarp*, *Fragments of Papias*. Vol. 5 of *The Apostolic Fathers*, ed. R. M. Grant (1967); 同上作者 *ABD* 5:140 – 142.

---

⑨ 《教会史》3.39.11—12；参《启示录》21:1—6。
⑩ 爱任纽，《驳异端》5.33.3—4。
⑪ 参《使徒行传》21:8。
⑫ 《使徒行传》1:23。
⑬ 《教会史》3.39.8—10。
⑭ 《教会史》3.39.17；参约7.53—8.11。

帕皮亚残篇

第一篇

爱任纽和其他人都记载说,使徒兼上帝的使者⑮约翰活到图拉真的年代。在约翰之后,听过约翰讲道的希拉波立的帕皮亚和士每拿主教波利卡普,后来都广为人所认识。

——选自凯撒利亚的优西比乌(263—339)《编年史》⑯

第二篇

这时,众使徒的门徒波利卡普在小⑰亚细亚最负盛名,他被主的见证人和传道者委任为士每拿教会的主教。这时,帕皮亚本身已是希拉波立教区的主教,且广为人所认识。

——选自凯撒利亚的优西比乌《教会史》3.36.1—2⑱

第三篇

1 现存有帕皮亚所写的五本书,书名是《主谕评注》⑲。爱任纽也曾提过这些是帕皮亚仅有的著作,他大概这样说:

---

⑮ 原文为 θεολόγαν,或译"上帝的传令者"。
⑯ Eusebius (ca 260–340), *Chronicle*。
⑰ 原文无"小"。
⑱ Eusebius, *Church History* 3.36.1–12。
⑲ 原文为 Λογίων κυρακῶν ἐξήγησις。

"帕皮亚是早期的人,是约翰的听众,也曾做波利卡普的伙伴;他在所写的第四本书中见证了这些事。他的著作共有五本。"[20]

2 爱任纽如此说。但其实,帕皮亚本人在他这些论述的前言中,从未指出他是众神圣使徒的听众或亲眼见证人;然而,就他所使用的字眼来看,他确实从认识他们的人那里领受了有关信仰的事情。他说:

3 "然而,无论何时,只要是我从众长老那里小心学到、又清楚记得的,我都会毫不犹豫、有条理地给予解释,并给你们写下来,以确保真实。因为我跟大多数人不同,我不喜欢滔滔不绝的人,只喜欢教授真理的人。我也不喜欢那些牢记别人的诫命的人,只喜欢那些牢记有关信仰的诫命的人;这些诫命既是从主而来的,也是源于真理本身。4 那么,倘若有跟随过众长老的人刚好到来,我会就众长老的话询问他,问安得烈或彼得说了什么,或腓力、多马、雅各、约翰、马太,或主的其他门徒说了什么,以及阿里斯蒂安(Aristion)和长老约翰等主的门徒现在又说[21]了什么。因为,我一向不认为书本所能给我的知识,可媲美我从活生生的、持久的声音中所能得到的裨益。"

5 值得留意的是,他在上文两度提及约翰这个名字。第一次与彼得、雅各、马太,以及其他使徒一起出现的,显然是指传道者约翰[22];但紧接着,他又提到另一位约翰,把这位约翰与使徒以外的人相提并论,并把阿里斯蒂安排列在他前面,6 更明确地称他为"长老"。他这话证实了某些人的说法的真实性,指小[23]亚细亚当时有两个叫约翰的人,又说以弗所有两个墓穴,直到今天仍被称为约翰的墓穴。我们必须留意这一点,因为那以约翰名义流传的《启示录》,即目睹书中异象的人,极可能是第二位约翰,除非有人确实认为是第一位。7 我们一直在谈的这

---

[20] 参爱任纽,《驳异端》5.33.4。
[21] "说……现在又说",原文为 εἶπεν...λέγουσιν。
[22] 原文为 εὐαγγελιστής。
[23] 原文无"小"。

位帕皮亚,承认他是从跟随过众使徒的人那里领受使徒的话,却自称听过阿里斯蒂安和长老约翰讲道。至少,他在书中确认他们的传统时,多次提及他们的名字。但愿读者会关注㉔我们这些声明。

8 除了上述的言论之外,我们再加上一些帕皮亚说过的话,也是值得的,他在当中还记载了一些别的神迹奇事,这些记载可以说是来自他对传统的耳濡目染。9 我们在前面已提到使徒腓力和他的众女儿住在希拉波立。㉕现在我们要指出的是,与他们同时代的帕皮亚记得他从腓力的女儿那里听到过一个神奇的故事。帕皮亚说当时有一个人从死里复活,又说另一件神奇的事迹涉及一个别名叫巴撒巴的犹士都:他喝了毒药,但靠着主的恩典,却毫发无损。10《使徒行传》记载说,在救主升天后,众神圣的使徒提出这个犹士都和马提亚两人来,并借着祷告,用摇签的方式选出一人来填补卖主的犹大的位置。经文记载如下:"于是他们推举两个人,就是那叫巴撒巴,又称为犹士都的约瑟和马提亚。众人祷告说……"㉖11 同一位作者也记载了许多其他口耳相传的故事,其中包括一些主说过的奇特比喻和教训,以及其他一些更富神秘色彩的记述。12 其中一件事论到在死人复活后,一段为期一千年的日子就会来到,基督的国度将以有形体的形式在地上建立起来。我猜想,他有这些观念,是因为他没有认识到众使徒使用的是象征性的神秘语言,从而误解了他们的相关描述。13 他的领悟力显然十分有限,我们从他自己的话语中可以清楚地看出这一点。但是,由于他的缘故,其后许多教会的作者都持相同的意见,因为他是一个早期的人——例如像爱任纽和其他说出类似观点的人。

14 帕皮亚也以上述那位阿里斯蒂安为根据,在著作中提供了其他有关主的教导的记载,以及长老约翰流传下来的传统。这都是我们要向好学之人推荐的。现在,我们必须在上面引述的帕皮亚的声明以外,补充

㉔ "关注",直译作"不会浪费"。
㉕ 参《教会史》3.31.3。
㉖ 《使徒行传》1:23。

一些关乎福音书作者马可的传统。该传统的说法如下:

15 长老过去常常说:"马可是彼得的传译员 ㉗,于是把他对基督 ㉘ 言行的记忆通通写下来,虽然并没有按着次序,但它却是准确的。他从未听过主讲道,也未跟从过主,但正如我所说,他其后跟从了彼得。彼得一向按照需要来教导,却无意把主的言论 ㉙ 整理成结构连贯的记录。于是,马可把自己记得的一切写下来,无一错误。因为他谨守一个原则:他听到什么,都会毫无遗漏地记下来,但他却不会记载任何不真确的事。"

16 关于马可,帕皮亚说了这些话。关于马太,帕皮亚则说:
"马太以希伯来语把圣言 ㉚ 写下来;大家都各尽所能加以解释。"

17 这位作者也用了《约翰一书》和彼得书信中类似的材料作为佐证。他又说了一个有关一名妇人的故事,该妇人在主面前被指控犯了许多的罪,这故事可见于《希伯来人的福音》㉛。我们认为,除了已经述说的事以外,这些事我们也必须细察。

——选自凯撒利亚的优西比乌《教会史》3.39.1—17 ㉜

第四篇

1 于是各人都回家去了;耶稣却往橄榄山去,2 清早又回到殿里。众百姓都到他那里,他就坐下,教训他们。3 文士和法利赛人带来一个犯罪时被抓的妇人,叫她站在中间,4 就对耶稣说:"夫子,这妇人是正在行淫时当场被捉拿。5 摩西在律法上吩咐把这样的妇人用石头打死。现在,你说该把她怎么样呢?"6 祭司们说这话,乃试探耶稣,要得着告他的把柄。(而祭司亦想试探他,要得着告他的把柄)耶稣却弯着腰,用

㉗ "传译员",或作"解译者";原文是 ἑρμηνευτής。
㉘ "基督",有抄本作"主"。
㉙ 原文为 τῶν κυριακῶν λογίων。
㉚ 原文为 τὰ λόγια。
㉛ 原文为 τὸ καθ᾽ Ἑβραίους εὐαγγέλιον。
㉜ Eusebius, *Church History* 3.39。

指头在地上画字。7 他们还是不住地问他，耶稣就直起腰来，对他们说："你们中间谁是没有罪的，谁就可以先拿石头打她。"8 于是又弯着腰，用指头在地上画字。9 他们听见这话，~~犹太人就~~从老到少，一个一个地离开走了，只剩下耶稣一人，还有那妇人仍然站在他面前㉝。10 耶稣就对妇人说："他们在哪里呢？没有人定你的罪吗？"11 <u>妇人对他</u>说："主啊，没有。"耶稣说："我也不定你的罪。<u>离开吧</u>，从此不要再犯罪了！"

译注：

留意和合本和大多数现代译本的文本是编译自多份抄本而成的，其中亦包括翻页书 D^{ea} 抄本。

底线和删除线均标示翻页书 D^{ea} 抄本与和合本不同的语句：底线标示见于翻页书 D^{ea} 抄本但未有见于和合本的语句，而删除线则标示未有见于翻页书 D^{ea} 抄本但只见于和合本的语句。

楷体标示帕皮亚所熟悉的部分。

批点的字句标示《希伯来人福音》的版本。（参优西比乌《教会史》3. 39. 17）

——选自翻页书 Dea 抄本（或称伯撒抄本），
妇人在行淫时被捉拿的故事（约 7. 53[8. 1]—8. 11） ㉞

㉝ "面前"，直译作"中间"。
㉞ 有关这个"耶稣与行淫时被捉拿的妇人"的故事，除了见于这里的翻页书 D^{ea} 抄本外，还有两个可能源自 1 世纪或 2 世纪的版本；一般学者认为，见于翻页书 D^{ea} 抄本的版本是合并了早期两个较短的版本，但帕皮亚并不熟悉这个版本（只有以楷体标示的部分才是帕皮亚所熟悉的部分）。第一个版本可能见于《希伯来人福音》（以批点显示；参优西比乌《教会史》3. 39. 17），而 4 世纪末亚历山大的圣经学者盲者狄迪莫斯是提供这个版本的主要来源："我们在某些福音书发现这样的记载：有个妇人因她所犯的罪而被犹太人定了罪，被带到惯常用石头打死罪犯的地方。据说，当主见于她，晓得他们准备用石头打她时，就对那些正要向她掷石头的人说：'谁没有罪，就拿石头打她吧。若有任何人自觉没有犯过罪，就可以拿起一块石头来打她。'结果没有人敢动手，因他们自知犯了一些罪，就不敢打她。"请留意最明显的地方：(1) 妇人已被定罪；(2) 耶稣主动介入；(3) 耶稣没有跟那女人说话。另一个版本则写于 3 世纪初的《使徒教训》(*Didascalia Apostolorum*)；作者在劝勉各监督接纳悔改的罪人回到教会时，说 (7. 2. 24)："若你因没有怜悯，不接纳那悔改的人，你就得罪主我们的上帝，这样就是不顺服我们的救主、我们的上帝，不像他那样做。那时，长老把一个有罪的妇人带到他面前，要审判，然后离开。那鉴察人心的主问她，对她说：'女儿，长老定了你的罪吗？'她回答说：'主啊，没有。'他就对她说：'走吧，我也不定你的罪。'"请留意三个明显的地方：

第五篇

帕皮亚，即希拉波立（Hierapolis）主教帕皮亚，是神学家约翰的听众，也是波利卡普的同伴，他编写了五本书，记载着主的言论。在书中，他列出了一个使徒的名单，在彼得、约翰、腓力、多马和马太之后，他也把阿里斯蒂安（Aristion）和另一位约翰，就是帕皮亚称为"长老"的，包括在主的门徒中。因此，有些人认为那两卷以约翰名义流传的简短的大公书信，是这位长老约翰所写的，因为最早期的人只接受第一封书信㉟。同时，有些人又误以为《启示录》也是这位约翰写的。此外，帕皮亚亦弄错了千禧年的问题，而跟随他的爱任纽也一样。

帕皮亚在他的第二本书中说，神学家约翰和他的兄弟雅各是犹太人所杀的。上述这位帕皮亚记述（他是从腓力的女儿所领受的），那称为犹士都的巴撒巴受到不信者的考验时，曾奉基督的名喝下蛇的毒液，但他却得着保护，免于一切的伤害。他也记述了其他令人惊异的事情，特别是有关马拉莫（Manaim）的母亲从死里复活的事。他说所有因基督而从死里复活的人，都一直活到哈德良（Hadrian；统治期为117—138年）的时代。

——选自西特城的腓力（5世纪）《教会历史》 ㊱

第六篇

在图密善㊲之后，涅尔瓦㊳做王一年。他把约翰从岛上㊴召回后，批准他住在以弗所。那时，他是十二门徒中唯一存活的一位。写完了以

（接上页）（1）长老带那妇人来见耶稣；（2）长老还未定她的罪；（3）耶稣只对那妇人说话。有关这故事的详细讨论，参 Ehrman, "Jesus and the Adulteress," *New Testament Studies* 34 (1988): 24–44。

㉟ 指《约翰一书》。

㊱ Philip of Side (fifth c.), *Church History*。西特城，即古希腊城以哥念。

㊲ Domitian；统治期为公元81—96年。

㊳ Nerva；统治期为公元96—98年。

㊴ 指拔摩岛。

他名字命名的福音书后，他就接受了殉道的荣耀。亲眼见过他的希拉波立主教帕皮亚，在《主谕评注》的第二册中声称，约翰是被犹太人所杀的。这清楚无疑地应验了基督对他和他的兄弟的预言，以及他们自己对此事的意愿和承诺。

　　主曾对他们说㊵："我所喝的杯，你们能喝吗？"他们热切地点头，表示同意。然后耶稣说："我所喝的杯，你们要喝，我所受的洗礼，你们也要受。"㊶因此这事是意料之内的，因为上帝绝不会说谎。此外，就是最博学的奥利金也在他的《马太福音注释》㊷中肯定地说，约翰是殉道而死的；这暗示他的资料是从使徒的接班人那里得来的。伟大的历史学家优西比乌也在他的《教会史》㊸中说："多马被分配到帕提亚，约翰则到小㊹亚细亚——那里成为了他的住处，最后他死在以弗所。"

　　　　　　　　——选自乔治修士（9世纪）《编年史》㊺

第七篇

　　帕皮亚是约翰的听众㊻和希拉波立的监督，他只写了五本书，合称为《主谕评注》。他在书的前言中断言没有随从各种各样的猜测，而只以使徒为权威。他说：

　　"我查究安得烈和彼得所说的话，也打听腓力、多马、雅各、约翰、马太，或主的任何一位门徒，以及阿里斯蒂安㊼和主的门徒长老约翰所言。因为对我来说，供人阅读的书本总不如鲜活的声音㊽有用；直到今

㊵　参《马可福音》10:38—40。
㊶　"你们要领受"，直译作"你们也要领受洗礼"。
㊷　即《马太福音注释》16.6。
㊸　即《教会史》3.1。
㊹　原文无"小"。
㊺　George the Sinner (ninth c.), Chronicle。又称"罪人乔治"（Georgios Hamartolos），拜占庭时期的历史家。
㊻　拉丁语为 auditor。
㊼　拉丁语为 Ariston；有些抄本是 Ariston 或 Aristeon。
㊽　拉丁语为 viva vox。

天,发出这声音的人仍然是鲜活听得见的。"

这里清楚显示,在这个名单里,有一位约翰被算在门徒之列,而另一位,即长老约翰,则排在阿里斯蒂安之后。由于上述根据多人的权威而记录下来的见解,我们已经提出,两封后期的约翰书信并不是使徒约翰[49]的作品,而是长老约翰的作品。据说就是他公布了犹太传统对千禧年的看法。爱任纽、阿波利拿里(Apollinarius)和其他人也依从他的见解,说基督复活后在肉身内与众圣徒一同做王统治。

——选自哲罗姆(342—420)《论名人》18 [50]

第八篇

此外,有传闻说我翻译了约瑟夫的书,以及圣帕皮亚和圣波利卡普的著作;这传闻是假的。我既没有闲暇,也没有能力把这些著作翻译成另一种文字,并且还能保持相当的典雅。

——选自哲罗姆《书信》之《致卢西纳斯》71.5 [51]

第九篇

爱任纽……帕皮亚(传道者约翰的学生)的门徒……叙述……

——选自哲罗姆《书信》之《致狄奥多拉》75.3 [52]

第十篇

然而,至于那本书[53]是否出于上帝的默示,我们认为不必详述,因为圣格列高利(我指神学家格列高利)和西利尔,以及上一代的人,即帕皮

---

[49] 原文无"约翰";下同。
[50] Jerome (ca 342 -420), Famous Men 18.
[51] Jerome, To Lucinus (*Letter* 71.5).
[52] Jerome, To Theodora (*Letter* 75.3).
[53] 即《启示录》。

亚、爱任纽、美多迪乌（Methodius）和希坡律陀，都见证这书是真实的。

——选自凯撒利亚的安德鲁（563—637）《〈启示录〉注释》序言㊴

第十一篇

但帕皮亚一字一字地说："他指派他们其中一些人"——明显指那些曾经是圣洁的天使——"去管理那排列有序的世界，命令他们好好管理它。"紧接着他说："但结果他们的管治失败了。那巨龙，那称为魔鬼和撒但的古蛇，就被驱逐；那迷惑整个世界的，与他的使者一同被扔到地上。"

——选自凯撒利亚的安德鲁《〈启示录〉注释》34章第12讲㊵

第十二篇

既从以下的人找到支持，就是"靠近主胸膛"那位使徒的门徒、伟大的希拉波立主教帕皮亚和克莱门，以及亚历山大人的教士潘代努斯（Pantaenus）和那伟大的学者阿曼纽斯（Ammonius），那些古代、最早期的释经家都意见一致，认为那整整六天的创造㊶是指基督和教会而言。

——选自西奈的阿那斯塔西乌（约700年卒）《论六日》1㊷

第十三篇

所以，较早期的教会解经家——我指的是与使徒同时代的哲学家斐洛、传道者约翰的门徒和著名的希拉波立主教帕皮亚、里昂的爱任纽、殉道者和哲学家查士丁、亚历山大的潘代努斯、《杂记》的作者克莱门，以及他们的伙伴——均用灵意解释有关乐园的言论，认为这些言论是指

㊴ Andrew of Caesarea (563–637), Preface to the Apocalypse.
㊵ Andrew of Caesarea, *On the Apocalypse*, chap. 34, serm. 12.
㊶ 希腊语音译 *hexaemeron*，指《创世记》1章中所记载的六天创造。
㊷ Anastasius of Sinai (d. ca. 700), *Considerations on the Hexaemeron* I.

基督的教会而言。

——选自西奈的阿那斯塔西乌《论六日》7 ㊽

第十四篇

因此,所预言的祝福毫无疑问属于国度的时期,那时义人要从死里复活,并且做王,而受造之物也会更新,从捆绑中得释放,"从天上的甘露和地上的肥土"㊾丰丰富富地长出各种各类的食物,正如众长老,就是那些曾见过主的门徒约翰的长老,忆述他们从约翰那里经常听到主如何教导有关那个时候的情形:

> 那时,葡萄成长,每粒种子长出一万个新芽,每个新芽长出一万条枝子,每条枝子长出一万条细枝,每条细枝长出一万串葡萄,每串有一万粒葡萄,每粒葡萄可榨出二十五瓶酒。当其中一位圣徒拿起一串葡萄,另一串会大喊:"取我吧,我更好一些,用我来赞美主吧。"同样地,一粒小麦可长出一万个麦穗,每个麦穗可结出一万颗麦粒,每颗麦粒可碾出十磅又白又干净的细面粉。其他果子、种子和青草都会长出类似比例的果实,而所有动物吃这泥土长出的果子,也变得安详,彼此和谐共处,完全顺服于人。

早期的帕皮亚是约翰的听众和波利卡普的同伴,他一共写了五本书,曾在第四本书中为此作见证。他接着说:"对信的人来说,这些事是可信的。"又说:"卖主的犹大不信,就问:'主怎样造就出这样大量的收获呢?'主说:'活到那时的人自会看见。'"

——选自里昂的爱任纽(约115—202)《驳异端》5.33.3—4 ㊿

㊽ Anastasius of Sinai, *Considerations on the Hexaemeron* 7.

㊾ 参《创世记》27:28。

㊿ Irenaeus of Lyons, *Against Heresies* 5.33.3—4 (written ca. 180—185).

第十五篇

他们通常称那些追求单纯敬虔的人为"儿童"，正如帕皮亚在《主谕评注》的第一卷和亚历山大的克莱门在其《导师》里所说的。

——选自认信者马克西姆（580—662）《论教会体制》中"亚略巴古的狄奥尼修斯批注"第二章 ⑥

第十六篇

他说这些事的时候，我认为他所指的是帕皮亚；帕皮亚在那时期是小 ⑫ 亚细亚希拉波立的主教，活跃于传道者圣约翰的年代。这位帕皮亚在他的《主谕评注》第四卷中，提到食物是复活后其中一个快乐之源。后来，阿波利拿里（Apollinarius）相信这有关复活的教导；有些人称这教导为"千禧年"……里昂的爱任纽在他的《驳异端》第五卷中也这样说，并引述上面提到的帕皮亚来支持他的观点。

——选自认信者马克西姆《论教会体制》中"亚略巴古的狄奥尼修斯批注"第七章（约580—662）⑥

第十七篇

其实，虽然希拉波立主教兼殉道者帕皮亚和里昂的圣主教爱任纽曾明言，天国就是享受某些物质的食物，但司提反·哥巴鲁（Stephen Gobarus）并没有遵从他们。

——选自君士坦丁堡的弗提乌《图书馆》232（9世纪）⑥

---

⑥ Maximus the Confessor (ca. 580—662), Scholia on Dionysius the Areopagite, *On the Ecclesiastical Hierarchy*, chap. 2.

⑫ 原文无"小"。

⑥ Maximus the Confessor, Scholia on Dionysius the Areopagite, *On the Ecclesiastical Hierarchy*, chap. 7.

⑥ Photius (ninth c.), *Bibliotheca* 232.

第十八篇

1 犹大在窒息之前被人放了下来,因此他没有吊死,而是继续活下去。其实《使徒行传》也清楚地指出这一点,说他"身子仆倒,肚腹崩裂,肠子都流出来"㉕。约翰的门徒帕皮亚把这事更清楚地记载于《主谕评注》的第四册中,内文如下:

2 犹大成了一个既恐怖又活生生的例子,显明这世上不敬虔之人的模样。他的身体异常肿胀,连马车能轻易通过的地方,他也不能穿过,即便只是他那肿胀的头也穿不过去。据说他的眼皮非常浮肿,以致他完全看不到光,别人也看不到他的眼睛,就是医生利用眼科仪器也无法看到,因为他的眼球凹陷得极深,远离表层。他的生殖器官比任何人的更是令人恶心,亦比任何人的都大,当他排泄时,他身体各部的脓和虫都排出,令他感到极之羞耻。3 据说,他经过多番的痛苦和惩罚,最后死在自己家中。即使到了今天,那里仍然发出恶臭,因此已经荒废了,没有人居住。事实上,从他身上流出的分泌物非常多,且散布地面,直至今天,若非掩着鼻子,人们也不能从那里经过。

——选自老底嘉的阿波利拿里断片(4世纪)㉖

第十九篇

《约翰福音》的摘要从这里开始:《约翰福音》是约翰仍在世时面世的,并且是他把这书交给教会的,正如约翰的亲爱门生、希拉波立的帕

㉕ 《使徒行传》1:18。
㉖ Apollinaris of Laodicaea (fourth c.).

皮亚，在他五本注释书——亦是最后的著作——里⑥⑦所提的。帕皮亚确实是一字不漏地把约翰口述的福音写了下来。⑥⑧

——选自翻页书梵蒂冈—亚历山大抄本14（9世纪）⑥⑨

第二十篇

最后一位是称为雷子的约翰。正如爱任纽、优西比乌和其他忠于使徒统绪的史学家传给我们的：当约翰年老，异端极其猖獗时，他将所知道的福音，念给门徒帕皮亚听；帕皮亚来自希拉波立，是个敬虔的人。约翰这样做，为的是把前人向普天下万人所传的信息⑦⑩补充完全。

——选自哥德流编纂的《约翰注释丛书》⑦①

第二十一篇

1 如此虔敬的光辉大大照耀着那些聆听彼得说话之人的心，叫他们不满足于只听一遍，也不甘心神性的宣讲没有笔录的记载；他们就向彼得的跟随者马可——他的福音书至今尚存留着——提出种种请求，求他把原先口传给他们的教导笔录下来。他们不停地请求，直至成功地说服他。这个取名为"马可福音"的圣经书卷的起因就是这样了。2 他们又说，该使徒⑦②借着圣灵的启示，得悉成就了这样的事，既为众人的热忱而感到高兴，也认可这部作品的真确性，并请求教会采用。克莱门⑦③在其《纲领》（*Hypotyposes*）的第八卷中记载了此事，希拉波立的主教帕皮

---

⑥⑦ 拉丁语为 *exotericis*，这可能反映这文献的希腊文底稿ἐν τοῖς ἐξωτερικοῖς，一般学者认为，这文献的抄写员把本来的ἐν τοῖς ἐξηγητικοῖς抄录错误。

⑥⑧ Codex Vaticanus Alexandrinus 14.

⑥⑨ Codex Vaticanus Alexandrinus 14 (ninth c.).

⑦⑩ 原文无"信息"。

⑦① 参 *Catena Graecorum Patrum in sanctum Joannem* (Antwerp, 1630)。这是一本《约翰福音》的注释书，书中节录很多希腊教父作品的评论；至于文中的记录，作者未交代原来出处。

⑦② "该使徒"指彼得。

⑦③ 指亚历山大的克莱门。

亚也证实了他的说法。他又说彼得在他的第一封书信中提及马可；他们⑭说彼得是在罗马写这信的，他自己也这样表示过；他用寓意手法，称该城⑮为巴比伦，写道："在巴比伦与你们同蒙拣选的教会向你们问安；我儿子马可也向你们问安。"⑯

——选自凯撒利亚的优西比乌《教会史》2.15 ⑰

第二十二篇

……伟大的美多迪乌（Methodius）……和里昂主教爱任纽，与希拉波立主教帕皮亚；前一位赢得殉道的冠冕，后两位则有使徒的品质……然而，若他们轻率处理真理，受引导说一些与教会普遍接纳的相背的教导，我们就不会听从他们。不过，我们绝不会抹杀他们作为教父的声誉和荣耀。

——选自君士坦丁堡的弗提乌（约810—893）

《致亚居拉城的大主教信》⑱

第二十三篇

在这个时候，有一位住在希拉波立的杰出教师写了很多论文。他写了五篇有关福音书的论文，在其中一篇里，他论到《约翰福音》，提到在传道者约翰的书里，有一篇关于一名淫妇的报道。当人将她带到我们的主基督面前，主便向那些带她来的犹太人说："你们中间有谁肯定自己没有犯过她那样的罪，就现在控告她吧！"他说了这话，他们就默不作声，散开了。

——选自希拉波立的亚迦比《世界历史》(10世纪) ⑲

---

⑭ 所指的对象不清楚，大概指前面那些"聆听彼得说话之人"。
⑮ 指罗马。
⑯ 《彼得前书》5:13。
⑰ Eusebius, *Church History* 2.15.
⑱ Photius, *Letter to Archbishop and Metropolitan Aquileias*.
⑲ Agapius of Hierapolis (tenth c.), *World History*.

第二十四篇

在帕皮亚的论文集中有以下的话:

> "天"从没有忍耐他[80]对大地的意图,因光明不可能与黑暗相通。他落到地上,在这里生活。当人类来到这里,就是他所在的地方,他不但不容许他们顺着本性来生活,更引诱他们犯很多的罪。然而,守护世界的米迦勒和他的天军前来帮助人类,正如但以理曾领受的;他们颁布律法,使先知有智慧。这一切都是与龙对抗的争战,因为龙把绊脚石放在人类面前。他们的战争延伸到天上,甚至牵涉基督。因此基督来了,这时,任何人都无法完全遵行律法,基督就在他的肉身上成就,正如使徒所说的。他战胜罪,又定撒旦有罪,借着受死,他使人人都得到他的义。这事既已发生,守护人类的米迦勒和他的天军便胜利了,龙不能再反抗,因为基督的死击败了他,将他扔在地上,所以基督说:"我见撒旦从天上坠落,像闪电一样。"
>
> 从这角度看来,老师[81]不是指他[82]第一次的坠落而言,而是指十字架所带来的第二次坠落。与第一次不同,第二次的坠落并非指空间上的坠落,而是一个大审判的定罪……

—— 选自凯撒利亚的安德鲁 (563—637)
《〈启示录〉注释》12.7—9[83]

---

[80] "他",大概指下文的龙。
[81] "老师",指帕皮亚。
[82] "他"指龙。
[83] Andrew of Caesarea, On the Apocalypse, on Rev. 12:7—9.

第二十五篇

论到人带去的沉香[84]，有人说那是油与蜂蜜的混合物，但沉香实际上是一种香。地理学家和帕皮亚说印度的沉香有十五种之多……

——选自瓦登·瓦德伯特《圣经释义》(13 世纪) [85]

第二十六篇

其他基督徒在他们的福音书所记载的淫妇故事，原来是源自约翰的门徒帕皮亚，教会宣布和谴责他为异端。这是优西比乌说的。

——选自瓦登·瓦德伯特《圣经释义》[86]

---

[84] 指带去耶稣坟墓的沉香；参《约翰福音》19∶39。
[85] Vardan Vardapet (thirteenth c.), *Explanations of Holy Scripture*.
[86] Vardan Vardapet, *Explanations of Holy Scripture*.

众长老的传统

第一篇

（莱特富特版本为第四篇）

然而，人人都会承认，三十岁是年轻人能力的黄金时期，而且这种能力还一直延续到四十岁；但过了四五十岁以后，人的能力就开始接近老年。根据该福音书[87]的记载，以及曾在亚细亚与主的门徒约翰同住之众长老的见证，这就是我们主开始教导的年龄——众长老证明约翰把这传统看法传授给他们。因为约翰与他们在一起生活，直到罗马皇帝图拉真的时代。他们当中有人不仅仅见过约翰，而且还见过其他使徒，从他们那里听到同样的叙述，并且为先前所提到的记述作见证。

——选自爱任纽的《驳异端》2.22.5

第二篇

（莱特富特版本为第十三篇）

那么，第一个人被安置在哪里呢？很明显，是在乐园里，正如经上所说："上帝在东方的伊甸园栽了乐园，把所塑造的人安置在那里。"后来由于他的悖逆，他从那里被驱逐进入这个世界。因此，长老们——众

---

[87] "该福音书"，或译"福音"。

使徒的门徒——也说，那些被接去的人，就是被接到那里去（因为乐园是为公义的、受圣灵感动的人而预备；使徒保罗也曾经被提到那里去，"听见人不可说的言语"[88]，至少是我们在今生不可说的言语）；而且那些被接去的人要继续留在那里，直到万物的终局，作为进入不朽的前奏。

——选自《驳异端》5.5.1

第三篇

（莱特富特版本为第十五篇）

如今实情是如此，又由于这个数字出现在所有完好的古抄本里，亲眼见过约翰的人也证实了这点，理性分析也指教我们，兽的名字所对应的数字，根据希腊人的计算（即按照名字里面所包含的字母来计算）是666……有些人犯了错误，尽管我不知道他们是怎样犯错的，他们参照某一份异文，任意篡改了在名字中间的数字，减去50这个数值，选择在十位数上只留下1，代替了6。[89]

——选自《驳异端》5.30.1

第四篇

（莱特富特版本为第十六篇）

以上所预言的福分，无疑是属于天国时代的……正如众长老——他们见过主的门徒约翰——想起他们从约翰那里曾听到过……

——选自《驳异端》5.33.3（参见上文第十四篇）

---

[88] 参《哥林多后书》12:4。
[89] 即616；参《启示录》13:18。

第五篇

(莱特富特版本为第十七篇)

正如众长老所说,到了那个时候⑨,那些被认为配得在天上居所的人,将要上到天上去,其他人将会享受乐园的快乐,还有一些人将会得着那城的亮光。而在每一处地方,人们都会按照他们配得的程度看见救主。此外,他们说,这就是结实一百倍、结实六十倍和结实三十倍的人住在不同的居所的区别:第一种人将被提到天上去,第二种人将居住在乐园里面,第三种人则栖身于那座城里。所以,为这缘故,我们的主说:"在我父的家里有许多住处"⑨,因为万物都是属于上帝的;他把与众人相称的居所恩赐给他们……长老们——即众使徒的门徒——说,这就是得救之人的阶层和编排;他们就是按照这样的步骤前进,并且通过圣灵升到圣子那里去,通过圣子升到圣父那里去;圣子最后将他的工作呈献给圣父,正如那使徒也曾说:"因为他⑫必须掌权,等他把一切仇敌都放在他的脚下。"⑬

——选自《驳异端》5.36.1—2

---

⑨ "到了那个时候",即"在新天新地出现以后"。
⑪ 《约翰福音》14:2。
⑫ "他"指基督。
⑬ 参《哥林多前书》15:25。

一般书目

Altaner, B. *Patrology*. Translated by H. C. Graef. New York: Herder and Herder, 1961.

Donfried, K. P. *The Setting of Second Clement in Early Christianity*. Leiden: E. J. Brill, 1974.

——. "The Theology of 2 Clement." *Harvard Theological Review* 66 (1973): 487-501.

Foster, Paul, ed. *The Writings of the Apostolic Fathers*. London: T. & T. Clark, 2007.

Glimm, F. X., J. M. F. Marique, and G. G. Walsh. *The Apostolic Fathers*. The Fathers of the Church, vol. 1. Washington, D. C.: Catholic University of America Press, 1947.

Goodspeed, E. J. *A History of Early Christian Literature*. Rev. ed. Chicago: University of Chicago Press, 1966.

Grant, R. M., ed. *The Apostolic Fathers. A New Translation and Commentary*. 6 vols. New York/Camden, N. J.: Nelson, 1964-1968.

Gregory, Andrew F. and Christopher M. Tuckett, eds. *The New Testament and the Apostolic Fathers*. Vol. 1: *The Reception of the New Testament in the Apostolic Fathers*. Vol. 2: *Trajectories through the New Testament and the Apostolic Fathers*. Oxford: Oxford University Press, 2005.

Holmes, Michael W. *The Apostolic Fathers: Greek Texts and English Translations*. Third Edition. Grand Rapids: Baker Academic, 2007.

Jefford, Clayton N. *The Apostolic Fathers: An Essential Guide*. Nashville: Abingdon, 2005.

——. *The Apostolic Fathers and the New Testament*. Peabody: Hendrickson, 2006.

Jefford, Clayton N., with K. J. Harder and L. D. Amezaga. *Reading the Apostolic Fathers: An Introduction*. Peabody: Hendrickson, 1996.

Koester, Helmut. *Introduction to the New Testament*. Vol. 2: *History and Literature of Early*

Christianity. Philadelphia: Fortress, 1982.

Lake, Kirsopp. *The Apostolic Fathers*. Loeb Classical Library. 2 vols. London/Cambridge, Mass.: Heinemann/Harvard University Press, 1912-1913.

Lightfoot, J. B., and J. R. Harmer. *The Apostolic Fathers. Revised Greek Texts with Introductions and English Translations*. London: Macmillan, 1891; repr. Grand Rapids: Baker, 1984.

Michaels, Ramsay. 'Apostolic Fathers, Epistles of.' *The Internationsal Standard Bible Encyclopedia*. Rev. Ed. Grand Rapids: Eerdmans, 1995.

Richardson, C. C., in Collaboration with E. R. Fairweather, E. R. Hardy, and M. H. Shepherd. *Early Christian Fathers*. Philadelphia: Westminister, 1953; repr. Macmillan, 1970.

Schoedel, William R. "The Apostolic Fathers." *In The New Testament and Its Modern Interpreters*, edited by E. J. Epp and G. W. MacRae, 457-498. Atlanta: Scholars, 1989.

Quasten, J. *Patrology*. 3 vols. Westminster, Md.: Newman, 1951-1960.

黄锡木:"使徒教父与新约研究"。载于《哲学家的雅典——基督徒的罗马》,梅谦立(法)和张贤主编,中国社会科学出版社,2012 第265—278 页。